前　言

　　教师是教育的根本，是立教之本、兴教之源。民办高校师资队伍的构成以及职业发展都面临着诸多问题，职业发展已经成为影响教师队伍稳定性与成长性、教育教学质量、民办高校整体办学水平的重要因素。如何采取切实有效的措施，帮助民办教师摆脱职业发展困境的困扰，实现职业发展的再次飞跃，成为教育部门、学校管理层和教师面前深思的重要研究课题。

　　本书选择中部地区高等教育需求与优质教育供给典型不匹配的河南省进行研究，在高等优质教育资源紧缺的情况下，民办高校在为众多河南学子提供就学机会方面优势尤为突显。教师作为民办高校持续发展的内在动力，其职业发展直接影响着民办高校的长远发展。本书以河南民办高校教师为研究对象，以职业发展为研究内容，在分析河南民办高校教师队伍、工作满意度、职业倦怠、高层次人才引进现状的基础上，重点采用定性与定量相结合的方法分析民办高校教师职业发展与教学领导力的状况、存在问题及成因，进而从社会、政府、民办高校、教师、学生等多主体深入探究提升职业发展的路径与政策建议，以期为激发师资队伍活力、建立一支稳定、高水平、高层次的师资队伍提供参考依据。

　　本著作由中原科技学院敬艳丽老师、李向玲老师共同完成。她们在民办高校工作多年，其工作性质与工作环境为这本著作的完成奠定了扎实基础。在写作过程中，笔者借鉴和吸收了国内外专家和学者的大量研究成果，在此一并表示感谢。

　　另外，在写作过程中，由于笔者水平有限，书稿中不足之处在所难免，恳请读者不吝赐教指正。

目　录

第一章 绪 论

第一节 问题的提出

一、选题背景

民办高等教育的发展，客观上要求有一支高素质、高水平的教师队伍。专任教师作为民办高校教师群体的重要组成部分，其专业发展是影响学校教育教学质量的重要因素。专任教师经过长时间积累已经成为各单位的教学骨干或学术带头人，成为民办高校事业发展的中坚力量与中流砥柱。他们与学校一起成长、发展，是学校主流文化的承载者、引领者，是学校的宝贵财富。民办高校教师长期处于"一身多职、一职多教"的工作压力下，要面对"前有标兵、后有追兵"紧张压抑的工作环境。民办高校的这种严峻的发展环境导致民办高校教师职业发展受限，专业发展出现"高原现象"，家庭角色与工作角色冲突，身体素质每况愈下。在诸多因素影响下，教师工作满意度下降、职业倦怠与困顿、职业发展困境引发的负面心理在民办高校教师中普遍存在，对教师自身发展、学生成才、学校发展、社会认可度都产生了较大影响。

教师职业发展困顿对教师自身的影响很大。教师职业发展困顿首当其冲影响的是教师自身。教师一直处于身心疲惫的消极状态，容易产生厌教心理。这不仅会让教师对工作丧失热情、降低工作效率、个人成就感下降、对事情采取冷漠敷衍的态度，而且会令教师出现情绪烦躁、易怒、焦虑等情况，还会影响到教师的家庭幸福感和生活质量，时间久了也会影响到他们的身体和心理健康，导致失眠、食欲不振、情绪阴晴不定、记忆力下降、精神恍惚等症状产生，影响到教师正常的生活。

教师职业困顿对学生的影响很大。教师对学生的影响不仅涉及学生学习的动力、乐观情绪的建立，还会影响到学生人生观、价值观的形成、健全人格的养成。教师是学生的榜样与参照，其言行、态度都会对学生产生潜移默化的影响，教师长期不良的心理必然会投射到学生身上。教师的精神面貌会感染学生的内心世界，其人生观、价值观的传播也会在有意无意中影响到学生，甚至影响到学生走向社会的发展方向。职业发展困顿的教师心情闷闷不乐、喜怒无常，势必会影响到上班的状态与课堂氛围。教师对自身缺乏肯定与自信，也会影响到学生建立积极向上、乐观的情绪。试想，一位遇事乐观、热爱生活、胸怀豁达的教师怎不会在无形中感染到学生，使学生感到亲切、温暖、有吸引力？怎么会培养不出学生诚挚、大度、谦虚的优良品质？一位心理健康、沉稳而冷静的教师怎会不用豁达、诚恳的人格魅力影响着学生？教育是一个系统工程，工作积极、责任心强、精神面貌好、热爱生活、心态健康、处世豁达的教师会对学生的心理、人格、价值观的形成产生积极影响。

职业发展困顿对社会的影响很大。产生职业困顿的教师一般会采取回避的态度来解决问题，安于现状不再钻研进取，专业水平止步不前，这在无形中会导致教师自身竞争力的下降，对教书育人工作产生不利影响。职业困顿的教师人际关系紧张，不利于家庭和睦与生活质量的提升，长久下去会对家庭、孩子教育造成不良引导，危害到孩子身心的健康成长。职业困顿严重的教师会对教师这个行业形成错误的认知，同时也会向社会传达不良信息，尤其是社会公众本身就对民办高校戴着有色眼镜，更不利于民办教师在社会上立足。

教师职业发展牵涉与影响到多个主体，如何帮助民办高校教师规划职业发展，从而建立一支高水平、高素质的教师队伍成为一个值得关注与研究的问题。

二、问题的提出

中国中部地区包括山西省、河南省、湖北省、湖南省、安徽省、江西省。

河南省教育厅人文社会科学 2023 年度研究项目"河南省民办高校中年教师职业发展困境研究"（课题编号：2023-ZZJH-138）

河南省教育科学规划 2022 年度一般课题"河南省民办高校教师职业倦怠调查研究"（课题编号：2022YB0402）

中原科技学院 2020 年度科研培育重点项目"民办高校青年教师离职原因及对策研究"（课题编号：XL2020B006）

2024 年河南省民办高校规范特色发展研究——民办高校创新发展研究中心项目阶段性成果

民办高校教师职业发展提升路径研究

——以河南省为例

敬艳丽　李向玲 ◎ 著

九州出版社

JIUZHOUPRESS

图书在版编目（CIP）数据

民办高校教师职业发展提升路径研究：以河南省为例 / 敬艳丽, 李向玲著. -- 北京：九州出版社, 2025.
3. -- ISBN 978-7-5225-3750-4

Ⅰ . G648.7

中国国家版本馆 CIP 数据核字第 20258VA097 号

民办高校教师职业发展提升路径研究——以河南省为例

作　　者　敬艳丽　李向玲　著

责任编辑　曹　环

出版发行　九州出版社

地　　址　北京市西城区阜外大街甲 35 号（100037）

发行电话　（010）68992190/3/5/6

网　　址　www.jiuzhoupress.com

印　　刷　北京星阳艺彩印刷技术有限公司

开　　本　710 毫米 ×1000 毫米　　16 开

印　　张　15.75

字　　数　240 千字

版　　次　2025 年 5 月第 1 版

印　　次　2025 年 5 月第 1 次印刷

书　　号　ISBN 978-7-5225-3750-4

定　　价　68.00 元

其中，湖北省有华中科技大学、武汉大学、华中农业大学、华中师范大学、武汉理工大学、中国地质大学、中南财经政法大学七所双一流大学。安徽省有中国科学技术大学、合肥工业大学、安徽大学三所双一流大学。湖南省有中南大学、湖南大学、湖南师范大学、中国人民解放军国防科技大学四所双一流大学。江西省有南昌大学一所双一流。山西省有太原理工大学一所双一流大学。河南省有郑州大学一所双一流大学。

2022 年年末，第七次人口普查结构显示，中国总人口为 14.1178 亿人，河南 2022 年末总人口是 9872 万人，占全国总人口的 7%。2023 年 6 月 15 日，教育部发布全国高等学校共计 3072 所，其中，普通高等学校 2820 所，含本科院校 1275 所，高职（专科）院校 1545 所，成人高等学校 252 所。不包含港澳台地区学校。河南省高校数量是 168 所，与江苏省并列位居全国第一名，体现了国家对河南人民的关怀。河南省有 58 所本科层次院校，其中民办本科 20 所、公办本科 38 所，占全国本科层次院校比重为 4.5%；110 所专科层次学校，占全国高职高专学校的 7.1%，其中民办专科 33 所，公办专科 77 所；公办高校共计 115 所，民办高校 53 所，除此之外还有河南开放大学、郑州市职工大学等 10 所成人高等学校。每万人高校拥有量是 0.017。相比于其他中部省份而言，每万人高校拥有量是最低的。

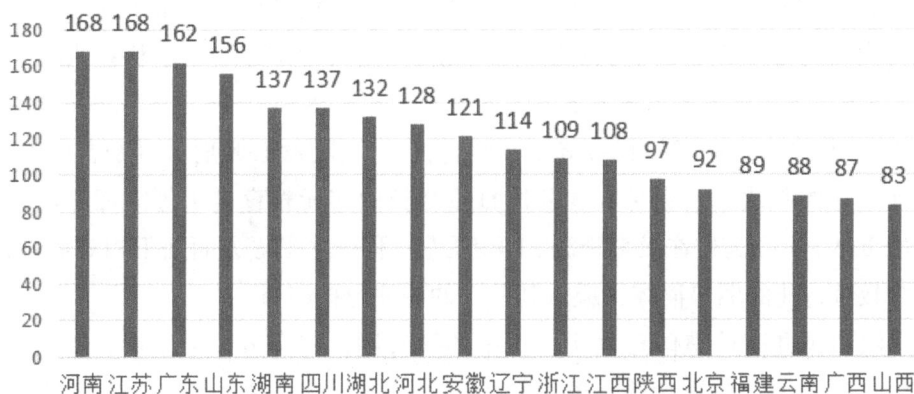

图1-1-1 2023年全国各省高校数量排名

相比之下，西部邻省陕西省，2022 年年末总人口为 3956 万人，占全国总人口的 2.8%。陕西共有 57 所本科层次院校，占全国本科层次院校 4.47%，其中民办本科 23 所，公办本科 34 所，陕西共有 40 所专科层次院校，占全国高职高专学校的 2.58%，其中民办专科 10 所，公办专科 30 所。陕西公办高校共计 64 所，民办高校 33 所，除了普通高等学校外，还有陕西开放大学、西安市职工大学等 14 所成人高等学校。每万人高校拥有量是 0.024。

河南陕西两省高校招生对比

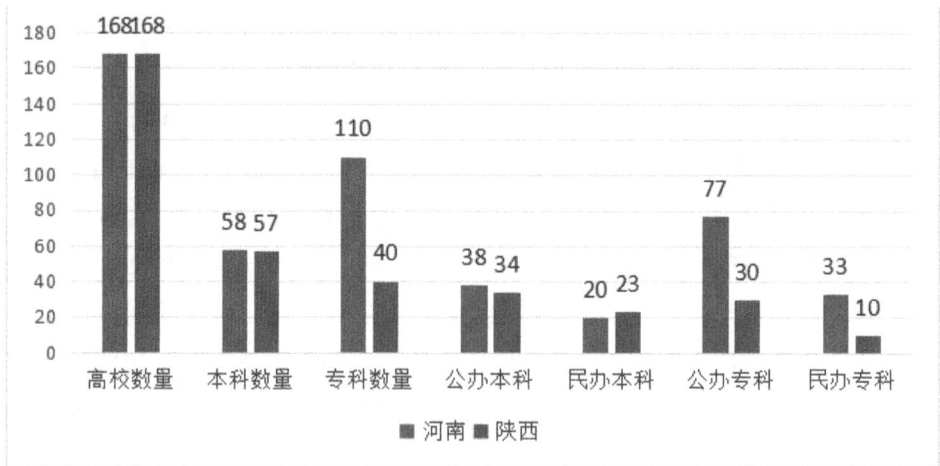

图1-1-2　2022年河南陕西两省高校对比

河南省作为我国的人口大省、教育大省以及高考大省，虽然高等院校数量全国第一，但优秀高校稀缺，仅郑州大学一所大学是教育部与河南省共建高校，国家"双一流"建设高校。陕西高校数量排全国第十三名，但陕西优质高校多，有西安交通大学、西北工业大学、西安电子科技大学、西北大学、西北农林科技大学、陕西师范大学等 8 所双一流大学。在高等优质资源紧缺的情况下，民办高校在整合教育资源、缓解政府教育经费压力、推动教育体制改革、满足我国公民日益增长的多元教育需求等方面作出了积极贡献。民办高校在教育资源、师资力量、科研水平等方面处于相对劣势，作为教育行业的弱势群体，应得到社会的关注与扶持。

河南民办高校整体正处于发展中的提升期，在突破教学质量、特色差异化发展中面临多重考验。若想在竞争中凸显优势，势必要增强自身竞争力和实力，转变办学观念，不断建立起完备的教师管理和保障机制。教师作为民办高校持续发展的内在动力与主心骨，其职业发展客观地反映了教师的满足程度与真实需求，是反映高校组织管理现状的一面镜子，关注教师的行为与调动教师工作积极性是高校人力资源管理的重要问题。鉴于民办高校师资不足、结构不合理、师资队伍流失严重、高层次人才难以引进等客观现实，如何建立一支稳定、高水平的师资队伍已成为保障民办高校提高教育质量和持续发展的关键。同时，教师流动与职业发展密切相关，具有较好的预测功能，对于预防人才流失，为高校维持教师队伍稳定性与提高人才培养质量提供一定的参考价值，进而促进民办高校在竞争激烈的教育环境中稳固根基，实现长远发展。为如何构建突破职业困境的激励机制，打造有利于教师职业发展的内外驱动力，为民办高校留住优秀人才、后备人才提供切实可行的建议。

第二节 相关概念的界定

一、民办高校

一是国外对民办高校概念的界定。

在美国、日本、德国、菲律宾等国家，由政府创办的学校通常被称为"国立高校"，由地方、州政府创办的学校被称为"公立高校"，由政府、地方政府、州政府之外的民间团体或个人创办的教育机构被称为"私立高校"。"私立高校"等同于我国的"民办高校"。

二是国内对民办高校概念的界定。

目前，我国民办高校存在形式主要为三种：一是包含民办本科和民办高职高专的普通民办高校；二是挂靠在公办高校下的独立学院；三是提供非学历高等教育的民办教育机构。

二、民办高校教师

查阅大量国内外相关文献，并没有对教师队伍有明确的定义。对于民办高校师资队伍而言，应具有以下特征：首先，教师队伍呈现"中间大、两头小"的梭子结构。其次，形成以专任教师为核心，专兼职相结合且比例适中的师资队伍。

经过阅读大量参考文献和实地调查可知，民办高校师资队伍主要来源有以下几个方面：一是应届硕士毕业生。因民办高校相对于公办院校而言，门槛较低，民办高校往往是打算从事教育行业的应届硕士毕业生的首选。二是从周边公办高校退休后被返聘到民办高校的老教师。三是来自其他民办高校的兼职教师，这部分教师多以赚取课时费为目的，且具有很大的变动性，很少参与到教研工作中。四是为与国际接轨，重点聘任在国外留学回来的毕业生。但由于国外硕士研究生学制多为一年或两年，部分留学生的能力一般。民办高校要稳定、持续、健康发展，必须要打造出一支结构优化、素质优良、精干高效，以专任教师为核心，以培养中青年骨干教师为重点的综合性发展的师资队伍。

三、教师职业发展

从一些学者的表性观点来说，教师职业发展要不断接受新知识，增长专业能力，达到专业成熟的境界。国内外学者普遍认为，教师职业发展是教师在知识、思想、教学效果等方面不断提升的过程。Hargreaves（1995）认为，教师发展不仅包括知识、技能等技术方面的维度，还包括道德、情感、心理、合作能力等维度 [1] 朱玉东（2003）认为，教师职业发展是教师专业信念、专业知识、专业能力等不断更新、完善的过程。[2] 连榕（2008）认为，教师职业发展是教师在主动学习与实践过程中所形成的良好心理素质，并成功扮演教师角色，实现教师职业专业化的过程。[3] 赵亚辉（2016）认为，教师职业发展是教师不断学习新知识、提高专业能力、改进教学质量的过程。[4]

[1] Hargreaves, A.Development and Desire:a Postmodern Perspective[A].R.Guskey&M.Huber Man.Professional Development in Education:New Paradigms and Practices[C].New York:Teachers College Press, 1995

[2] 朱玉东.论教师的教育专业素质及其培养 [J]. 中国教育学刊, 2003（12）：50-53.

[3] 连榕.教师教学专长发展的心理历程 [J]. 教育研究, 2008（2）：15-20.

[4] 赵亚辉.论微故事在初中历史教学中的运用 [J].青少年日记（教育教学研究），2016（12）：67.

四、教学领导力

教师教学领导力是教师为了实现教学目标，对整个教学活动中所涉及的相关人员、事务等加以影响，使教学活动有效运转的一种力量。影响教师教学领导力的因素主要有：教师的知识储备、认识与促进学生发展的能力、教师的个性品格、教师教学设计和教学资源开发的能力、教师职称与资历、学校的文化氛围等。

高校教师教学领导力是高校教师专业发展的重要能力之一，对提升教学有效性起着至关重要的作用。高校教师教学领导力是高校教师为实现高校教学目标、提高教学质量，以学生学习、实践为对象，基于自身综合素养，对每一位学习者施加影响的过程。

课堂教学领导力是指教师在课堂教学中吸引和影响学生持续实现课堂教学目标的能力。教师课堂教学领导力包括教学方案设计能力、课堂教学过程驾驭能力、课堂教学情境调控能力、课堂教学引导能力和学生智慧潜能开发能力。作为课堂教学活动的领导者，教师对课堂教学领导力决定着教学过程的执行力。

高校课堂教学不同于中小学课堂教学，其教学观念从过去固守"以教为中心"向认同"以学为中心"转变，教学目标从传授知识为主向重视发展能力和综合素质转变，教学内容与形式从以学科为中心向多学科、跨学科教学转变，传播渠道从单一教材来源向多媒体信息渠道转变。

基于课堂教学的不同，高校课堂教学领导力在来源、要素、主体等方面展现出其独特性。高校教师课堂教学领导力源于多学科交叉，包括教师教学影响力、学生追随力和教学文化三大核心要素，实施主体包括校长、教务处长、二级院系主任、教研室主任、教师、学生等。高校教师课堂教学领导力是推动课堂教学的保障力量，直接影响着教学质量和学生学习质量。

第三节　研究方法

一、文献分析法

通过查阅有关民办高校、民办高校教师、教师职业发展、教学领导力概念界定，职业锚理论、激励理论、教师发展影响因素论、人才成长理论等理论基础相关著作、期刊、硕博士论文、报纸新闻、会议评述资料，进行系统学习、梳理、归纳、整理，为探索教师职业发展与提升教学领导力路径打下基础。

二、半结构访谈式和问卷调查法

通过半结构访谈与统计问卷，进行务实的调查，分析河南省民办高校教师队伍、工作满意度、职业倦怠、高层次人才引进、职业发展困境、教学领导力等方面的现状及存在的问题，采用 SPSS 软件进行数据量化分析。

三、定性与定量分析法

运用定性分析法分析职业倦怠的总体情况，运用定量分析法独立样本 T 检验与单因素 ANOVA 检验进行职业倦怠差异化分析；运用相关分析法分析相关度；运用模糊综合评价法分析民办高校教师教学领导力。

四、对比分析法

选取西交利物浦大学、吉林外国语大学等省外知名民办高校为分析对象，从教师副高级所占比重、教师具有博士学位、硕士学位等指标入手，将省外知名民办高校与河南省民办高校形成鲜明对比，进而凸显河南民办高校教师职业发展困顿的现实情况。

五、文本分析法

本研究采用政策文本梳理方法，系统全面地对所选民办高校教师职业发展的相关政策文本和文件文本进行梳理与分析，包括《民办高校专任教师岗位管理实施办法》《民办高校教师聘用专业技术层级岗位条件》《Z高校教师岗位职责》《民办高校科研成果奖励办法》《民办高校教职工考勤管理办法》等。通过梳理政策文本，解读民办教师职业发展的相关内容。

第二章 相关理论基础及国内外研究现状

第一节 相关理论基础

一、职业锚理论

职业锚理论是由美国麻省理工大学埃德加·施恩（Edgar.H.Schein）提出来的，旨在说明职业发展中不会放弃的核心要素，强调个人能力、动机与价值观的相互作用与整合。职业锚理论包括自主型、创业型、管理能力型、技术型、安全型、安全稳定型、生活型、服务型八种类型，职业锚与岗位相匹配、相统一，才能最大限度地提升职业满意度。此理论有利于客观评估自己的个人能力与知识技能，明确自己的职业方向与职业规划，找准职业定位，促进职业发展。从职业锚理论视角看教师职业发展中存在的问题，更强调教师职业锚与教师岗位的匹配度，民办高校教师目前存在缺乏职业发展动机、职业发展信息渠道狭窄等问题，唯有通过提升其知识技能、拓展职业通道、关注不同职业动机、创造多元发展等途径缩小职业锚与岗位匹配度的差距。

二、学习型组织理论

学习型组织理论是由美国麻省理工彼得·圣吉提出的，该理论的宗旨是组织共同目标的实现得益于员工的共同努力，强调的是组织中成员的终身学习、全员学习、全过程学习、团队学习。在新的经济环境下，单位要持续发展，就要有终身学习的理念、多元反馈与开放的学习系统、互动共享的组织氛围、激发员工潜能的得力措施，这样才能增强单位的整体能力，提高整体素质。高校教师深感工作与学习间的矛盾，其原因之一就是将自身的学习定位于个人学习，没有形成很好的同伴互动，忽视了组织学习在专业成长中的重要性，因为缺少组织间的交流学习，造成学习资源的局限性、学习方式的单一性。对此，教师间应立足于学校这一组织，建立共同愿景，形成学习团队，避免单打独斗现象，通过团队组织间的相互协助、合作、互帮互助来实现个人与组织的共同成长。

三、成就动机理论

成就动机理论是由美国哈佛大学教授戴维·麦克利兰（David·C·Mc-Clelland）提出的，他认为成就需求是激励从事有价值工作，并获得成功的内在驱动力。他把人的高层次需求认定为是对成就、权力、亲和的需求，其中对成就具有需求的人，不满足现状，敢于冒险与挑战，会全身心地投入工作，认为成就需求与工作绩效之间存在正比关系，比较注重通过努力追求成功之后的个人成就感与满足感。教师由于职业的使命感，更加注重精神生活的追求，激发其神圣感，在其精神激励的作用下，存在着一个不断渴望成长的过程，这就需要学校为教师的发展提供更多的资源与平台，要在教师培养上下功夫，不断拓宽视野、拓宽发展场域，多途径让老师保持向上进取的奋斗精神状态，以使教师职业有更大的获得感与成就感，形成内在的价值感。

四、教师发展影响因素论

关于教师发展因素论的主要代表为美国学者费斯勒（Fessler）与格拉特霍恩（A.Glatthorn）。其中费斯勒将影响因素分为个人环境因素与组织环境因素，教师在职业发展过程中会受到家庭因素、积极的关键事件、生活危机、个人性情与意向、兴趣与嗜好、生命阶段的影响；组织环境因素主要是学校规章、管理风格、公众信任、社会期望、专业组织等方面的影响。格拉特霍恩（A.Glatthorn）认为，影响教师发展的因素主要有与个人相关的认知发展、生涯发展、动机发展因素；与社会、学校系统、教学小组教师等情境相关的因素；与促进教师发展的特殊介入活动相关的因素等。从两位学者的研究来看，教师个人本身与周围环境对教师的影响重大，各种因素对教师职业发展起到助推或阻力、正面或反面的作用。通过了解各种影响因素，有利于正确看待各种因素对教师发展的影响，创造有利于教师职业发展的条件，协助教师渡过职业发展困境。

五、角色冲突理论

角色冲突理论是由美国社会学家默顿1957年提出的。角色冲突是由于不相容的期望所导致的心理矛盾与行为冲突现象。角色内冲突主要是由于理想角色与实际角色不符而产生的矛盾引起的，角色外矛盾主要由同时扮演多个角色时产生的冲突。根据角色冲突理论，角色内冲突可以理解为对教师理想职业的期望与现实情况不符合、教师的定位与岗位所要求的工作规范不一致而产生的矛盾，从而出现情绪不高、状态不佳的现象。角色外冲突可以理解为教师除了扮演教书育人的角色外，同时要扮演员工、行政人员、家长等多个角色，每个角色对特定人都有一定的要求，教师不仅要达到各个角色的要求，还要在多个角色之间实现角色的灵活切换，而教师在本身时刻在线的工作状态以及长期隐形的加班工作压力下，逐渐会出现身心疲惫、力不从心的不佳状态，从而出现工作热情减退、低效率的工作生活态度，长此以往就会逐渐出现职业倦怠。

角色冲突理论为解释职业倦怠产生的原因提供了部分答案，同时为缓解角色冲突带来的职业倦怠提供了一定的方向，其中在相互尊重的基础上良好地沟通是激发良性冲突的最好办法。

六、付出—报酬失衡理论

付出—报酬失衡理论是由德国社会学家西格里斯特（Siegrist）1986年提出的，强调的是付出与回报之间的关系。工作的首要意义是通过自身的劳动获得相应的报酬，以满足自尊与自我归属感的需要。此模型提出三种假设：高努力—低报酬的假设、内在超负荷假设、高强努力低奖酬与企业报酬过度承诺相互作用的假设。付出与报酬不成比例一般造成的结果为：

人们不会长久地停留在高努力低回报的失衡状态，一般会选择降低努力而获取相对的高报酬，长此以往不仅会丧失对工作的热情，失去对企业的信任，也会影响到自身职业的发展。超负荷工作使脑神经经常处于高强度的工作状态，身心处于极度疲惫状态，持续的压力会导致身心健康出现问题。

根据马斯洛需求层次理论，教师作为社会脑力劳动者，首先需要满足最底层的生理需要，满足在生活上的物质需求，进而实现在精神上的自我价值；及时兑现组织承诺，让教师有动力、有信心投入工作，能够感受到被组织的需要与重视，才能促使教师保持昂扬奋斗的劲头。付出—报酬失衡理论也为有效预防职业倦怠的产生提供了建议。

七、社会胜任能力模式理论

社会胜任模式是由美国学者哈里森（Harrison）于 1980 年提出的，他强调职业倦怠主要受到工作的难易程度、工作环境以及个人能力的大小三方面的影响，但重点强调的是与个人能力的关系，即个体对自身工作能力的怀疑，自身能否胜任工作要求的一种感知。具体到教师这个行业就是，个人对教师职业的胜任力，能否达到传道授业解惑、教书育人、满足学生需求、培养国家栋梁之材的目标。如果这个过程比较顺利，能够为学生提供优质的服务，得到学生的认可，那么就会激发教师的工作热情，以更大的动力投入到教学中去。反之，如果无法提供优质满意的服务，得不到学生的认可，就会产生挫败感，从而怀疑自己的职业能力，进而产生一种消极低落的情绪，消退工作热情，降低服务质量，长时间下去则会出现职业倦怠现象。在教师胜任工作的过程中，不仅需要教师个人的努力，同时需要学校工作环境、校园文化、学生基础、学习意愿等多方面的配合。

由于社会胜任能力模型更多关注的是个人工作的才能，在工作过程中的驾驭能力。因此，为降低职业倦怠现象的发生，教师个人不仅要树立终身学习的价值观，学校也要提供更多的进修、职业培训等学习交流机会以提高教师的职业素养，以便以更优质的服务达到助人目的。

八、工作匹配理论

工作匹配理论是由美国心理学家马斯拉奇（Maslach）和莱特（Leiter）于1997年提出的，主要强调的是通过个体与工作之间的关联关系来解释职业倦怠产生的原因。重点从工作负荷、报酬、控制度、社交、公平、价值观六个方面来检验个体与工作间的匹配程度，这六个方面匹配程度越高，职业倦怠感越低。具体到教师这个职业，除了正常的教学任务外，还承担着专业学科竞赛、毕业论文、发表论文、编写教材与著作、义务性的行政性工作等，更没有下班上班的分明界限，其常年的工作负荷是比较大的。高校群体中尤其是民办高校由于资金有限，教师对日常开展的教学科研工作所需要的资源没有足够的控制权，导致很多工作无法顺利开展。由于教师这个职业的特殊性，似乎不能用收入来衡量其价值，但这里的报酬不仅仅指经济报酬，还有精神层面的回报，回报比例越高，其工作动力与工作热情越高，职业倦怠越低；教师一般具有仁爱之心，乐于发扬奉献精神，甘于清贫和淡泊名利，教师工作环境中良好的人际关系相对较简单，工作环境较融洽，其职业倦怠越低；公平性不仅指工作量与回报的匹配度，还包括评价的公平性与升迁的公平性，其公平性越强，情感衰竭越弱；个体与同事、领导、单位发展的价值观越一致，其职业倦怠感越低。

第二节　教师职业发展阶段

一、国外教师职业发展理论

（一）卡茨（L.Katz）教师发展时期论

美国学者卡茨于1972年将教师发展分为存活期、巩固期、更新期、成熟期四个阶段。存活期为初入职场的第一、二年，这一阶段教师关注的是能否适应与生存；巩固期为任教的第二、三年，有了处理教学实践的基本知识，巩固教学经验与关注学生，但也需要专业的建议与帮助；更新阶段为任教的第三、四年，开始厌倦重复性、机械性的工作，试图找到新方法与新技巧，需要参加培训与进修活动学习新的技能；成熟期为任教的五年之后，开始习惯于教师角色，能深入探究教育问题。

卡茨教师发展阶段论为区分教师发展阶段提供了一定的见解，但划分得较为笼统，尤其是成熟阶段的周期过长，没有进一步的划分，教师发展阶段论需要进一步的探究。

（二）费斯勒教师生涯循环论

教师生涯循环论是由美国教师发展研究领域的学者费斯勒于 1985 年提出的，他在富勒的教师关注发展论（1969）、伯顿的教师阶段发展论（1979）的基础上提供了一个较为完整的教师职业生涯的理论框架，他借助社会学的研究方法不仅将教师发展回归现实世界，还尤为关注影响教师发展的正负面因素，将教师的职业生涯视为动态变化的过程。费斯勒将教师的发展分为八个阶段：职前教育阶段、引导阶段、能力建立阶段、热心和成长阶段、生涯挫折阶段、稳定和停滞阶段、生涯低落阶段、生涯退出阶段。

费斯勒进一步考察了教师职业发展的影响因素，认为教师自身以及职业背景是主要因素。自身因素受到家庭因素、关键事件、危机因素等的影响，职业背景受到社会期望、管理类型、学校规则等因素影响。

（三）司特菲（Steffy，B.）的教师生涯发展模式

教师生涯发展阶段由美国学者司特菲在吸取费斯勒等人研究成果基础上依据自我实现理论建立。他将教师的发展分为预备生涯阶段、专家生涯阶段、退缩生涯阶段、更新生涯阶段、退出生涯阶段五个阶段。预备生涯阶段一般为三年时间，这个阶段的教师表现出活力、积极进取、努力向上、理想主义的特征。专家生涯阶段这一阶段，教师具有较高的教学能力与透视力，表现为不断激发自我达到自我实现的目的。退缩生涯阶段分为初期退缩、持续退缩、深度退缩。在初期退缩阶段，很少致力于教学革新，多表现为消极行事、跟随别人、无自我观点与主见，需要学校给予适当的支持与鼓励。在持续退缩这一阶段，教师表现出职业倦怠感、抗拒变革、独

来独往、行为极端、人际关系不和谐等。在深度退缩阶段，教师表现出无力感，且具有很强的防范心理，需要通过暂转岗来缓解。更新生涯阶段，教师通过专业进修、学历提升、参加研讨会等措施，使教师职业生涯重新回到朝气蓬勃状态，从而更加致力于专业成长与吸收新的教学知识。退出生涯阶段是教师到了退休阶段，部分教师开始安度晚年，另一部分教师重新返聘继续追求职业生涯的第二春天。

司特菲的教师生涯发展模式，较为完整地诠释了教育在整个职业生涯发展中的历程。尤其是他提出的更新生涯阶段更是一种超越，从而说明教师生涯的发展不是线性的，也存在非线性与转折点，交替与重返。他认为影响教师生涯模式的因素中，社会环境、教育政策、学校文化是外部因素，个人态度、价值观与动机是内部因素。

（四）休伯曼（Huberman，M.）教师职业生活周期论

教师专业生命周期由瑞士学者休伯曼 1993 年提出，以心理学为主要研究方法，把教师的职业生涯过程分为五个时期、七个阶段。1—3 年为入职期，初入职场，表现出积极、热情的一面；4—6 年为稳定期，初步掌握了教学法，形成了自己的教学风格，表现出自信与愉悦的一面；7—25 年为实验和启示期、重新估价期，这个阶段是教师职业生涯的转变期，一方面大胆进行求新与改革，在职业上不断自我挑战；另一方面自我怀疑与重新评估，产生职业倦怠；26—33 年为平淡和关系疏远期、保守和抱怨期，工作进入平静开展阶段，教学热情与动力、志向开始下降，工作变得较为保守；34—40 年为退休期，教师职业生涯进入终结阶段。休伯曼将教师职业周期的研究更加具体与细致化到生命周期的不同阶段，并将教师的专业发展置身于工作场景，其研究视角较为新颖。

按照费斯勒的教师生涯循环论与休伯曼的教师职业生活周期论，职业挫折阶段与实验再评估期是产生职业倦怠的高发期。在这个阶段，教师工作处于停滞不前、成就感不足的泄劲阶段，职业满意度降低，对教学科研产生抵抗情绪，甚至会怀疑进入教师职业的初心，焦虑感、失落感与挫败感油然而生，进而产生情绪低落，精神不佳、唉声叹气的现象。教师产生职业倦怠既有个人环境因素、学校环境因素，又有社会环境因素，通过教

师职业生涯发展阶段的划分，可以在职业生涯的中期阶段采取适当措施做好教师职业倦怠的防范工作。

二、国内教师职业发展理论

（一）教师社会化发展阶段论

此阶段论认为，教师与社会是不断变化的、复杂的互动过程，也是教师在对其角色不断获得与完善的过程，其观点主要代表为王秋绒的教师发展阶段论与吴康宁的教师发展阶段论。

中国台湾学者王秋绒于 1991 年在《教师专业社会化理论在教育实习设计上的蕴义》①一书中对教师发展阶段划分为师范生阶段、实习教师阶段、合格教师阶段。师范生阶段又划分为一年级的探索适应期、二三年级的稳定成长期，四年级的成熟发展期。实习教师阶段又划分为蜜月期、危机期、动荡期。合格教师阶段又划分为新生期、平淡期、厌倦期。吴康宁的教师发展阶段论认为，教师专业化发展包括预期专业社会化阶段与继续专业社会化阶段，预期专业社会化阶段是专指师范生要承担的专业角色而进行的准备性教师教育。继续专业社会化阶段是承担教师角色后为更好扮演此角色而进行的工作实践与进修学习。

（二）教师一体化发展阶段论

该理论研究是在教育一体化改革背景下展开的，有学者认为，教师的专业发展也应该如同教师教育的历程，分为职前教育、入职教育和在职教育三个阶段；同时，外界应该为教师教育终身发展提供全过程支持。其代表学者为刘捷的教师发展阶段论②与唐玉光的教师发展阶段论③。

刘捷的教师发展阶段将教师专业成长分为职前师范生阶段、入门阶段、在职阶段。职前阶段是准备期，通过专业准备与学习，具备初步的知识与能力。入门阶段是适应期，主要任务是熟悉教学环境，适应教学工作。在

① 王秋绒.教师专业社会化理论在教育实习设计上的蕴义[M].台北:师大书苑有限公司，1991.
② 刘捷.教师专业发展的阶段性及其启示[J].中小学教材教学，2006（11）：6-12.
③ 唐玉光.基于教师专业发展的教师教育制度[J].高等师范教育研究，2002（5）：35-40.

职阶段重点是促进教学技能的提升与成长，最终成为优秀教师。唐玉光的教师发展阶段论直接将教师的发展过程分为职前专业准备阶段、入职辅导阶段、在职教师教育阶段。

（三）教师发展时期论

该理论研究以申继亮 [1] 与傅树京 [2] 为主要代表，他们认为教师专业成长都需要历经若干时期，每个时期都具有在认知、能力、心理等方面的不同，不同时期折射出不同的专业发展水平。

申继亮的教师成长时期论将教师成长分为学徒期、成长期、反思期、学者期。学徒期一般需要 3—5 年，主要任务是熟悉和适应教学与学校环境。成长期一般需要 5—7 年，主要任务是积累经验，形成特色。反思期教师已经具备较丰富的教学经验，重复单调的工作可能会导致职业倦怠的产生。学者期已经具有较强的教学能力与反思能力，教育能力游刃有余。傅树京的教师发展时期论将教师职业发展分为适应期、探索期、建立期、成熟期、平和期五个阶段。适应期重点完成学生角色到教师角色、理论知识到教育教学能力、所学知识到所授知识的转换。探索期重点培养的是强化职业道德与职业技能的提升。建立期重点强化教育教学的胜任度。成熟期重点要克服职业倦怠的滋生，责任感、职业感与教学能力的下降。平和期重点进行教育教学改革，研究转向教育理论。教师发展时期论表明教师专业发展的阶段性，整个过程是一个接连不断的发展历程。

（四）教师职业生命周期论

此理论是从人的生命周期来看待教师的职业发展历程，其代表学者为陈永明 [3] 与傅道春 [4]。

陈永明的职业生涯时期可分为适应和发现期、稳定期、试验期和重新评价期、平静和保守期、退出教职期。适应和发现期一般持续 1—3 年，初

---

① 赵景欣,申继亮,支富华.教师职业生涯发展与管理[J].中小学管理,2005（12）:30-32.

② 傅树京.构建与教师专业发展阶段相适应的培训模式[J].教育理论与实践,2003（6）:39-43.

③ 陈永明.教师教育研究[M].上海:华东师范大学出版社,2002.

④ 傅道春.教师的成长与发展[M].北京:教育科学出版社,2001.

入职场，面临理想与现实的差距，同时在落差中逐渐发现自己的价值；稳定期一般处于4—6年，已经适应了课堂教学，形成了较有特色的教学风格，稍有成就感；试验期和重新评价期，处于7—18年，工作不再具有挑战性并趋于平淡，也是容易出现职业困顿的时期；平静和保守期，一般处于19—30年，缺乏进步的动力，安于现状，抵制变革；退出教职期，终结教师生涯。傅道春将教师生涯发展分为职前成长阶段、进入教育工作领域阶段、能力建立阶段、热心和成长阶段、职业退缩阶段、更新阶段、生涯低落阶段、退休阶段。职前发展阶段是教师角色的准备期，重点任务是储备才干知识与能力；进入教育工作领域阶段是入职阶段，主要任务是快速熟悉和适应教育环境，实现教师角色的转换；能力建立阶段，主要是努力提升教育教学能力；热心和成长阶段，通过几年的成长，具有较高的工作满意度，重点任务是通过学习新知识获取进一步的成长；职业退缩阶段，职业受挫，工作满意度降低，工作热情下降，产生不同程度的职业倦怠；更新阶段，通过内外在因素的帮扶，克服职业倦怠，工作热情恢复，职业又重新焕发活力；退休阶段，退出教师生涯，寻找新的精神满足。

（五）教师自我更新取向发展阶段论

此理论将教师不同阶段的专业发展意识作为衡量标准，侧重体现教师在专业结构上的更新与改进。其代表学者为叶澜的教师自我更新取向发展阶段论。叶澜教授将教师职业发展分为非关注阶段、虚拟关注阶段、生存关注阶段、任务关注阶段、自我更新关注阶段。非关注阶段是在正式进入教师职业之前，所累积的教学知识、能力、品质；虚拟关注阶段是指师范生实习阶段，其学习环境、支持环境都是虚拟的；生存关注阶段是指出任教师阶段，重点关注角色的转变，渴求找到最基础的教学能力与知识；任务关注阶段，教师的关注点由自我生存转向同事的认可；在自我更新关注阶段，谋求最大程度的自我发展。

国内外的教师发展阶段研究表明，教师职业发展是一个持续学习的动态过程。每一个教师的职业生涯都要经历由不成熟到成熟的过程，每一个阶段都有各自的典型特征与发展任务，这也在无形中要求教师必须树立终身学习的观念，不断拓展知识，增长教育教学能力，从而提升自身的职业胜任力。教师的发展与学校发展息息相关,学校作为教师职业发展的主战场,在不同的发展阶段都需要学校提供不同的帮助与指导。

第三节 国内外研究现状

一、关于教师职业发展的国内外研究现状

(一)关于教师职业发展内涵的研究

从国内外学者的一些代表性观点来看,教师职业发展是不断接受新知识、增长专业能力、达到专业成熟的过程。国内外学者普遍认为,教师职业发展是教师在知识、思想、教学效果等方面不断提升的过程。朱玉东(2003)认为,教师职业发展是教师专业信念、专业知识、专业能力等不断更新、完善的过程。[①] 连榕(2008)认为,教师职业发展是教师在主动学习与实践过程中所形成的良好心理素质,并成功扮演教师角色,实现教师职业专业化的过程。[②] 赵亚辉(2016)认为,教师职业发展是教师不断学习新知识、提高专业能力、改进教学质量的过程。[③]

(二)关于教师发展阶段的研究

教师职业生涯是从教之日到退休这一期间内教育工作的过程。国内外学者从20世纪60年代末开始对教师职业生涯阶段展开研究,通过不同学者对教师职业生涯阶段的科学划分,反映出教师发展内容不断完善的过程,研究方法也由个案法、访谈法到数据的处理与量化分析,研究视角也逐步融入社会学、心理学等学科,有助于明确处于不同发展阶段教师的任务和目标,也为教育相关部门实施针对性的措施,以帮助教师平稳地度过每一个阶段,获

---

① 朱玉东.教师专业化与教育学科课程改革 [J]. 教师教育研究,2003,15(6):19-22.

② 连榕,田守花.从教师专业化看东南亚华文学校幼儿教师的成长 [J]. 教育评论,2008,(05):132-135.

③ 赵亚辉.论历史微故事在初中历史教学中的运用 [J]. 新教育时代电子杂志(学生版),2015(12):92-92.

得满意而成功的职业生涯提供重要的指导意义。

表2-3-1　教师发展阶段研究主要学者观点

作者	观点
伯顿（berden，1979）	从静态分析，将教师职业生涯阶段分为三个阶段：求生阶段、调整阶段、成熟阶段。
费斯勒（Fessler，1984）	将教师职业生涯分为职前教育阶段、引导阶段、能力建立阶段、热心和成长阶段、生涯挫折阶段、稳定和停滞阶段、生涯低落阶段、生涯退出阶段。
司特菲（Steffy，1989）	将教师职业生涯发展模式分为预备生涯阶段、专家生涯阶段、退缩生涯阶段、更新生涯阶段、退出生涯阶段。
柏林纳（Berliner，20世纪80年代）	教师发展五阶段理论，将教师职业发展分为新手阶段（1—2年）、熟练新手阶段（2—3年）、胜任阶段（3—4年）、业务精干阶段（5—8年）、专家阶段（8—15年）。
休伯曼 Huberman.1993）	把教师职业生涯分为入职期（1—3年），稳定期（4—6年）、实验和重估期（7—25年）、平淡和关系疏远期（26—33年）、退休期（34年至40年前后）。
王诞生	将教师工作生涯分为生涯起点阶段（1—3年）、稳定阶段（4—6年）、自疑阶段（7—18年）、平静阶段（19—30年）、脱离阶段（31—40年）。
叶澜、白益民（2001）	提出"自我更新"取向的教师专业发展阶段论，将教师专业发展分为非关注阶段、虚拟关注阶段、生存关注阶段、任务关注阶段、自我更新关注阶段。
贾荣固（2003）	将教师职业生涯分为职前准备期（大四职业学习、见习等）、上岗适应期、快速成长期、高速发展期（30—40岁）、平稳发展期（40—50岁）、缓慢退缩期（50—60岁）、平静退休期。

（三）关于教师职业发展影响因素的研究

影响教师职业发展的因素十分复杂，既包括社会对民办高校教师的看法、学校社会性质对之产生的影响等组织因素，也包括高校教师自身的专业知识能力、情感和心理因素等个人因素。各因素共同作用于教师职业发展的整个进程。

表2-3-2　教师职业发展影响因素主要学者观点

作者	观点
Fessler	认为教师职业发展受到个人因素、家庭因素、组织因素三方面的影响。

作者	观点
Grundy 与 Robison（2004）	认为教师专业发展既受到来自学校和社会系统的推动力的影响，也受到教师所处职业发展阶段和生活经验、自身推动力的影响。
Kelchtermans（2004）	认为教师专业发展是教师与教师所处的社会、组织和文化环境等空间情境、个人生活经历和教学生涯所处的时间情境所构成。
James 和 Westmoreland（2013）	认为学校应建立一种欣赏性校园文化。
Tareef（2013）	专业地位满意度与教师职业规划与教师职业生涯发展呈显著正相关关系。
傅道春（2006）	认为教师职业发展的影响因素由政治、经济、社会等社会因素、家庭因素、个人因素以及组织因素构成。
齐丽莉（2014）	主要从内在因素（心力体力的衰退、情绪心态的变化）、外在因素（高校缺乏激励措施、文化氛围）分析影响因素
张静（2015）	重点探讨高校组织因素对教师职业发展的影响。
褚莉莉（2017）	系统探讨中年教师职业生涯产生抱怨现象的原因：个人因素（思想懈怠、停滞不前）、学校因素（工作压力大、管理忽视）、社会因素（社会认同感低、待遇差）。
张艳丽（2017），鲍威（2021）	职业负荷对教师健康的负面冲击引发生理健康问题。
王丹（2020）、魏春丽（2018）	认为教师职业能力不足、职业认同感偏低、职业倦怠感凸显、职业发展规划不到位是影响职业发展的主要原因。
傅婕妤，方晓田（2021）	认为民办高校中年教师的心理危机（人际关系危机、家庭关系危机、职业发展危机）直接影响着教师的职业发展生涯。
焦烈（2021）、赵蕾蕾（2021）、孙传远（2021）、鲍威，2021）	经费投入不足，资源稀缺，导致教师间发展不均衡；职业发展体系不健全，保障机制落后，激励机制不合理。

（四）关于教师职业发展困境及其对策的研究

教师职业发展困境对策研究主要从教师自身出发，如科学规划职业发展生涯、提升职业专业能力、合理缓解工作压力、强化个人反思、提升自身幸福感等。组织方面对策主要从重视教师职业发展规划、完善进修与培养发展体系、提升教师职业认同感等宏微观方面。

表2-3-3　教师职业发展困境对策研究主要学者观点

作者	观点
齐丽莉（2014）、谢辉（2018）、金礼舒（2019）	建立入职后培养机制，落实中年教师专业发展；建立中年教师学习团体，促进中年教师专业发展；制定职业发展规划，实践中年教师专业发展等措施。
盛子强、辛彦怀、周琪（2015）	提出设立优秀人才专项资金，选送骨干教师参加国内外师资培训等。
邢方敏、黎莉、林新宏（2016）、成刚（2019）	建议采取传帮带措施，建立教师生涯管理体系，完善教学评估机制，完善职称评定制度等。
褚莉莉（2017）	从关注中年教师心理缺失、营造良好社会氛围、提高教师主动发展意识等方面提出具体建议。
刘东海、吴全全、闫智勇（2019）、左芊（2019）、马庆霜（2019）	建议通过重构信仰和价值系统，激发教师专业动力；创新培养模式，提高教师专业能力，树立教师专业尊严和地位。
胡晓东（2020）	建立合理的薪酬激励机制。

二、关于教学领导力的国内外研究现状

（一）国外研究现状

教师教学领导力的研究起源于 20 世纪 80 年代的美国。20 世纪 90 年代，教学领导力下移至教师层面，被人们广泛知晓。克劳瑟等（Crowthor F.Kaagen, S.S., Ferguson, M.&Hann, L., 2002）认为，教师教学领导力是在学校中转换教与学的行为；查尔兹·伯恩等（Childs-Bowen, 2000）认为，教师教学领导力是教师作为领导者在学习共同体中影响学生学习、促进学校改进和实践并带动企业教师参与教育改良的活动。国外关于教师教学领导力的研究，主要体现在教师教学领导技能、特点及教师教学领导力提升等方面。

1. 关于教师教学领导技能的研究

利伯曼（Lieberman, 2007）运用实证分析方法研究了教师教学领导技能，认为教师领导技能主要体现在教师间相互信任与和谐关系的创建、通过实证数据对组织进行诊断、对突发事件的决策、对人力物力的有效利用及激励他人等方面。

2. 关于教师教学领导力特点的研究

美国学者亚戈等（Yarger, S.J.&Lee, O., 1991）经过研究总结认为，教师教学领导力具备创造性、革新精神、喜欢挑战、寻求发展、喜欢冒险、终身学习、有教学热情等特点。①

3. 关于教师教学领导力提升问题的研究

阿尔玛·哈里斯、丹尼尔·缪伊斯（Alma Harris & Daniel Muijs，2007）认为，提升教师教学领导力的阻力来自学校外部环境、问责机制和教师自身经验三方面，其中学校的干预对教师教学领导力的影响是主要的，责任的清晰划分是对教师教学领导力的鼓励机制，教师自身的经验是教师教学领导力的潜在表现。②

（二）国内研究状况

国内关于教师教学领导力的研究主要体现在教师教学领导力内涵、结构、作用与功能、影响因素、生成与提升等方面。

1. 关于教师教学领导力内涵的研究

饶爱京、万昆等（2019）结合教育大数据时代高校教育教学的新诉求，指出，教育大数据时代高校教师教学领导力的内涵发生了由传统理念到信息化理念、从基于经验到基于证据、从单一主体到多元沟通等三大转变。③李冲锋（2009）则认为，教师教学领导力属于微观的教学领导力，但也是最具体、最直接、最重要的教学领导力，体现在教师的课堂教学互动、师生互动中。④教师通过对学生个体和群体的领导，形成教学吸引力、教学凝聚力、教师影响力从而达到提高学生学习水平，提升教学质量的目的。

2. 关于教师教学领导力结构的研究

陈姗姗（2014）借助教师在进行教学任务时角色的不同，将教师教学领导力划分为课前策划力、课堂指导力、课堂环境驾驭力和课堂影响力四

---

① Yarger,S.J.,Lee,O.The development and sustenance of instructional leadership[D]// D.R.walling，Ed.teachers as leaders:Perspectives on the professional development of teachers. Indian:Phi Delta Kappan.Garder，H.1994.

② 阿尔玛·哈里斯·丹尼尔·缪伊斯,教师领导力与学校发展[M].许联,吴合文,译.北京：北京师范大学出版社，2007.

③ 饶爱京，万昆，邹维.教育大数据时代高校教师教学领导力建设[J].现代教育管理,2019(1):57-61.

④ 李冲锋.教师教学领导力的开发[J].当代教育科学,2009(24):3-7.

个方面。① 陈敏华（2010）认为，教师教学领导力包括确定和传播以学生学习目标为基础的师生教学目标、建立每个学生学习的课程和教学机制、营造能促进师生共同发展的教学氛围三个维度。② 李小萍（2013）将教师教学领导力的组成要素概括为教师教学过程中的前瞻力、感召力、控制力、决断力等。③ 齐萱（2015）根据"五力"模型结合大学教学的特点，构建大学教师教学领导力模型，认为大学教师教学领导力包括目标设定能力、教师感召力、教师影响力、教学决策力和教学控制力五个要素。④

赵迎、胡颖琪、赵倩等超越课堂教学的局限，从宏观视角研究了教师教学领导力结构。赵迎（2021）将高校青年教师领导力概括为道德领导力、教学领导力、科研领导力、团队领导力四大维度。⑤ 胡颖琪、许静（2010）认为，高校教师教学领导力应体现在以下几个方面：和同事保持信任和友善的合作关系，并通过这种关系进一步影响学校文化；能够为同事的成长提供鼓励、帮助和支持；良好的团队协作能力；良好的倾听技巧与他人进行沟通的技能；敏锐的观察能力和严谨的分析能力；预测冲突的能力；妥善调节以及处理冲突的能力。⑥ 赵倩（2016）通过实证分析建立了高校教师教学领导力模型，该模型包括教学领导技能、教学领导特质及教学领导价值观三个维度28项领导力要素，其中，教学领导技能包括沟通技能、教学合作等因素；教学领导特质包括责任心、教学成就欲、教师影响力等因素，教学领导价值观包括关爱和尊重学生、教学创新等因素。

3. 关于教师教学领导力作用与功能的研究

苏美（2014）认为，教师教学领导力在教师身上表现出成长功能，在学生身上表现出促进功能，在教学活动中表现出计划、执行、评价功能，在教学领导环境中表现出协调与支持功能。⑦ 申瑞红（2010）认为，教师教

① 陈姗姗.新课程小学英语教师课堂教学语言探索 [J].新课程·上旬,2014(8):64-65.
② 陈敏华.教学领导目标与学生学习目标的关系探析———一项以毕业生为视角的质性研究 [J].教育探索,2010(7):17-18.
③ 李小萍.对新课改下小学语文课堂教学的思考 [J].吉林教育,2013,(35):56.
④ 齐萱.教师教学领导力的结构及提升研究 [J].中国教育学刊,2015,(S1):378-379.
⑤ 赵迎.高校青年教师领导力模型构建研究 [J].教育发展研究,2021,41(1):57-63.
⑥ 胡颖琪,许静.教师领导的角色定位及其影响因素 [J].科教导刊 (上旬刊),2010,(23):104-105.
⑦ 苏美.教师教学领导探微 [D].内蒙古师范大学,2014.

学领导力的功能主要包括组织关系、激发动力和促进实现三个方面。① 刘小翠（2015）认为，教师教学领导力不仅表现在课堂上，同时还承担着学校文化氛围的创造者和传播者、教学目标的建立者和执行者、人际关系的协调者、学生集体的领导者等多种角色。②

4. 关于教师教学领导力影响因素的研究

吴晓英（2019）认为，教师教学领导力的魅力展现主要来源于权力、能力、情感、动力和价值观五大根源。③ 陈纯槿、王红（2010）通过对英国教师领导力的研究指出，开发高校教师教学领导力经常会受到教师参与实践与经验不足、教师对自己角色和职责不明确与高校高层管理层沟通不良等多方面因素的影响。④ 肖月强、袁永新（2011）认为，高校要从理念、文化和制度三个方面探讨教师教学领导力的影响因素，理念层面的教学领导力建设价值体系、文化层面的合作性大学文化、制度层面的学校利益、相关者权益平衡机制都会影响教师教学领导力。⑤ 上官丹丹（2014）认为，高校对教师领导力的认可度不高且重视程度不够、个人主义文化传统和论资排辈现象、等级化的科层组织结构都会影响教师教学领导力。⑥

5. 关于教师教学领导力生成与提升的研究

黄丽丽、吴支奎（2020）认为，提升教师教学领导力，可以从正确认知以认同教学领导力的价值、提高基本素养以增强教学能力、洞察学生的满足感以加强行动影响力、践行自我反思以提升教学效力、提供支持性条件以获得相关性知识与经验等方面入手。⑦ 赵垣可（2017）认为，教师教学领导力有教师自主、学校为本和借力校外三种生成路径。⑧ 毕盛楠（2010）认为，教

① 申瑞红.课堂领导研究 [D].河南大学,2010.

② 孙祯祥,刘小翠.教师信息化教学领导力: 概念、内涵与调查分析 [J].现代远距离教育，2015（4）：28-36.

③ 吴晓英.领导力基因: 中小学教师教学效能实现的内在动力 [J].内蒙古师范大学学报（教育科学版），2019（3）：52-56.

④ 陈纯槿,王红.近二十年英国教师领导研究发展述评 [J].上海教育科研,2010(8)：31-33.

⑤ 肖月强,袁永新.高等院校教师领导力建设研究 [J].国家教育行政学院学报,2011(4)：66-70.

⑥ 上官丹丹.高校教师领导力有效实现的影响因素研究——基于云南省X高校教师的调查 [D].昆明：云南师范大学，2014.

⑦ 黄丽丽,吴支奎.儿童"告状"行为被拒的冷思考 [J].班主任，2020（7）：5-8.

⑧ 赵垣可.教师教学领导力的意蕴、困境与生成路径 [J].现代中小学教育,2017

师教学领导力的生成是学校、校长和教师三者相互支持和共同作用的结果。①
郭娜（2011）认为，校本化是提升教师教学领导力的重要途径，包括校本培训、
校本教研和校本课程。②

（3）：83-85.

　① 毕盛楠.中小学校教师领导力生成机制研究 [D].上海：上海师范大学，2010.

　② 郭娜.校本化教师专业发展：一种提升教师教学领导力的有效途径[J].当代教育论坛（教学版），2011（10）：54-55.

第三章 河南省民办高校教师队伍现状

民办高校经过四十多年的发展，在培养人才、满足多元化教育需求以及推动经济发展方面作出了重要贡献。2016年我国普通高等学校为2596所，民办高校数量为742所，占比为28.58%。2020年我国普通高校为2738所，民办高校数量为771所，占比为28.16%，从总量来看，民办高校呈现逐年上升趋势。同时，民办高校的师资队伍不断增加，2016年民办高校教职工人数为43.14万人，专任教师数量为34.15万人。到2020年民办高校教职工人数增加至49.31万人，专任教师数量为36.89万人。具体数值如下表3-1、表3-2所示。

表3-1-1 2016—2021年我国民办高校与普通高校数量统计表

时间	普通高等学校数量（所）	民办高校数量（所）	占比
2016	2596	742	28.58%
2017	2631	747	28.39%
2018	2663	750	28.16%
2019	2688	757	28.16%
2020	2738	771	28.16%
2021	3012	766	25.4%
2022	2759	764	27.70%
2023	2820	789	27.98%

数据来源：根据国家统计年鉴所得

表3-1-2 2016—2020年我国民办高校教师队伍情况

时间	教职工数（万人）	专任教师数（万人）	占比
2016	43.14	34.15	79.16%
2017	43.68	31.62	72.39%
2018	44.52	32.43	72.84%

续表

时间	教职工数（万人）	专任教师数（万人）	占比
2019	46.23	33.98	73.50%
2020	49.31	36.89	74.81%
2021	49.8379	36.9605	74.16%

数据来源：根据国家统计年鉴所得

目前，民办高校已经从依赖规模扩张向以品质提升、特色培育为核心的内涵式发展道路理性转型，教师作为学校发展的软实力，是民办高校赖以生存与发展的基础。然而，由于人们对民办高校的偏见、民办高校特殊的治理模式、民办与公办社会保障的鲜明对比、教育对象的差距等方面严重挫伤了民办高校教师的职业尊严与职业安全感，极大地影响了教师的工作热情，以至于产生了不同程度的职业倦怠，导致民办高校出现频繁的师资流失现象。所以，及时觉察教师职业倦怠现象，全面剖析产生职业倦怠的原因并采取有力措施，以激发民办高校教师工作热情，增强教师工作满意度、提升师资队伍质量、提高教师职业安全感与职业成就感，以此推动民办高校软实力的健康发展。

第一节　调查设计

一、调查对象

本次调查通过番茄表单制作调查问卷，并将通过微信、QQ 等途径发给河南省民办高校的教师。被调查的教师主要选择办学历史长久、规模较大的具有代表性的民办高校。共发放 350 份调查问卷，收回有效问卷 310 份。

二、研究内容

调查研究主要探究三个问题：

（1）调查和了解河南省民办高校师资队伍建设现状。

（2）河南省民办高校师资队伍建设中存在的问题及分析。

（3）提出加强民办高校师资队伍建设的针对性对策。

三、研究维度

本文对河南省民办高校师资队伍现状研究主要分为五大部分，第一部分为个人信息，涉及六个问题。第二部分为教学和科研情况，涉及八个问题。第三部分为收入情况，共涉及三个问题。第四部分为教师稳定性情况，共涉及十个问题。最后一个部分为一个开放性问题。本文主要采用问卷调查法对上述五个部分进行系统研究，各部分内容简单阐述如下（详细内容请见附件1）。对于比较私密的问题采用访谈法，访谈对象分别为民办高校教师和校领导。

第二节　河南省民办高校师资队伍建设现状

一、基本情况

1. 调查对象

本次调查中，收到有效问卷310份。其中，男教师84人，在调查人数中占比为27.1%；女教师226人，占比72.9%。

民办高校教师总体人数中女教师占绝对比重，这与民办高校工资待遇直接相关。男性迫于经济压力更倾向于到企业去工作，而女性则要平衡工作与家庭关系，则会选择相对而言压力稍微轻松点的民办高校。另外，民办高校大部分以文科专业为主，本身文科出身的女教师更多一些。从稳定性来看，女性在民办高校工作的稳定性要高于男性。综合以上因素，女教师的比重要普遍高于男性。

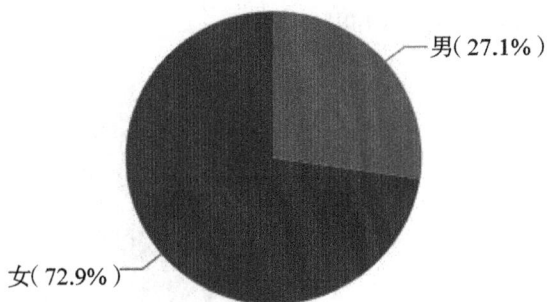

图3-2-1 调查对象比例图

2. 年龄构成

在 310 份有效问卷中，35 岁以下的教师有 191 人，36—45 岁的教师有 102 人。从年龄结构上来看，以青年教师为主。这与个人的学历有很大关系，这部分青年教师一般是硕士研究生学历，进公办高校的机会较低，相对而言民办高校的门槛要低一些，所以民办高校教师队伍呈现年轻化现象。经过将近 10 年的培养，青年教师转变为中青年教师，但比重呈降低趋势。56 岁以上的教师为返聘的退休老教师，能被返聘的人数又屈指可数。所以教师队伍并没有形成老、中、青结构合理的教学梯队。

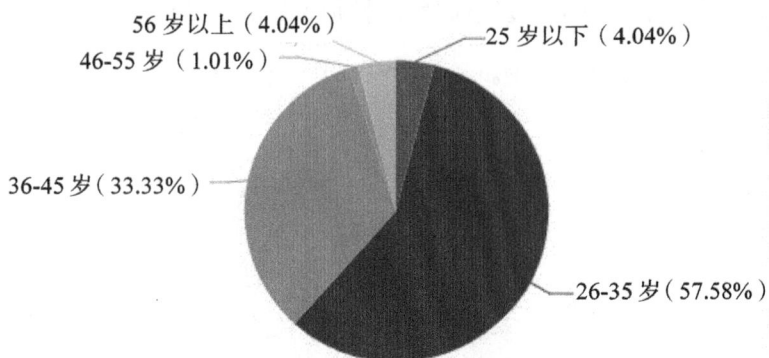

图3-2-2 年龄构成比例图

3. 学历构成

民办高校教师学历 90% 以上为硕士研究生学历，最近几年也引进少数博士研究生。但仍以硕士研究生居多，本科和博士研究生比重偏低。

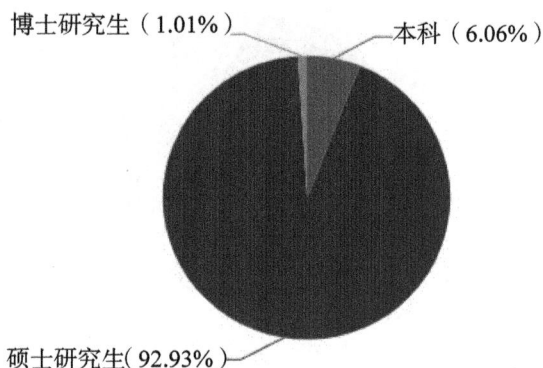

博士研究生（1.01%）　　　　　本科（6.06%）

硕士研究生（92.93%）

图3-2-3　学历构成比例图

目前进入公办高校最低也要是博士研究生学历，而民办高校门槛较低，基本上本硕专业相近或一致，硕士研究生就可以进入民办高校。所以，多数研究生因达不到公办高校条件而选择民办高校，从而导致硕士学历占主导地位的局面。博士及以上学历的教师资源占比较低，人力资源匮乏，教学与科研互促上仍显乏力。民办高校在教师学历结构上还有待优化，急需增加博士等高学历人才。

4. 职称构成

在本次问卷中，讲师及以下职称的教师人数高达 222 人。

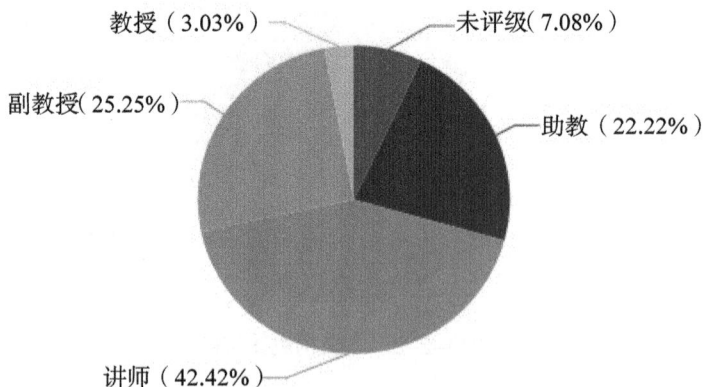

教授（3.03%）　　　　　　未评级（7.08%）

副教授（25.25%）

助教（22.22%）

讲师（42.42%）

图3-2-4　职称构成比例图

在民办高校，高职称的教师非常少，一方面与教学任务繁重有关；另一方面高职称教师不满足于现有的薪酬福利待遇，另谋高就；三是与民办高校以青年教师为主有直接关系。

5. 工龄方面

工作年限为 9 年及以下的教师工龄占了超过一半的比重，这与青年教师的培养周期有直接关系。一般来说，青年教师培养成中青年教师少则需要 5—6 年时间，多则需要 10 年左右。经过这些年的教学积累，无论是从教学经验还是教学能力上都具备了人才流动的条件。所以，超过 10 年工龄继续在民办高校工作的人呈现下降趋势。

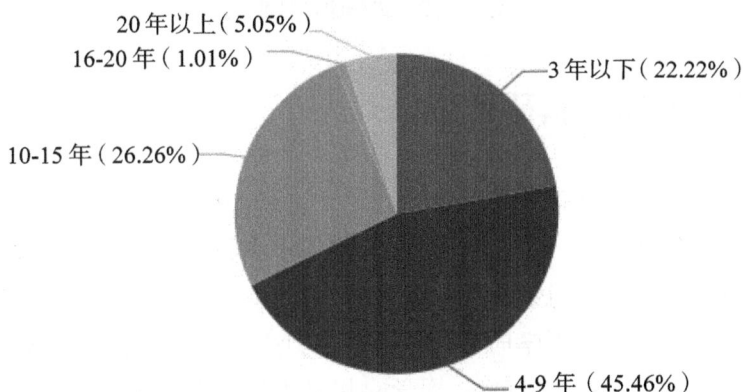

20 年以上（5.05%）
16-20 年（1.01%）
10-15 年（26.26%）
3 年以下（22.22%）
4-9 年（45.46%）

图3-2-5　工龄比例图

6. 到民办高校之前的单位情况

从调查结果来看，教师队伍 156 人来自应届毕业生，占比为 50.3%。53 人来自其他民办高校，占比为 17.17%。民办高校教师队伍主要由应届硕士毕业生构成，这与现实情况是相符合的。公办高校的门槛一般都比较高，学历上多数要求是博士研究生。相比而言，民办高校的门槛较低，成为从事教育行业中硕士应届毕业生的首选，从而再次验证民办高校多数是青年教师的因果关系。还有部分教师是从其他民办高校跳过来的，这种情况多发生于县级市的民办高校，地段偏远、交通不便，一般将此类学校作为跳板，工作两三年，积累了一定的教学经验，再应聘到郑州、新郑、巩义等周边的院校。

其他单位（8.29%）

公办学校教师（9.09%）

公办高校退休人员（1.01%）

企业职工（14.14%）

应届毕业生（50.3%）

其他民办高校教师（17.17%）

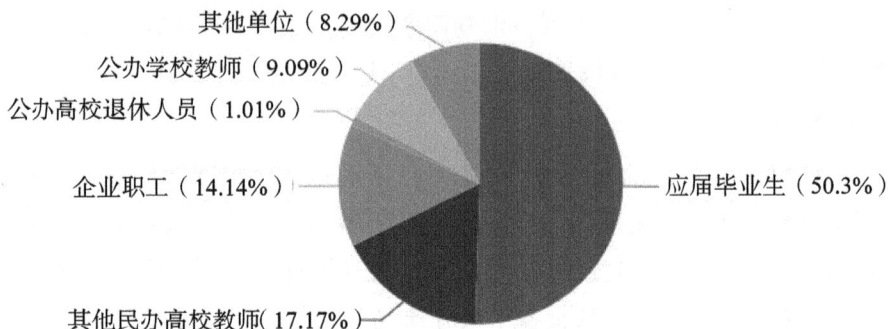

图3-2-6 工作经历比例图

二、教学和科研情况

1. 授课门数和周学时情况

从调查结果来看，57.58% 比重人数集中在两门课，其次 26.26% 比重人数在一门课。授课门数还是比较合理的。少量教师和个别专业会涉及三门甚至四门的课程。周学时在 11—14 学时区间的占比为 58.59%，在 15—18 学时区间的占比为 19.19%。周学时相对于公办高校而言，教学任务还是比较重的。

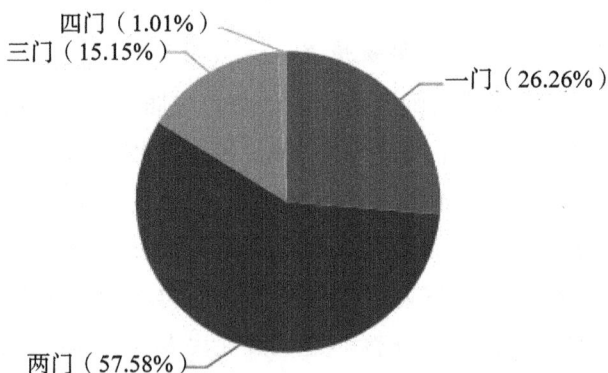

四门（1.01%）

三门（15.15%）

一门（26.26%）

两门（57.58%）

图3-2-7 授课门数比例图

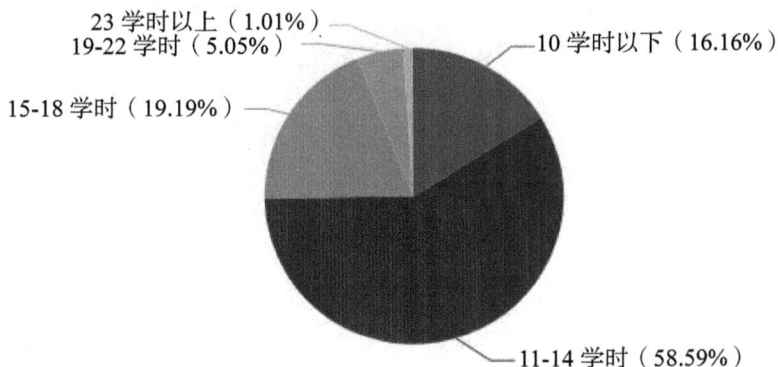

图3-2-8　授课学时比例图

　　具体原因：民办高校教师队伍数量欠缺。民办高校考虑到教育成本，一般会控制专职教师的数量，而聘用周边公办高校教师作为兼职教师。学校会首先安排兼职教师的课程和时间，兼职教师选的课程基本都是自己在公办院校多年教的课程，把大量的新课程分给专职教师，一旦有教师辞职，在职的教师要具有随时接手新课程的准备。繁重的教学任务使教师在从事科研时力不从心。

　　2.教学工作任务负荷感和工作胜任度

　　从调查情况来看，认为是标准工作量的比重为42.42%，饱满状态占比为38.38%。大部分教师认为教学工作量处于一个适中状态，并且过半比重能胜任工作，表现自如。民办高校教师多数为青年教师，年轻气盛、精力充沛，即使在教学工作量相对饱和的状态下，也能够胜任工作。这与民办高校教师缺乏归属感也息息相关，在民办高校这个圈子没有安全感，所以教师们都具有较强的学习能力和学习动力，迫切希望改变缺乏安全感的现状。

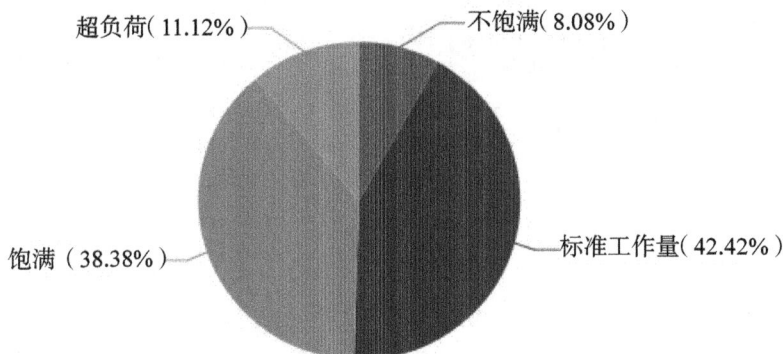

图3-2-9　工作负荷感比例图

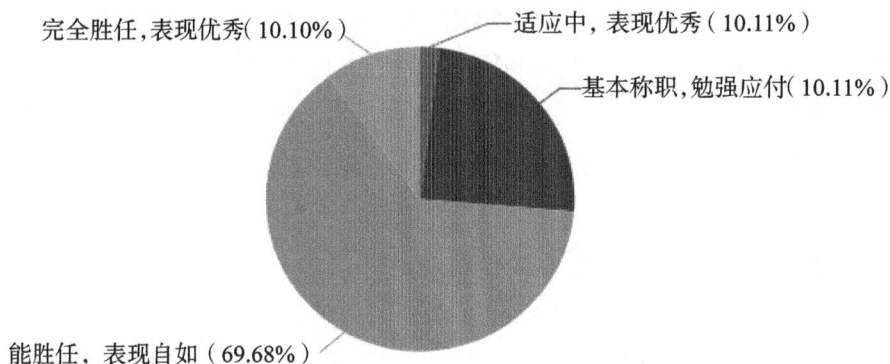

图3-2-10　工作胜任力比例图

3.科研方面

据调查结果显示，民办高校申请的课题级别基本上集中在厅级和校级，还有一定比重的教师从没主持过课题。申请立项的省级课题和国家级课题寥寥无几。在五年之内，47.47%比重的教师发表论文数为1—3篇，32.32%比重的教师发表4—6篇，还有16.16%比重的教师没有发表论文。64.65%比重的教师在5年之内出版教材和著作数量为零，31.31%比重的教师为1—3本。无论是课题、论文、著作数量都与公办院校无法比拟。

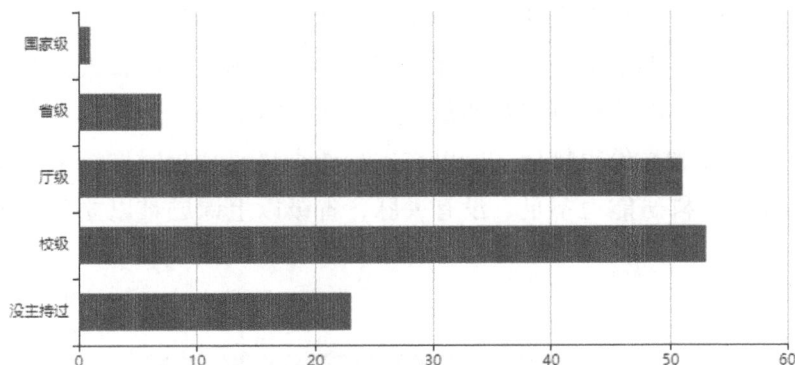

图3-2-11课题级别比例图

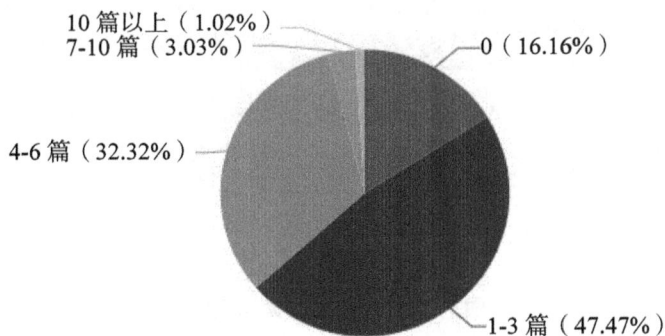

图3-2-12　发表论文数量比例图

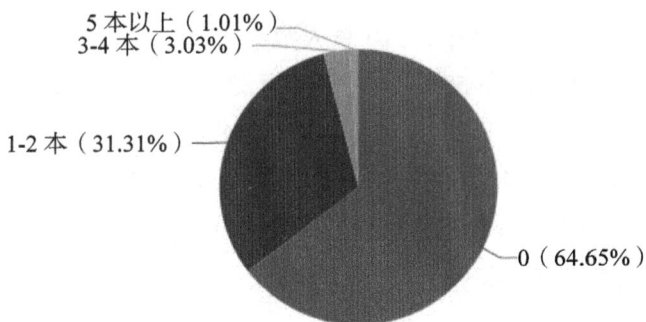

图3-2-13　出版著作与教材数量比例图

主要因素有：一是民办科研氛围不是很浓厚，重教学轻科研现象比较常见。二是除了日常教学任务，还要义务性地承担部分行政性工作。三是科研基础较差。无学术带头人，在突破高层次课题上难度较大。四是社会的偏见，对民办高校没有客观的认识。一些学术期刊、杂志社、出版社对民办高校教师的身份很排斥。所以在进行调查科研短板时，教学工作重导致时间缺乏、科研能力不足、没有人脉，省级以上课题难以立项，成为首选因素。

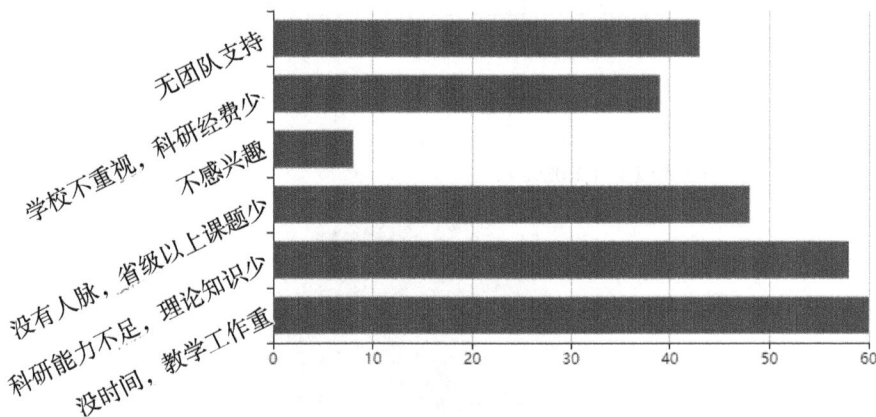

图3-2-14　科研因素比例图

三、收入情况

工资收入方面，在调查中，310 总人数中 159 人的工资水平在 4001—5500 之间，65 人的工资在 5501 元—7000 元之间，7000 元以下的人数为272 人。

相对于 2019 年平均年工资 85901 元来算平均月工资 7158 元而言，民办高校教师的工资偏低。50% 的人对工资待遇不满意，79.80% 的人认为自己的工资收入远低于同行水平。

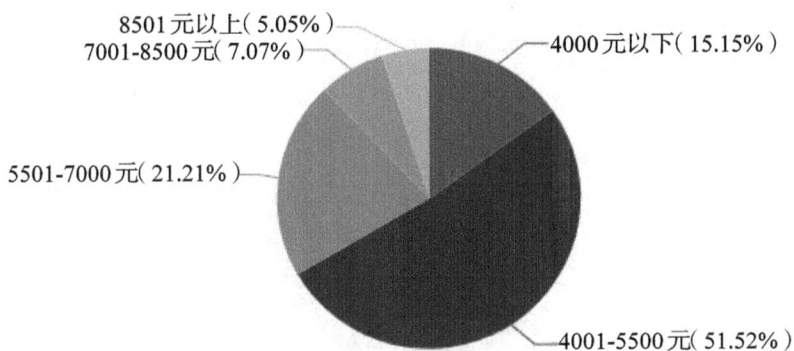

图3-2-15　收入情况比例图

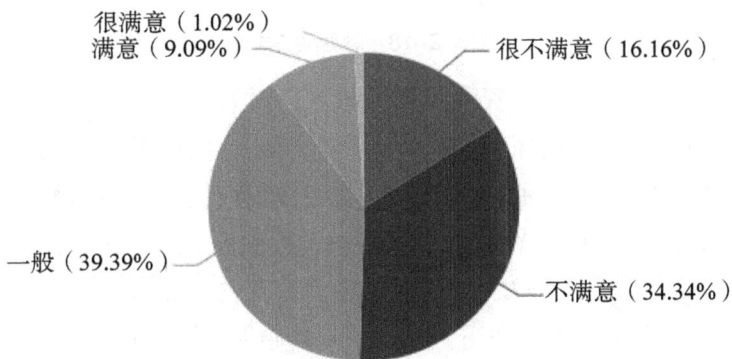

图3-2-16　收入满意度比例图

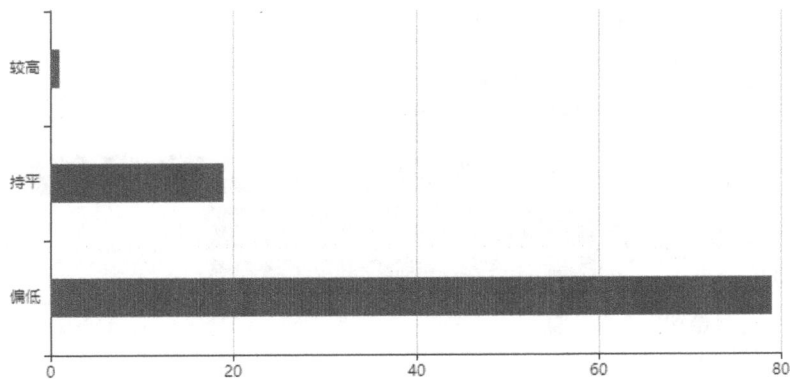

图3-2-17　收入水平比例图

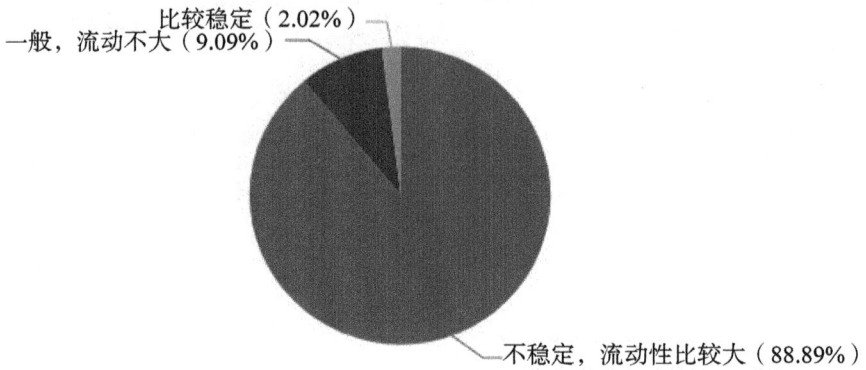

一般，流动不大（9.09%）　比较稳定（2.02%）

不稳定，流动性比较大（88.89%）

图3-2-18　教师稳定性比例图

民办高校教师的工资收入是纯收入，没有公办高校住房、子女教育等方面的隐形补贴，退休后的保障远远低于公办院校教师。因劳动成果得不到相对应的报酬，严重打击了教师的工作积极性以及对学校的认可，从而导致大量青年教师和优秀教师的流失。在调查中，88.89% 比重的人认为民办高校师资队伍不稳定，流动性比较大。其首要原因是工资、社保、待遇不好，其次为工作强度和压力大、个人职业发展前景有限。

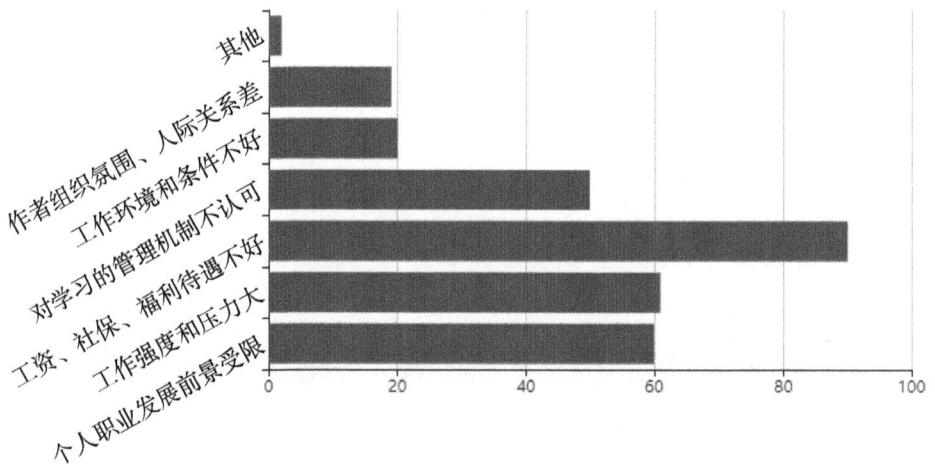

图3-2-19　师资不稳定原因比例图

四、稳定性情况

1. 师资队伍培训方面

师资队伍培训制度不健全、培训次数远远低于实际需求，178人认为偏少，46人认为严重偏少。在师资队伍培训水平质量上，184人认为培训质量一般，77人认为培训质量较低和很低。关于培训方式，多数教师想以半脱产的形式参加，212人想去国内著名高校参加培训，72人想去国内相关企业参加培训。

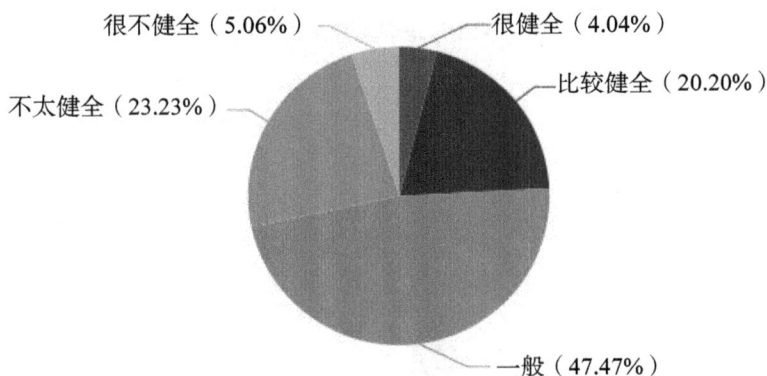

图3-2-20　师资培训制度比例图

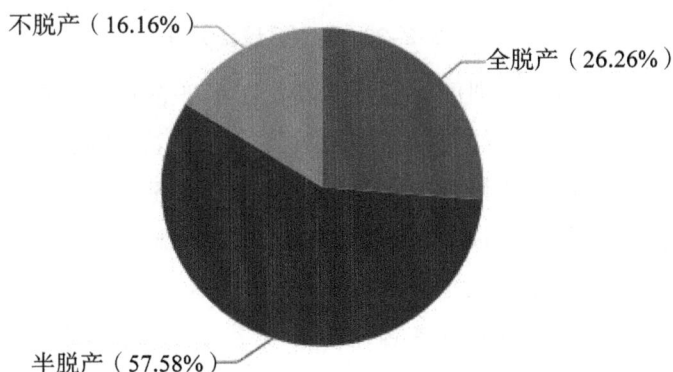

图3-2-21　培训方式比例图

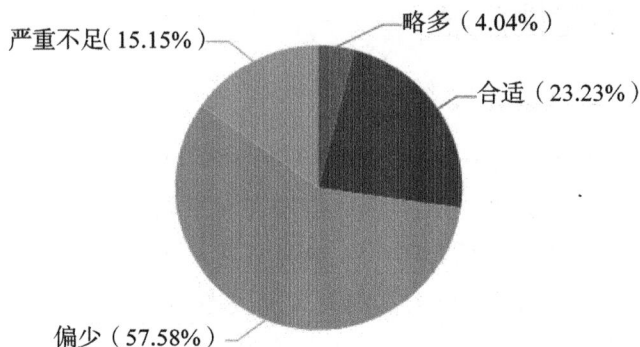

略多（4.04%）

严重不足（15.15%）

合适（23.23%）

偏少（57.58%）

图3-2-22 培训满意度比例图

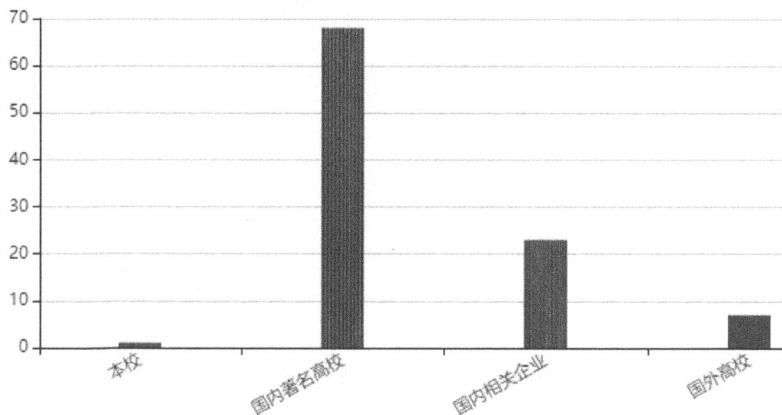

图3-2-23 培训区域比例图

民办高校的师资培训更多是针对新员工的职前培训，职后培训比较欠缺。基于节省培训成本的考虑，多是校内优秀的老教师进行教学培训和教学经验座谈，甚至有些培训本身的质量就不高。基于经济压力，多数人选择半脱产的形式参加培训，在一定程度上可以缓解经济压力，同时又可以到国内著名高校培训学习。

2.职业发展中面临的主要困难

在调查中，多数人认为职业发展中面临的主要困难有：教学工作量大、没时间做科研、学校缺乏完善的支持政策、工资低没动力、难以平衡工作和家庭。所以在工作过程中有 203 人，比重为 65.66% 的人数偶尔会出现教学疲倦感。

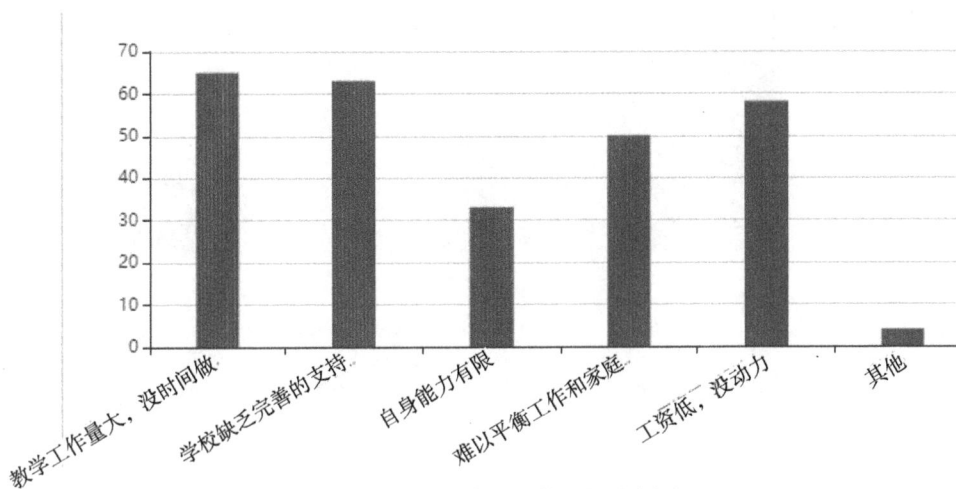

图3-2-24 职业发展面临问题比例图

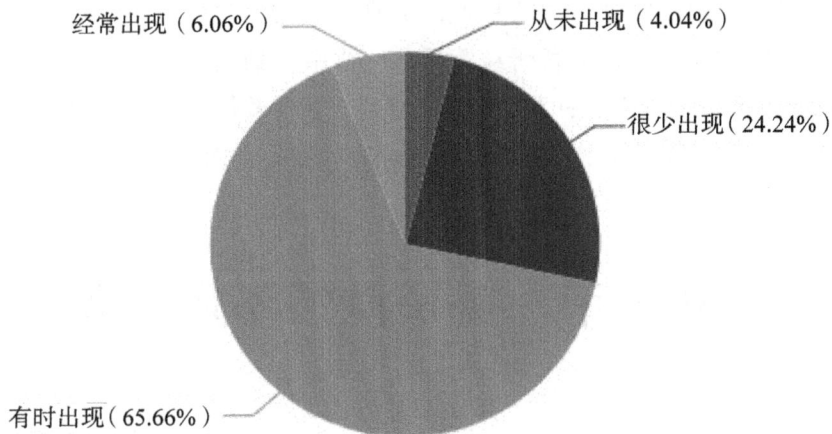

图3-2-25 职业倦怠比例图

3. 学校急需改进的措施

在调查中，提高薪酬福利待遇、提供进修机会、规范学校的人性化科学管理制度是比重最高的三项。其次是为开展教学和科研提供必要的条件、提供便利的住房、交通等生活条件、建立合理的教师考核评价制度、教师选拔、聘用与解聘等相关制度。

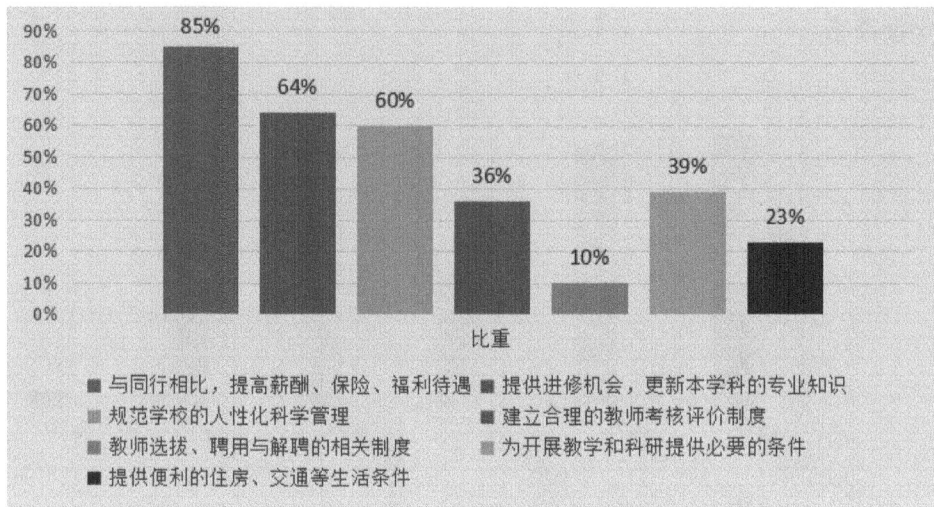

图3-2-26 收入满意度比例图

4.谈谈您对学校在关心教师发展方面的建议和意见

对于此开放题型，归纳起来，主要的建议和意见有：优化激励机制，提高收入和待遇，加大科研经费投入，改革考勤制度、制定更人性化的管理制度，多举办有专业针对性的师资培训，重视教师发展，多提供学习机会。不难看出，老师的需求与前面的问卷调查问题不谋而合。

第三节　师资队伍不足问题

一、高层次人才不足

从调查结果来看，民办高校教师学历以硕士研究生为主，且80%以上为应届毕业生，即主要为从校园到校园的一种教育过程。各民办高校在引进高学历、高层次人才方面也会给予诱人政策。

郑州升达经贸管理学院一直在努力引进博士研究生；郑州西亚斯学院

一直试图引进国家"万人计划"、科技部"创新人才推进计划";黄河科技学院给出博士教授年薪 20 万的丰厚条件;南阳职业学院给予博士研究生解决事业编制的条件,但收获甚微。以上几所学校为引进高层次人才给出的薪酬待遇、福利还算是比较丰厚的,为何高层次人才的引进难度依然很大?其实在很大程度上还在于教师对民办高校的未来发展信心不足,无心理保障。二是社会认可度不高。多数人对民办高校的认识还停留在社会声望以及学生质量不高、师资整体水平偏低、学校管理松散、制度制定无规章化、学术氛围较淡、发展前景无望、学校发展背后无国家财政支持的层面。即使给出丰厚条件,从归属安全感来讲,博士研究生基本上不会选择到民办高校任教,民办高校面临吸引人难、留人难的困境。

二、双师型人才引进难

根据《国家职业教育改革实施方案》(国发〔2019〕4 号)要求,"双师型"教师占专业课教师总数超过一半。但是调查数据显示,民办高校内的"双师型"教师的比例基本维持在 40% 左右,尚未达到政策规定的合格标准。商丘学院"双师型"比例为 22%,河南师范大学新联学院"双师型"比例为 2%

究其原因主要为:一是缺乏统一的"双师型"教师认定标准。目前认定的标准是多版本的,具有教育资格证和职业技能证或具有教师和技师或具有讲师和其他专业技术职称。二是双师型教师门槛较高。省内民办高职院校大部分教师(61.09%)入职前不具备相关企业工作经历,绝大部分的教师(85.82%)属于从学校毕业后直接到学校任教,缺乏一定的实践技能。而企业里的技能人才一般没有高校从教的经验。并且真正符合"双师型"要求的人员对工资要求也较高。学校考虑到教育成本,无形中将"双师型"标准界定为"双证"标准。三是从目前民办高职院校招聘教师的标准来看,存在很多不合理之处。为了防止教师流动性过大,在"双师型"招聘中把"本地人"和"已婚"作为教师招聘的重要条件。

三、师资结构不合理

1. 年龄结构方面

从调查问卷数据以及实地访谈结果来看，河南民办高校教师年龄结构普遍呈现两头大、中间小的"哑铃现象"。"哑铃现象"的出现与教师流动性有直接关系。民办高校教师年龄年轻化且以女教师占比较高为普遍现象，35 岁以下的教师占绝对比重，从刚走上教师岗位到培养成骨干教师一般需要 8—10 年的时间，从青年教师成长为中青年教师无论在职称还是教学经验上都已经有良好的基础。会有相当一部分教师通过招聘或考试进去公办高校和企事业单位，另一部分会通过攻读博士而选择离开。所以，如何留住这些在职称上和教学经验有一定基础的中青年教师是民办高校面临的最困难问题。

年龄在 55 岁以上的教师大部分来自退休的公办高校教师和企事业单位。这部分老师在教学和科研方面具有深厚的功底和丰富的经验，从而带动青年教师的科研能力和教学水平。但同时，也容易将长期习惯的工作思维方式、公办高校的管理理念和思想带进民办高校，难以适应民办高校的管理与思想需要，形成格格不入的局面。另一方面，一部分老教师思想固守又表现出一种高姿态，跟不上信息化时代步伐，在课堂上夸夸其谈，仅将民办高校作为增加收入的补充机会，在一定程度上反而阻碍了学生接受新知识的能力和速度。

2. 学历结构和职称结构方面

民办高校教师绝大部分的学历为全日制硕士研究生，稀缺专业也有少量的本科生和在职研究生（如 MBA），基本为初中级职称。无论是学历结构还是职称结构都远远落后于公办高校。目前，中原科技学院博士硕士学位的教师占比 86.8%，高级职称教师占比 30.5%，职称结构以讲师与助教居多，学位结构以硕士占绝对比重。商丘学院专任教师中以初级教师和助教占据绝对比重，比重达 65.76%。学位上以硕士研究生为主，占比 78.88%。年龄上以青年教师为主，占比为 71.44%。所以，民办高校还是以硕士学历的教师引进最多，具有博士学位和高职称的教师数量还存在明显不足。这与高层次人才引进难有直接关系。

3.专兼职比例方面

专任教师数量不足的问题是河南民办高校普遍存在的突出问题。根据调研个别学校来看，新联学院外聘比例为32.7%，商丘学院外聘比例为29.6%，郑州升达经贸管理学院外聘比例为39.2%。外聘队伍主要来自高薪聘请的公办教师、在读研究生、企事业单位聘请管理者。过高外聘比例造成不少民办高校过度依赖于外聘教师，甚至有些学校给予外聘教师的物质待遇、福利保障高于本校专职教师，更加剧了专职教师的不满与无归属感。外聘教师仅仅负责上课，除此之外的教研室大量课外工作仍需要专职教师负责完成，这无疑加重了专任教师的工作量。外聘教师轻松拿高工资与专任教师身兼数职拿低工资形成鲜明对比，严重影响专任教师工作的积极性与创造性，更加剧了不和谐的声音和民办高校教师的流动性。

四、科研能力不强

1.民办高校教师缺少做科研的时间和精力

从民办高校年龄层次来看，主要以青年为主，年轻教师刚走上工作岗位，大部分的时间和精力都投入到了教学中，加上民办高校的教师任务都比较繁重，同时还义务地承担一部分院系的行政性工作，指导毕业生论文、负责指导学生学科竞赛等工作，这些工作已经被占据大部分的时间和精力。中青年教师还面临兼顾工作和家庭的困局。被返聘的老教师主要以行政管理和教学为主，无论是从身体还是精力上都不再具备做科研的能力，且兼职教师在申报课题上都以原单位进行申报。

2.民办高校的科研氛围不浓

大部分民办高校建校时间不长，科研氛围淡薄，民办高校在科研政策扶持、科研奖励、资金投入上都无法与公办院校相比。部分老师虽有做科研的热情，但立项的数量非常少，缺乏学术带头人。民办高校教师在申报项目上缺乏经验，更缺乏前期研究成果的支撑。二是课题部门给予民办高校立项名额有限。尤其是省部级以上课题，申请立项的机会很少。加上没有人脉、渠道、资源，使民办高校教师在突破高层次课题立项上的困难非常大。据调查，2020 年河南师范大学新联学院没有中标一项河南省哲学社会科学规划项目，相比而言，公办院校立项总数位居第 5 名的轻工业大学立项 29 项。教育部课题和国家级课题更是天方夜谭。这在一定程度上严重打击了民办教师的积极性和士气，省部级课题无法立项又影响到教师的职称晋升和专业发展，在一定程度上形成恶性循环、负连锁反应。

3. 科研水平普遍不高

一是民办高校教师自身的科研基础薄弱。民办高校教师学历基本上是硕士研究生学历，没有经历博士阶段系统的科研锻炼和学术研究。某些民办高校缺乏科研平台和良好的科研氛围，个别老师失去对科研的信心，高层次课题申报不上让老师失去了科研提升的机会，导致长期处于无法突破的困局，使科研处于较低水平。二是民办高校学术带头人基本上都是从公办院校聘请的老教师，校内培养的学术带头人基本上是空白。返聘的老教师前期科研成果比较丰厚，有丰富的科研经验可以借鉴给中青年教师。但同时也存在精力、体力、学术前沿接受能力和探索能力不足的问题。三是安于现状，缺乏进取精神。民办高校科研奖励较低，且科研是一个长期沉淀的过程，在短时间内效果不明显。不少年轻人宁可去承担更多的课时量挣课时费，也不愿多花费时间去做科研。

4. 在职培训体系不完善问题

民办高校在教师刚入职时一般都会有入职培训，但培训内容更多的是关于本校的规章制度、教育理念、工资薪酬福利待遇等方面，针对展开教学培训的内容很少，培训内容不够专业并且没有形成体系，即使参加了培训，对个人教学水平的提升作用不大。新员工一般经过常规化内容培训就直接走上了讲台，职后培训体系更为欠缺。

主要原因：一是民办高校教育经费有限，为了节省教育培训经费，一般多是请校内资历较长的老教师为新职工做汇报，不论是培训内容还是专业度都不够系统。二是民办高校青年教师本身的教学任务就比较繁重，同时承担着很多义务性的工作，所以在工作时间已经超负荷运转情况下，不愿意再占用时间进行在职培训，对培训本身就有抵触心理。三是民办高校管理层观念没有转变。不少民办高校管理层没有意识到培训自己老师也是一种投资，教师教学水平的高低也是学校的软实力。但面对民办高校教师流动性比较大的现实，他们将经费投入到购买固定资产、建设实验室方面，也不愿投资到教师的职业培训上去。

第四章　民办高校教师工作满意度与职业倦怠调查分析

第一节　民办高校教师工作满意度状况

近年来，我国民办高等教育发展迅速，对我国教育事业发展起到了不可替代的作用。教师是民办高等教育发展的灵魂，教师的工作满意度是引入人才、留住人才、用好人才，并提升民办高校教学质量和办学水平的关键。但目前民办高校却面临着教师队伍稳定性差、工作积极性不高、流失严重等现实挑战。

纵观国内外研究观点，衡量工作满意度的因素一般包括以下几个方面：一是工资待遇方面，主要包括工资的多少与公平性、福利高低以及工作激励性等；二是领导与管理方面，包括管理机制、管理制度、领导与管理风格等；三是工作本身方面，主要涉及工作压力、学习机会和发展前景；四是物理环境方面，包括工作条件好坏、工作环境的优劣以及工作负荷的轻重等；五是职务晋升方面，包括晋升机会以及公平程度等；六是同事关系方面，主要有同事间相处关系、上下级是否和睦相处等。

本次调查通过番茄表单制作了调查问卷，并通过微信、QQ等途径发送给河南省民办高校的教师。被调查对象主要来自河南省具有代表性的民办高校专职教师，分别是河南师范大学新联学院、郑州成功财经学院、郑州升达经贸管理学院、郑州工商学院、黄河科技大学等民办高校的专职教师。最终收到314份有效的调查问卷。

一、调查设计

1. 研究内容

本次调查研究主要探究了三个问题：

（1）调查和了解河南省民办高校专职教师工作满意度的总体情况。

（2）初步了解河南省民办高校与公办院校教师工作满意度的差异，为下阶段深入研究奠定基础。

（3）根据河南省民办高校专职教师工作满意度的现状，提出提升河南省民办高校教师工作满意度的针对性对策。

2. 研究假设

本研究在了解不同民办高校教师的个体变量对工作满意度的影响，并深入探讨工作满意度变量对离职倾向影响基础上，进一步探讨它们之间的关系。依据研究目的及相关文献研究的推论，提出如下假设：

假设1：工作满意度是教师对其工作或工作经历的情感状态，教师的工作满意度越高，教师越不愿意离开学校。因此，教师的工作满意度与离职倾向呈负相关。

假设2：河南省民办高校专职教师工作满意度整体水平不高。

假设3：与工作或工作经历相关的因素将影响教师的工作满意度。因此假设工作本身、晋升及薪酬、个人职业生涯、人际关系、学校软实力等是影响教师的工作满意度的主要因素。

3. 研究维度

本书对河南省民办高校专职教师工作满意度的研究是从其影响因素的维度展开的，通过调查问卷和访谈的方式，全面深入地了解民办高校专职教师对不同影响因素的认识和情感体验。从理论上讲，民办高校专职教师工作满意度的影响因素涉及多个方面，比如福利收入、工作本身、工作环境、领导管理、人际关系、进修提升等。此外，个人背景也是影响教师工作满意度的重要因素，比如性别、学历、职称、婚姻状况、年龄、学校性质以及在校任职经历等都会对教师工作满意度产生不同程度的影响。比较来看，外部因素是影响教师工作满意度的主要原因，个人背景也会在一定程度上影响着教师对工作满意度的认知体验。

本书对教师工作满意度的研究主要分为两大部分，第一部分为个人信息方面，涉及九个问题。第二部分为工作满意度调查表，主要从七个维度展开，分别是薪酬待遇、工作环境、领导管理、工作定位、进修提升、工作本身、人际关系。主要采用问卷调查法，在问卷设计过程中，针对不同研究维度设计了不同的问卷题目，问卷内容较好地兼顾到了影响民办高校专职教师工作满意度的各个方面。问卷共有45个题目，每个题目对应着不同的维度，各部分内容简单阐述如下（详细内容请见附件）。

一是个人信息维度，对应题目有八个，主要涉及性别、年龄、最高学历、现在居住情况、职称、参加工作时间等问题。希望通过相关性分析，检验不同性别、年龄、任职状况、职称等变量对教师工作满意度的影响情况。

二是薪酬待遇维度，该维度设计了八个题目，通过了解民办高校专职教师当前的工资现状信息及态度，了解福利待遇对教师工作满意度的影响情况。主要涉及当前工资与期望工资、住房、保障制度、幸福感等方面。

三是工作环境研究维度，该维度设计了五个题目，分别为教师对学校配备的办公设备、教学设备、科研氛围等问题的认知和情感体验。对于民办高校教师来说，学校的教学工作环境是影响工作效率的重要因素，工作环境的好坏在较大程度上影响着教师的工作满意度。

四是领导管理维度，该维度设计了七个题目。主要包括上下级沟通渠道、领导的办事能力、各项管理规章制度的合理性、工作效率、给予员工工作生活的人性化关怀等。领导的管理方式、管理能力、管理制度、管理文化是影响教师工作满意度的重要内容。

五是工作定位维度。本维度共设计四个题目，主要包括是否对民办高校未来发展前景充满信心、工作中所取得的成就感、工作稳定性、对个人未来的发展程度、满意度等。

六是进修提升维度。由于民办高校在发展过程中受到资金限制，民办高校专职教师在进修机会方面甚少，这与民办高校专职教师自身进取心形成鲜明对比。本维度共设计五个题目，主要包括个人进修机会、学习机会的满意度、教师进修资助制度、学校提供的教育培训机会与考核机制的满意度、职称评聘工作满意度等。

七是工作本身维度。民办高校专职教师的薪酬结构主要由基本工资和课时工资组成，基本工资偏低，教学投入时间较多是普遍现象。因此，在民办高校工作的专职教师普遍感觉到工作压力大。本维度共设计四个题目，主要包括社会地位与工作稳定性、在教学上投入过多时间，科研时间较少、教学工作的趣味性和挑战性等。

八是人际关系维度。高校的工作环境与其他社会组织不同，上下级、同级良好的人际关系不仅影响到教师的工作满意度，更会对高校教学、研究和创新产生很大影响。本文对该维度设计了五个题目，主要问题包括：对学校的凝聚力感知、领导对教师意见的尊重、行政管理人员的服务情况、师生关系融洽度等。

二、河南省民办高校专职教师工作满意度调查结果分析

1. 基本情况

（1）本次调查中，有效问卷 314 份。其中，男教师 64 人，在调查人数中占 20.38%；女教师 250 人，在调查人数中占 79.62%。

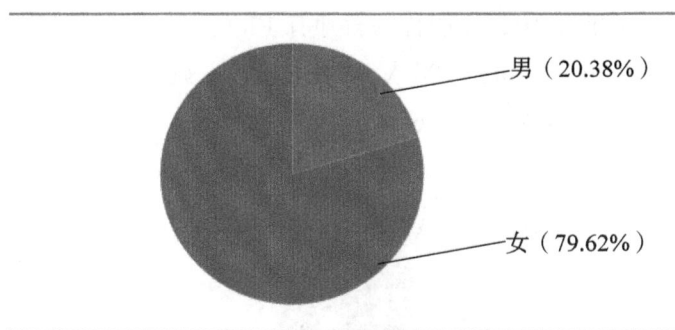

男（20.38%）

女（79.62%）

图4-1-1　男女教师比例情况

总的来看，在河南省民办高校中女教师的比例大于男教师。我国高等教育进入大众化阶段，越来越多的女性接受高等教育，使高校女教师的来源更加丰富。另外，文科和财经类学科专业结构的调整也使女性教师的比例急剧上升。而且，对于民办高校而言，主要偏重于教学型，对于科研等方面要求相对较低，这也增加了女性从事的比例。在实际调查过程中，发现女教师对职业的可持续性看法要高于男教师，女性从事的愿望也要高于男性。

有效问卷中年龄 30 岁以下的有 191 人，占总人数的 60.83%；31—35 岁之间的有 88 人，占总人数的 28.03%；36—45 岁之间的有 33 人，占总人数的 10.51%；46 岁以上的有 2 人，占总人数的 0.63%。

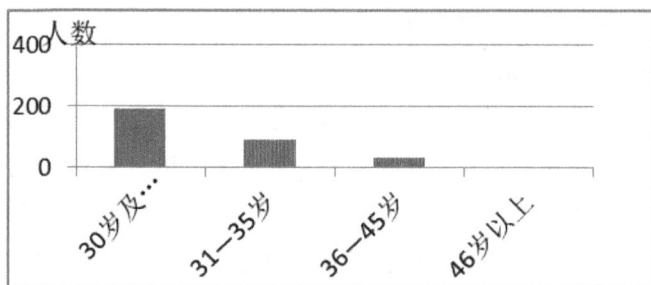

图4-1-2　教师年龄结构情况

在年龄结构方面，河南省民办高校以青年教师为主，尤其以刚毕业的大学生为主，缺乏教学工作经验；有丰富教学经验的教师比例较低，青黄不接，没有形成合理的老、中、青教学梯队。虽然教师队伍的年轻化有利于给民办高校注入新活力，但会影响学校的教学、科研水平的稳定程度，也会影响教师队伍的连续性，不利于民办高校的健康发展。

（2）在本次问卷中，无职称的教师有 17 人，占总调查人数的 5.41%；助教 65 人，占比 20.7%；讲师 194 人，占比 61.78%；副教授 14 人，占比 4.46%；教授 24 人，占总调查人数的 7.65%。

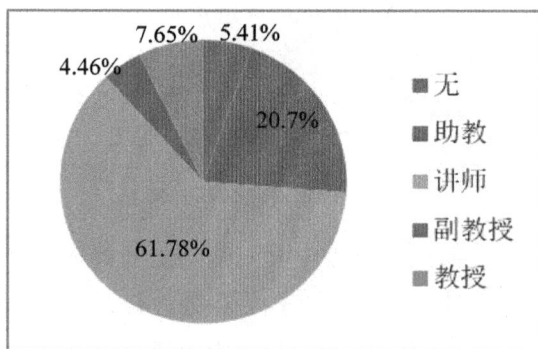

图4-1-3　教师职称结构情况

一般而言，民办高校的职称结构应呈现金字塔结构，高级、中级、初级教师比例应为 1 ∶ 2 ∶ 3，这主要是因为民办高校办学时间短、办学条件相对落后，对于教师的要求主要以教学为主。但通过调查表明，河南省民办高校的高级、中级、初级教师比例约为 1 ： 5 ： 2。这与传统上所讲的教师职称结构不同，其中中级职称教师比例占很大比重。这说明，随着我国高等教育的发展，民办高校职称结构也发生了很大的变化，民办高校为寻求自身的发展，提高自身的竞争力，适应高校发展的需要，越来越重视教师的职称水平。

（3）在本次问卷中，教师的最低学历为本科，有 38 人，占比 12.1%；具有硕士学位的教师有 241 人，占比 76.75%；具有博士及以上学历的教师有 35 人，占比 11.15%。

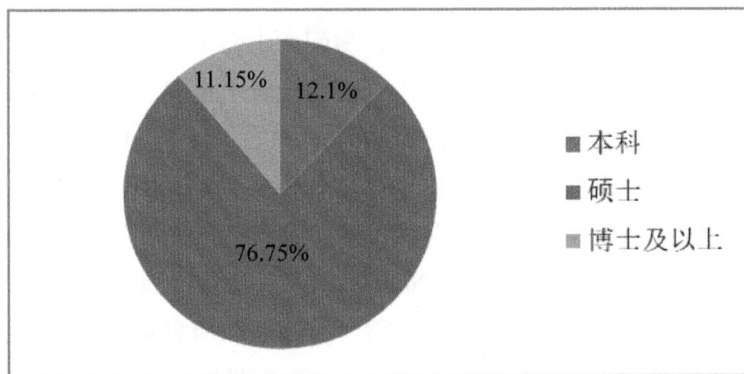

图4-1-4　教师学历结构情况

由于公办高校的办学条件、教师身份、学术研究环境等因素是民办高校所无法比拟的，所以民办高校很难留住经验丰富、年富力强的中年专职老师。在河南省民办高校中，占主体地位的是硕士学历教师，这表明民办高校教师主体学历中等，教师知识体系、专业素养能够满足现阶段教学的需求；但是博士及以上学历的教师资源占比较低，教学与科研互促上仍显乏力。

（4）从居住情况来看，在本次调查中，有 186 人住在学校宿舍，占比 59.24%；有 106 人居住的是自购房，占比 33.76%；租房的教师有 17 人，占比 5.41%；另外还有 5 人属于其他情况，占比 1.59%。

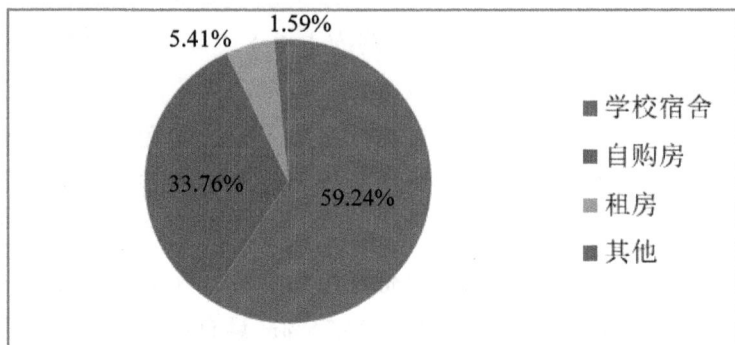

图4-1-5　教师居住情况

总的说来，民办高校在解决教师住房问题上做得较为让人满意，近一半教师住在学校安排的教工宿舍。教工宿舍主要针对单身青年，大多数是由学生宿舍改造而成，建筑面积一般在20平方米左右，供3—4名单身教师居住，结婚之后搬出。但从长远来看，对于大部分青年教师，即将面临结婚、生育等问题，学校宿舍并不能完全满足其需要。而且随着全国房价的不断上涨，河南郑州房价均价达到每平方米9000元以上，房价和青年教师收入水平相差较大，大部分教师无力购房。而且教师不属于政府界定的贫困阶层廉租房和经济适用房用户，住房问题无疑成为民办高校教师的一大生活压力。

（5）本次调查中，按在当前工作学校工作的时间长度划分了四种情况。其中，工作1—3年的教师有177人，占比56.37%；工作4—6年的教师有90人，占比28.66%；工作7—9年的有30人，占比9.55%；工作10年以上的有16人，占比5.42%。

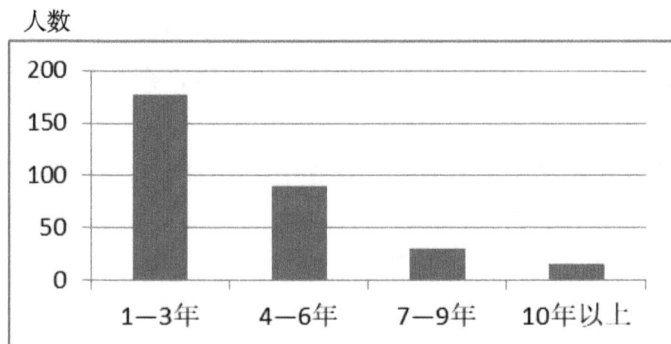

图4-1-6　教师工作时间情况

在调查中发现，工作时间不满三年占绝对比重；近三分之一的教师在本校工作 4—6 年，工作状态较为稳定；还有一部分教师在当前学校工作时间较长，在 7—9 年；另有一小部分人工作在 10 年以上。从工作年限的结构来看，民办高校的教师流动性较大，稳定性较差。

（6）本次调查中，工资在 2000 元—3500 元的，有 86 人，占比 27.39%；在 3500 元—4500 元的，有 109 人，占比 34.71%；4500 元—5500 元的，有 75 人，占比 23.88%；在 5500 元—7000 元的，有 29 人，占比 9.24%；在 7000 元以上的有 15 人，占比 4.78%。

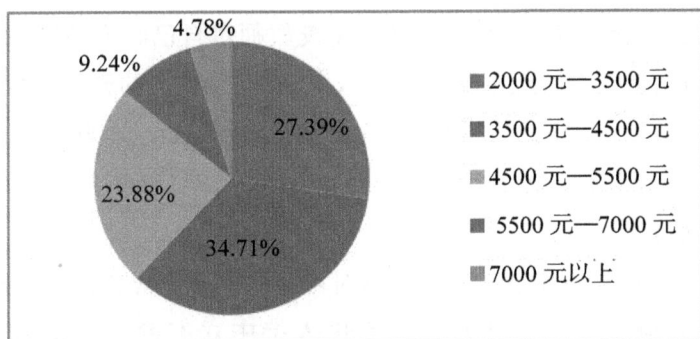

图4-1-7 教师工资情况

民办高校教师的工资收入一部分来源于基本工资，另一部分主要是课时费。职称和工作量是民办高校为教师确定待遇水平的两个基本参量，故民办教师的职称结构决定了工作待遇和生活水平。在调查中，大部分教师月薪在 3500 元—4500 元之间，相比于 2017 年河南省郑州市人均工资 6191 元，教师的收入水平明显偏低。这主要是因为民办高校初级职称青年教师较多。民办高校教师相比于河南省人均收入而言，收入扣除掉养老保险、医疗保险及其他一些社会保障费用之后，只可以满足其基本的生活需要，相对于其受教育程度和工作付出而言，工资待遇略显偏低。

（7）在教师的理想收入中，有 55 人的理想收入是 5000 元以上，占比 17.52%；有 76 人的理想收入是 6000 元以上，占比 24.2%；有 64 人的理想收入是 7000 元以上，占比 20.38%；有 119 人的理想收入是 8000 元以上，占比 37.9%。

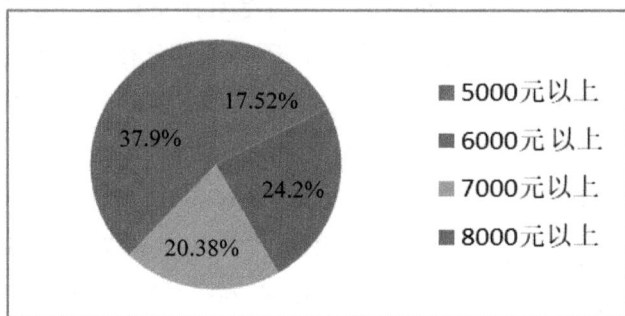

图4-1-8 教师的理想收入情况

因为上一问题表明了大部分民办高校教师对自己收入不满意，因此，在对教师的理想收入调查中，理想收入在8000元以上的教师人数最多，大约占调查人数的三分之一；理想收入在5000元以上、6000元以上和7000元以上的教师占比在五分之一左右。

2. 薪酬待遇

（1）在本次调查中，有6名教师对目前的工资非常满意，占比1.91%；有28人比较满意，占比8.92%；有88人持中立态度，占比28.03%；有134人不太满意，占比42.68%；还有58人不满意，占比18.46%。

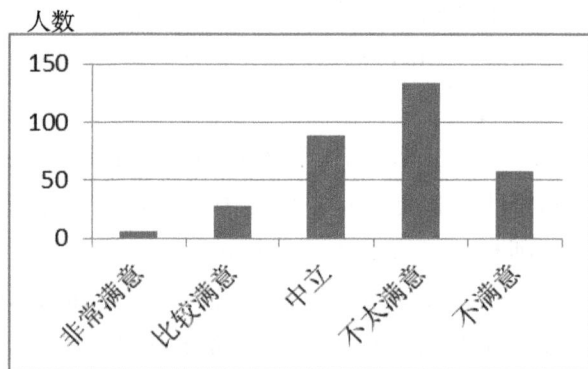

图4-1-9 教师对工资满意度情况

在调查对象中，对自己的工资水平不满意的民办高校教师占绝大部分（包含不太满意和不满意），达192人，占总调查人数的61.15%；还有一部分教师对工资持中立态度，即感到一般；比较满意和非常满意的比例只占到10.83%。由此可见，民办高校工资水平对教师并没有很强的吸引力。

说明教师普遍感觉工作报酬不符合自身期望，与工作付出有很大差别，同时不少民办院校尚未制定明晰的收入分配制度和有效的收入激励机制，这些因素都会在一定程度上降低教师对收入的满意度。

（2）与同等条件的人员相比，参与本题调查人数 278 人，其中非常满意的有 5 人，占比 1.8%；比较满意的有 25 人，占比 8.99%；持中立态度的有 76 人，占比 27.34%；不太满意的有 126 人，占比 45.32%；不满意的有 46 人，占比 16.55%。

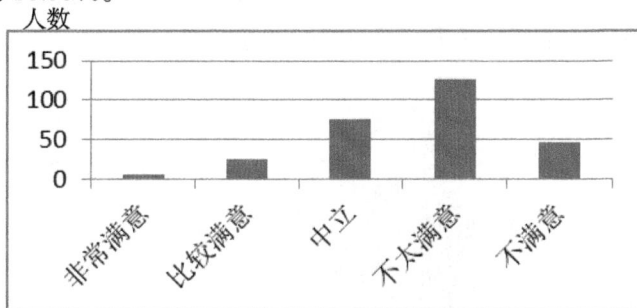

图4-1-10 与同等人员相比的满意度情况

从调查结果来看，不太满意和不满意的教师共有 172 人，占总调查人数的 54.78%；有 76 名教师感觉一般；感觉满意的教师共有 30 人，占总调查人数的 9.55%。这表明民办教师的薪酬待遇与其他行业相比，明显处于劣势。

（3）在对学校的住房条件调查项目，参与本题调查人数为 279 人，其中，有 3 人对学校提供的住房非常满意，占比 1.08%；有 42 人比较满意，占比 15.05%；有 80 人持中立态度，占比 28.67%；有 86 人不太满意，占比 30.82%；有 68 人不满意，占比 24.38%。

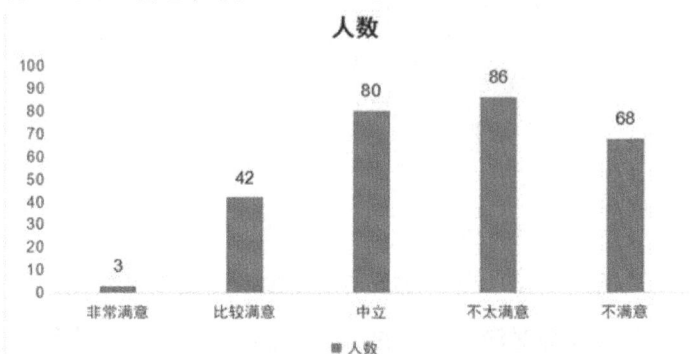

图4-1-11 教师对学校住宿条件的满意度情况

总体来看，对学校住房条件感觉满意的共有 45 人，占比 16.13%；有 80 人感觉一般，占比 28.67%；而有 154 人不满意学校的住宿条件，占比 55.2%。民办院校为教师提供的宿舍一般是由学生公寓改装而成，宿舍可用面积小而且条件较为简陋，设施不全；大部分情况下是多名教师同住。

（4）参与本题人数 314 人，民办高校教师对学校养老、医疗保障制度满意程度调研。非常满意的有 3 人，占比 0.95%；比较满意的有 53 人，占比 16.88%；持中立态度的有 91 人，占比 28.98%；不太满意的有 85 人，占比 27.07%；不满意的有 82 人，占比 26.12%。

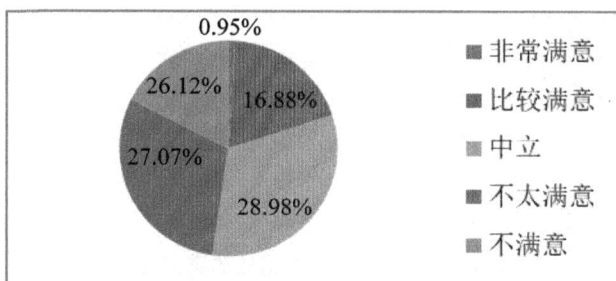

图4-1-12 教师对学校养老、医疗保障制度的满意度情况

（5）民办高校教师对工作付出与报酬期望值相符程度调研，参与本题调研人数 281 人，其中，非常满意的有 3 人，占比 1.07%；比较满意的有 29 人，占比 10.32%；持中立态度的有 91 人，占比 32.38%；不太满意的有 103 人，占比 36.65%；不满意的有 57 人，占比 19.58%。

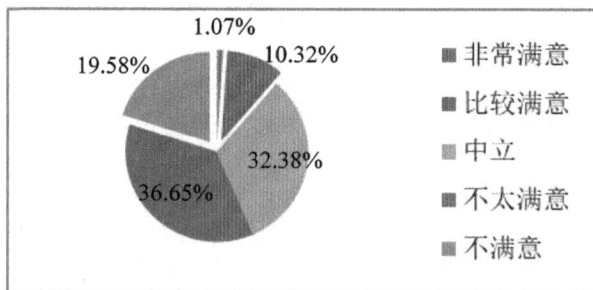

图4-1-13 教师对付出与期望值相符满意度情况

（6）民办高校教师对激励与奖惩机制满意度调查，参与本题人数314人，其中，非常满意的有 4 人，占比 1.27%；比较满意的有 48 人，占比

15.29%；持中立态度的有 99 人，占比 31.52%；不太满意的有 77 人，占比 24.52%；不满意的有 86 人，占比 27.4%。

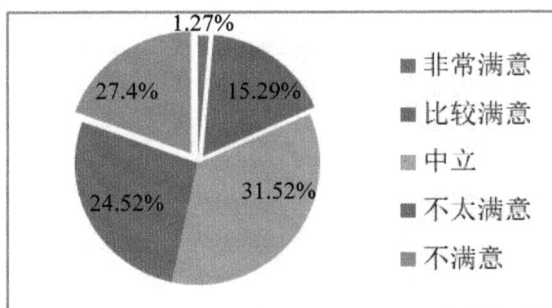

图4-1-14 教师对学校激励与奖惩机制的满意度情况

民办高校中教师的工作有很多是无法量化的，教师上课是良心活，在民办高校中，虽然各个院校都建立了绩效考核的体系，但是并不完善。现阶段中，民办高校的绩效考核中大多只关注教师的常规教学情况，并没有过多涉及到教学效果，所以有很多老师会觉得自己的付出并没有得到回报。

（7）民办高校教师对坐班制度满意程度，参与本题调查人数 314人，其中，非常满意的有 7 人，占比 2.22%；比较满意的有 48 人，占比 15.29%；持中立态度的有 87 人，占比 27.71%；不太满意的有 55 人，占比 17.51%；不满意的有 85 人，占比 37.27%。

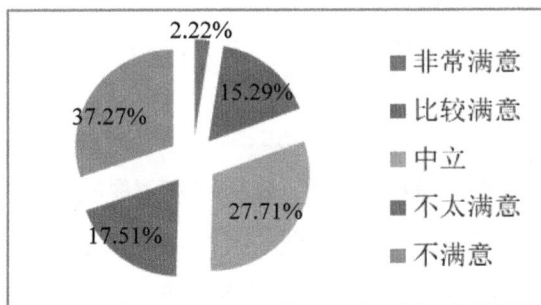

图4-1-15 教师对坐班制度的满意度情况

（8）民办高校教师对归属感与幸福感调查，参与本题调查人数 314人，其中，非常满意的有 3 人，占比 0.95%；比较满意的有 39 人，占比 12.42%；持中立态度的有 91 人，占总调查人数的 28.98%；不太满意的有 69

人，占比 21.97%；不满意的有 79 人，占比 25.16%。

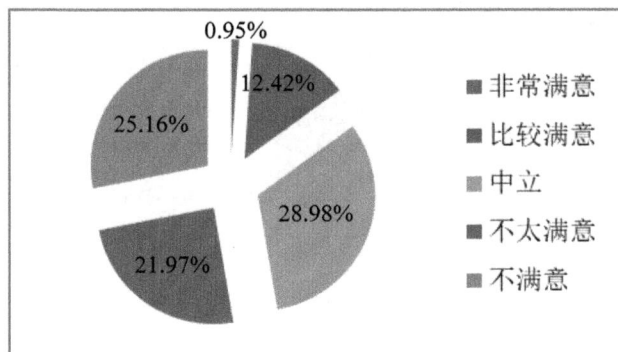

图4-1-16 教师归属感与幸福感情况

3. 工作环境

（1）在本次调查中，民办高校教师对目前学校配备的办公条件满意程度调研，参与人数为 311 人，其中，非常满意的有 10 人，占比 3.22%；比较满意的有 63 人，占比 20.26%；持中立态度的有 94 人，占比 30.23%；不太满意的有 86 人，占比 27.65%；不满意的有 58 人，占比 18.64%。

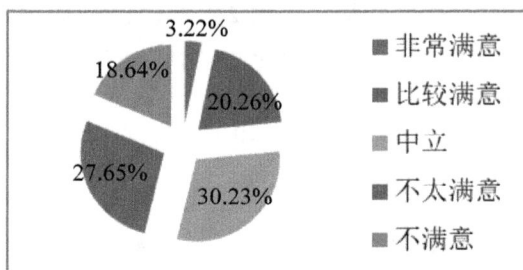

图4-1-17 教师对办公条件的满意度情况

办公条件是教师备课、批改作业、与学生交流最基本的平台。在调查中发现，大部分学校为教师配备了基本的电脑设备。对于教师办公条件，大部分教师表示满意或可以接受，表明了学校在教师办公环境等方面提供了较为满意的条件。良好的办公条件既有利于提高工作效率，又为广大教师营造了一个整洁、舒适的办公环境，教师的工作积极性被充分调动了起来，也激发了广大教师的工作热情，促进了学校的和谐健康发展。

（2）民办高校教师对目前学校的教学设施满意程度调查，参与本题调研人数 314 人，其中，非常满意的有 5 人，占比 1.59%；比较满意的有 51 人，占比 16.24%；持中立态度的有 83 人，占比 26.43%；不太满意的有 14 人，占比 39.5%；不满意的有 51 人，占比 16.24%。

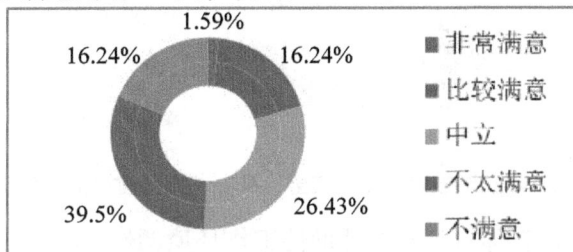

图4-1-18　教师对教学设施的满意度情况

在教学中，一套好的教学设备，比如计算机、投影仪、幻灯、电子白板等可以有效地辅助教师的教学，也可以加强教学效果。通过对学校教学设备等硬件设施的调查发现，大部分民办高校教师表示不满意，这表明河南省民办高校的硬件设施还有待完善。

（3）民办高校教师对目前学校的科研氛围、设备和经费支持满意程度调查，参与本题调研人数 314 人，其中，非常满意的有 3 人，占比 0.95%；比较满意的有 32 人，占比 10.19%；持中立态度的有 89 人，占比 28.34%；不太满意的有 98 人，占比 31.21%；不满意的有 92 人，占比 29.31%。

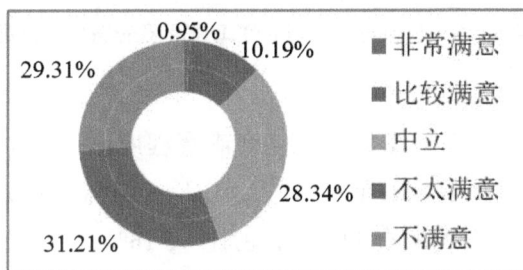

图4-1-19　教师对科研经费、设备的满意度情况

（4）在学校对教师的工作安全、身心健康关注度方面调研，参与本题人数 282 人，其中，感觉非常满意的教师有 10 人，占比 3.55%；比较满意的有 62 人，占比 21.99%；持中立态度的有 89 人，占比 31.56%；不太满意的有 68 人，占比 24.11%；不满意的有 53 人，占比 18.79%。

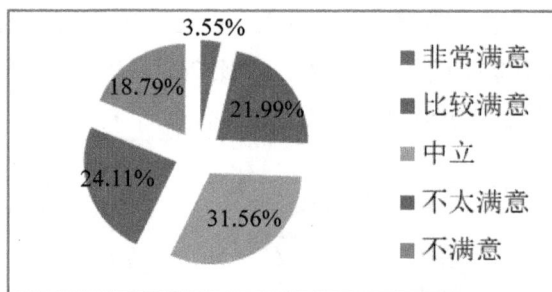

图4-1-20　学校对教师的工作安全、身心健康关注度的满意度情况

（5）民办高校教师对学校的辅助性工作环境调研，参与本题人数281人，其中，感觉非常满意的教师有14人，占比4.98%；比较满意的有79人，占比28.11%；持中立态度的有83人，占比29.54%；不太满意的有61人，占比21.71%；不满意的有44人，占比15.66%。

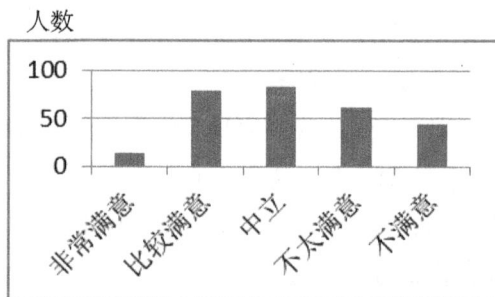

图4-1-21　教师对学校辅助性工作环境的满意度情况

4. 领导管理

（1）民办高校教师对学校领导能力满意程度调研，本题参与人数277人，其中，感觉非常满意的教师有10人，占比3.61%；比较满意的有59人，占比21.3%；持中立态度的有114人，占比41.16%；不太满意的有53人，占比19.13%；不满意的有41人，占比14.80%。

人数

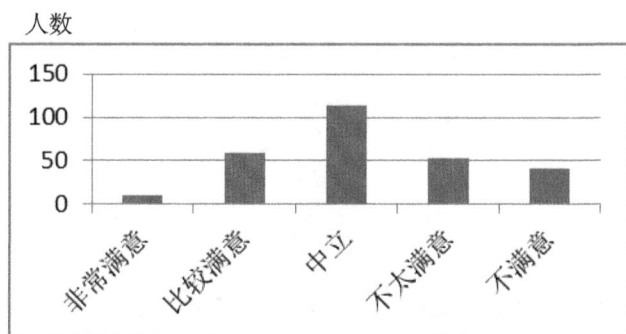

图4-1-22　教师对学校领导力的满意度情况

（2）民办高校教师对学校领导听取下属意见满意程度调查，本题参与人数275人，其中，感觉非常满意的教师有7人，占比2.55%；比较满意的有46人，占比16.73%；持中立态度的有110人，占比40%；不太满意的有63人，占比22.91%；不满意的有49人，占比17.81%。

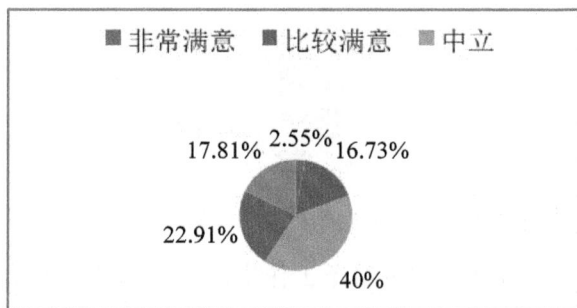

图4-1-23　教师对领导听取下属意见的满意度情况

（3）民办高校教师对上下级间沟通渠道满意程度调研，本题参与人数275人，其中，感觉非常满意的教师有5人，占比1.82%；比较满意的有46人，占比16.73%；持中立态度的有115人，占比41.82%；不太满意的有67人，占比24.36%；不满意的有42人，占比15.27%。

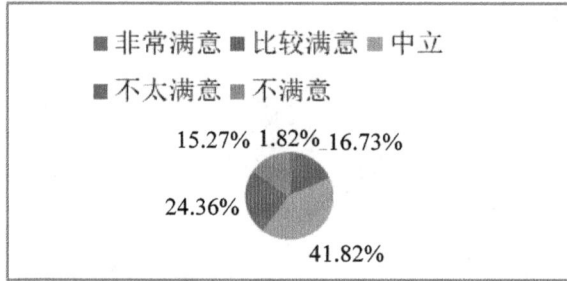

图4-1-24 教师对上下级间沟通渠道的满意情况

（4）民办高校教师对学校工作效率满意程度调研，本题参与人数276人，其中，感觉非常满意的教师有4人，占比1.45%；比较满意的有38人，占比13.77%；持中立态度的有88人，占比31.88%；不太满意的有82人，占比29.71%；不满意的有64人，占比23.19%。

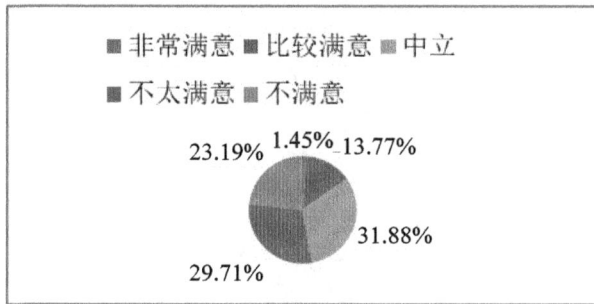

图4-1-25 教师对学校工作效率的满意情况

（5）民办高校教师对学校给予工作生活支持满意程度调研，本题参与人数276人，其中，感觉非常满意的教师有5人，占比1.81%；比较满意的有44人，占比15.88%；持中立态度的有110人，占比39.71%；不太满意的有60人，占比21.66%；不满意的有58人，占比20.94%。

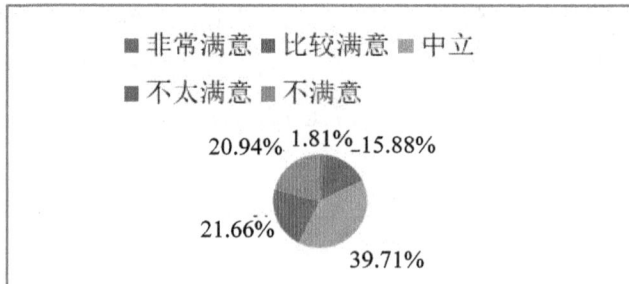

图4-1-26 教师对学校给予的工作生活支持的满意度情况

民办院校中学生层次较多，学校对老师和学生的管理也会比较严格。相对应的来讲，各个民办院校中，中层领导的主要作用是管理二级学院的学生，学生在校期间尽量避免一些恶性事件的发生，对于老师的管理也是基于这个层面。再者，在民办高校中，中层领导的年龄也和普通老师没有很大差别，自己本身也在成长过程中。所以老师的满意度不高占比较大。

（6）民办高校教师对教师管理规章制度满意度调研，本题参与人数278人，其中，感觉非常满意的教师有3人，占比1.08%；比较满意的有39人，占比14.03%；持中立态度的有111人，占比39.93%；不太满意的有69人，占比24.82%；不满意的有56人，占比20.14%。

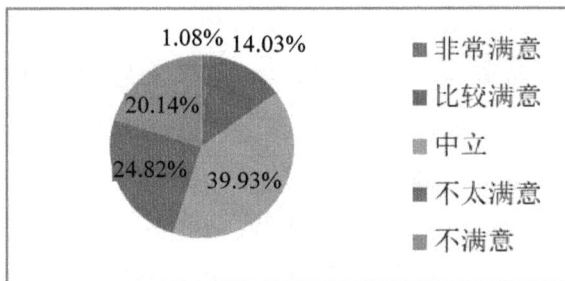

图4-1-27 教师对管理规章制度的满意度情况

以人为本的管理，是现代大学管理的核心。以人为本，就是促进教师的发展，促进学生的发展，学校对教师的管理也应该遵循以人为本的理念。如何发挥教师的效能、调动教师的积极性是实现学校工作目标的关键，而教师积极性的激发与学校管理的方式也密切相关。一个教师只有在其胜任的岗位上，才能发挥其最大的价值。因此，学校管理者应当首先了解教师基本的需求、个人情况等而采取有针对性的管理方式，充分调动教师的积极性。在调查中，教师对学校的管理规定非常满意和比较满意占25%，不太满意和不满意的教师占比45%。这表明大部分教师对学校的管理模式是不认可的，也说明民办高校在教师管理方面上存在很多问题，需要引起学校管理者的高度重视并进行认真思考和改正，以提高教师的自我满足感，促进学校的可持续发展。

5. 工作定位

（1）民办高校教师对民办院校未来发展前景满意度调查，本题参与人数 304 人，其中，感觉非常满意的教师有 19 人，占比 6.25%；比较满意的有 96 人，占比 31.58%；持中立态度的有 117 人，占比 38.49%；不太满意的有 38 人，占比 12.50%；不满意的有 34 人，占比 11.18%。由此可见，大部分老师对民办院校的发展持积极乐观的态度，这与国家的政策支持分不开。

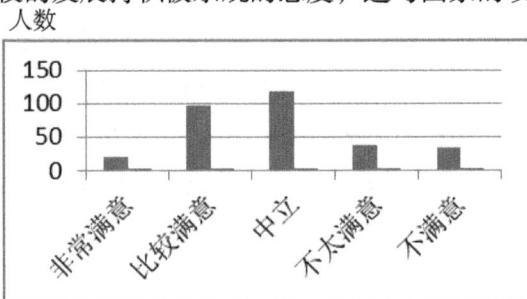

图4-1-28　教师对民办院校未来发展前景的满意度情况

（2）民办高校教师对工作中取得的成就满意度调查，本题参与人数 272 人，其中，感觉非常满意的教师有 13 人，占比 4.78%；比较满意的有 89 人，占比 32.72%；持中立态度的有 97 人，占比 35.66%；不太满意的有 48 人，占比 17.65%；不满意的有 25 人，占比 9.19%。由此可见，大部分老师对自己在工作中取得的成就是满意的。民办院校是年轻的学校，注重对青年教师的培养，也为青年教师的发展提供了一定的发展空间。

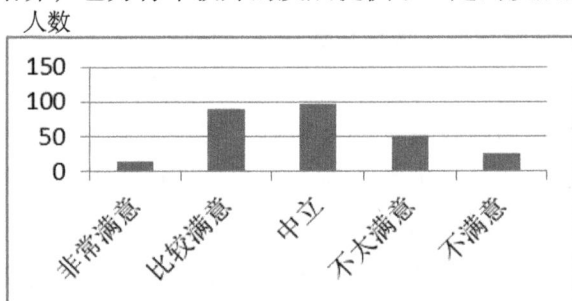

图4-1-29　教师对工作成就的满意度情况

（3）民办高校教师对工作的稳定性满意度调查，本题参与人数 247 人，其中，感觉非常满意的教师有 5 人，占比 2.02%；比较满意的有 72 人，占比 29.15%；持中立态度的有 97 人，占比 39.27%；不太满意的有 48 人，占比 19.43%；不满意的有 25 人，占比 10.13%。

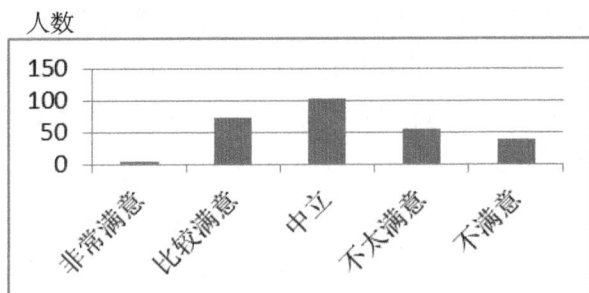

图4-1-30 教师对工作稳定程度的满意度情况

（4）民办高校教师对个人未来发展预测满意度调查，本题参与人数272人，其中，感觉非常满意的教师有4人，占比1.47%；比较满意的有46人，占比16.91%；持中立态度的有110人，占比40.44%；不太满意的有69人，占比25.37%；不满意的有43人，占比15.81%。

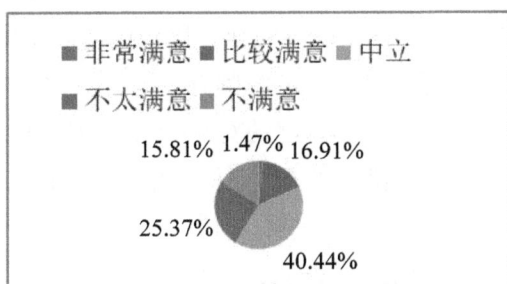

图4-1-31 教师对个人未来发展的满意度情况

6. 进修提升

（1）民办高校教师对个人进修、学习机会满意度调查，本题参与人数304人，其中，感觉非常满意的教师有16人，占比5.26%；比较满意的有57人，占比18.75%；持中立态度的有101人，占比33.22%；不太满意的有79人，占比25.99%；不满意的有51人，占比16.78%。

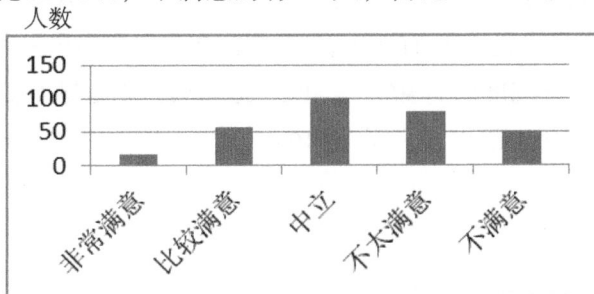

图4-1-32 教师对个人进修、学习机会的满意度情况

（2）民办高校教师对个人进修、学习机会满意度调查，本题参与人数 270 人，其中，感觉非常满意的教师有 3 人，占比 1.11%；比较满意的有 38 人，占比 14.07%；持中立态度的有 100 人，占比 37.04%；不太满意的有 74 人，占比 27.41%；不满意的有 55 人，占比 20.37%。

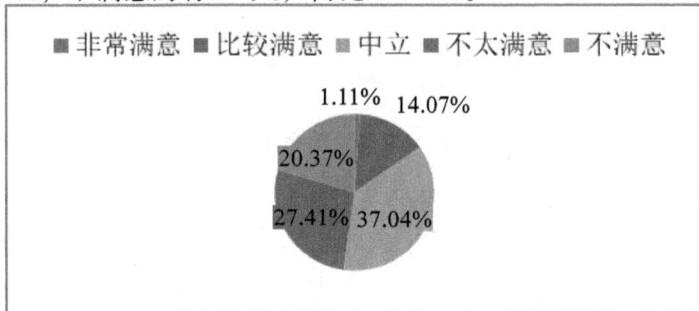

图4-1-33　教师对学校的进修资助制度满意度情况

（3）民办高校教师对学校提供的教育培训机会满意度调查，本题参与人数 269 人，其中，感觉非常满意的教师有 3 人，占比 1.12%；比较满意的有 41 人，占比 15.24%；持中立态度的有 95 人，占比 35.32%；不太满意的有 74 人，占比 27.51%；不满意的有 56 人，占比 20.81%。

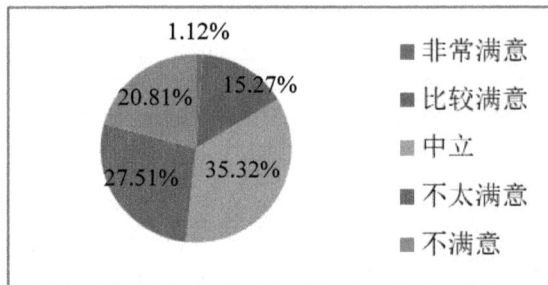

图4-1-34　教师对学校提供的教育培训机会的满意度情况

（4）民办高校教师对学校考核机制满意度调研，本题参与人数 268 人，其中，感觉非常满意的教师有 3 人，占比 1.12%；比较满意的有 45 人，占比 16.79%；持中立态度的有 96 人，占比 35.82%；不太满意的有 73 人，占比 27.24%；不满意的有 51 人，占比 19.03%。

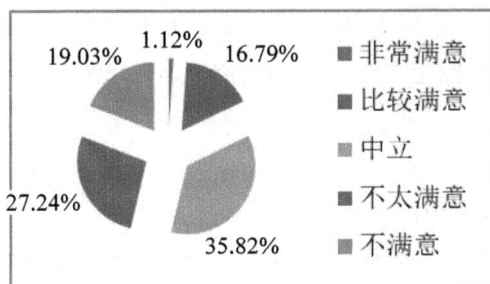

图4-1-35　教师对学校考核机制的满意度情况

（5）民办高校教师对学校的职称评聘制度满意度调研，本题参与人数270人，其中，感觉非常满意的教师有5人，占比1.85%；比较满意的有54人，占比20.00%；持中立态度的有110人，占比40.74%；不太满意的有55人，占比20.37%；不满意的有46人，占比17.04%。

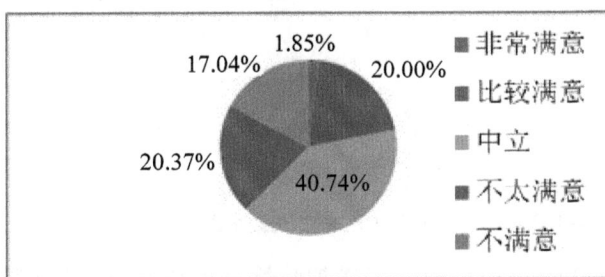

图4-1-36　教师对职称评聘制度的满意度情况

7.教师对工作本身满意度

（1）民办高校教师对工作压力调查，本题参与人数300人，其中，有57人感觉教师工作压力非常大，占比19%；有102人感觉教师工作压力比较大，占比34.00%；持中立态度的有117人，占比39%；不太认同教师工作压力大的有13人，占比4.33%；完全不认同的有11人，占比3.67%。

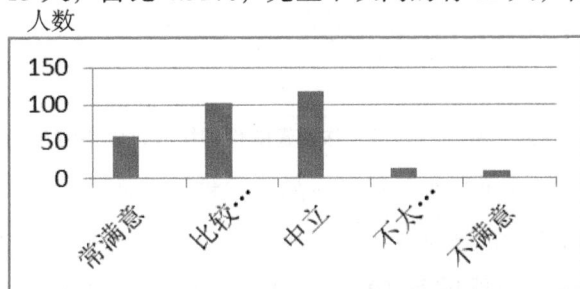

图4-1-37　教师对工作压力大的认同情况

从调查来看，大部分老师认为教师工作压力大。民办院校的教师数量往往有限，教学工作都压在青年教师的肩上，青年教师课业繁重。另一方面，学校也注重科研上的突破和发展，并将科研与考核挂钩。青年教师必须在课余备课、辅导答疑、批改作业的时间之外，再挤出时间来搞科研。这无形中增加了青年教师的压力。

（2）民办高校教师对其社会地位、工作稳定性满意度调研，本题参与人数265人，其中，感觉非常满意的教师有18人，占比6.79%；比较满意的有57人，占比21.51%；持中立态度的有124人，占比46.79%；不太满意的有42人，占比15.85%；不满意的有24人，占比9.06%。

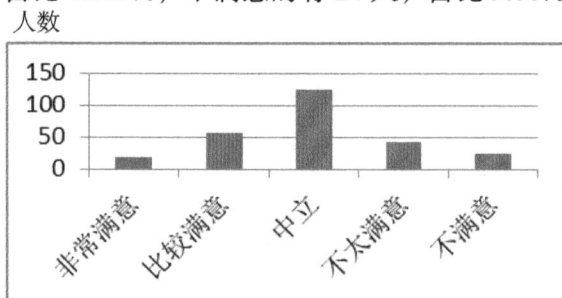

图4-1-38　教师对其社会地位、工作稳定性的满意度情况

（3）民办高校教师对教学工作趣味性、挑战性满意度调查，本题参与人数264人，其中，感觉非常满意的教师有5人，占比1.89%；比较满意的有66人，占比25.00%；持中立态度的有110人，占比41.67%；不太满意的有57人，占比21.59%；不满意的有26人，占比9.85%。

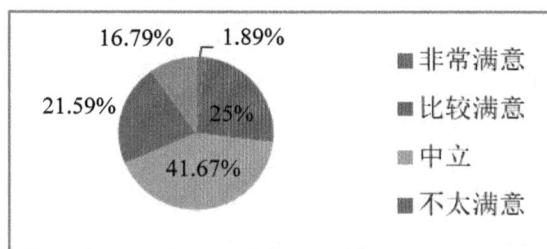

图4-1-39　教师对教学工作的趣味性和挑战性的满意度情况

（4）民办高校教师对教学与科研的时间投入调研，本题参与人数266人，其中，感觉非常满意的教师有21人，占比7.89%；比较满意的有65人，占比24.44%；持中立态度的有107人，占比40.23%；不太满意的有54人，占比 20.30%；不满意的有 19 人，占比 7.14%。

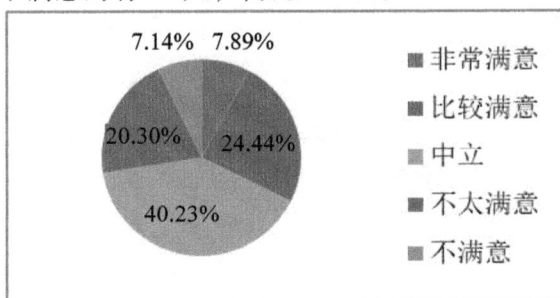

图4-1-40　教师对教学与科研投入时间的满意度情况

8.人际关系

（1）民办高校教师对教学与科研的时间投入调研,本题参与人数301人,其中，感觉非常满意的教师有 20 人，占比 6.64%；比较满意的有 76 人，占比 25.25%；持中立态度的有 131 人，占比 43.52%；不太满意的有 52 人，占比 17.28%；不满意的有 22 人，占比 7.31%。

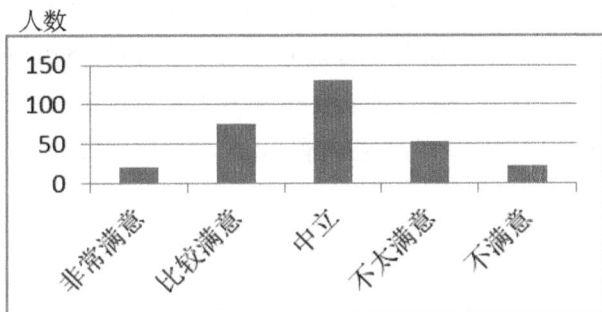

图4-1-41　教师对学校团队凝聚力的满意度情况

（2）民办高校教师对同事间合作情况调研，本题参与人数 267 人，其中，感觉非常满意的教师有 22 人，占比 8.24%；比较满意的有 93 人，占比 34.83%；持中立态度的有 100 人，占比 37.45%；不太满意的有 30 人，占比 11.24%；不满意的有 22 人，占比 8.24%。

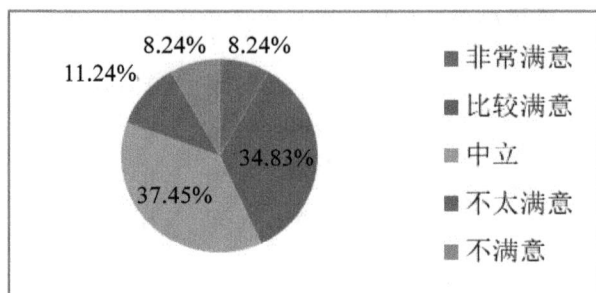

图4-1-42 教师对同事间合作的满意度情况

教师是为了教书育人的共同目标走到一起来的，只有教师间建立了良好的人际关系，教师的自我满足感才能得到体现，学校也才能发展。在调查中，43%的教师感到非常满意或比较满意，19%的教师感觉不太满意或不满意，这表明民办高校中教师人际关系相处得比较融洽，这有助于教师满意度的提升，也是打造优良师资队伍、推动民办学校健康发展的重要因素。

（3）民办高校教师对领导对教师的尊重与认可情况调研，本题参与人数267人，其中，感觉非常满意的教师有15人，占比5.62%；比较满意的有64人，占比23.97%；持中立态度的有103人，占比38.58%；不太满意的有47人，占比17.60%；不满意的有38人，占比14.23%。

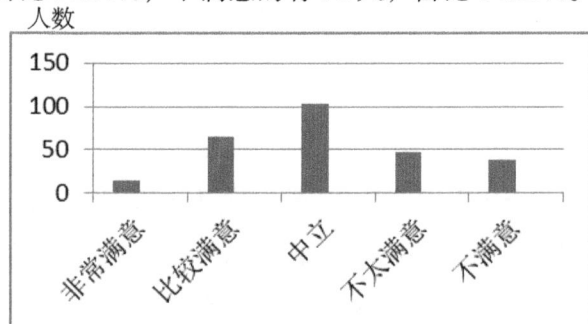

图4-1-43 教师对领导对教师的尊重和认可满意度情况

在民办高校的正常运营中，绝大多数的收入来源于学生的学费，所以在民办高校中，生源决定一所学校的生存。因此，民办院校对学生的重视程度会比较高，学校对于老师的重视程度相对要低一些，这就加剧了教师的不满意程度。不过近年来，各个民办院校也注意到了这些问题，正在逐步修正过程中。

（4）民办高校教师对行政管理人员的服务情况调研，本题参与人数 267 人，其中，感觉非常满意的教师有 7 人，占比 2.62%；比较满意的有 58 人，占比 21.72%；持中立态度的有 96 人，占比 35.96%；不太满意的有 53 人，占比 19.85%；不满意的有 53 人，占比 19.85%。

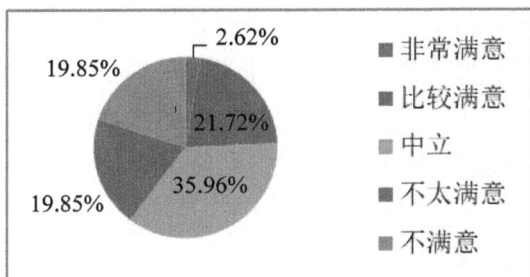

图4-1-44　教师对行政管理人员服务的满意度情况

（5）民办高校教师对师生融洽关系情况调研，本题参与人数 268 人，其中，感觉非常满意的教师有 37 人，占比 13.81%；比较满意的有 127 人，占比 47.39%；持中立态度的有 80 人，占比 29.85%；不太满意的有 15 人，占比 5.60%；不满意的有 9 人，占比 3.35%。

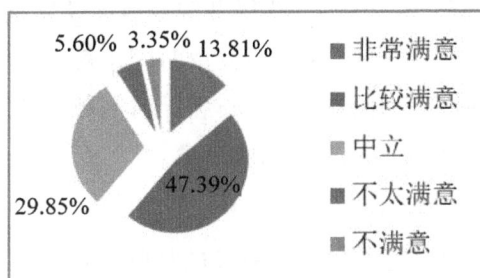

图4-1-45　教师对师生融洽的满意度情况

三、民办高校教师工作满意度调查结论

1. 薪酬待遇水平偏低

从问卷调查数据中可以得出，河南省民办高校教师对于薪酬满意度较低。通常情况下，薪酬既是员工生活的保障，也是员工工作成就的体现，是员工工作最在乎的因素，也是激励员工的重要方式。教师的待遇问题不仅是该校教师最敏感、最关心的问题，也是整个教育界关注的问题。目前河南省民办高校教师的基本工资水平较低。另外，民办教师的收入水平增长缓慢，薪酬待遇提升主要以职称为前提，标准比较单一，而且学校福利形式较少，甚至要缴纳住宿费，福利与公办院校相比有天壤之别。民办高校虽然实行的也是"五险一金"和人事档案代管制度，体现了教师的社会劳动保障机制，但实际上并没有按教师实际工资收入来缴纳，而是实行的最低养老保险缴纳制度，这与公办院校差异很大。退休之后的工资基本上是公办院校的三分之一，教师普遍缺乏长期安全工作的保障，从而出现离职倾向。

2. 管理制度不完善

民办院校的管理制度大多是企业的行政管理制度，教师在决策制度上没有任何的参与权与表决权，只是被动接受。目前，有些民办高校的管理制度发展性较差，在执行过程中，出现了部门之间相互推诿，组织工作效率低下的问题。有些管理制度首先考虑的是外聘教师，尤其是在一些福利规章制度方面，而对全心全意为本校服务的专职教师的利益置之不理，导致本校教师的归属感较差。甚至一些民办院校目前还实施打卡制与坐班制，教师一天到晚被束缚在学校，将教师大量时间消耗在上班路上，反而影响了上课效率和科研机会。并且老师无心和无时间顾及家里，无法协调好生活与工作时间，导致出现大量老师离职现象。

3. 工作压力大

在本次调查研究中，河南省民办高校的教师工作压力偏大，不仅要教学，而且要做科研，还有一部分双肩挑的教师要管理院系的事务，所以教师的工作时间很难用 8 小时来衡量，使他们经常超负荷工作。首先，民办高校教师普遍反映教书太累，学生多，教师少，每位教师的周学时平均在 16 节左右，并且每年基本都是不同的课程，备课任务重，这与公办院校教师每年每周重复的几节课却拿着高工资形成鲜明的对比。其次，科研任务重，尤其对于很多年轻教师而言，他们没有科研经验，加之能力不足及教学任务重，想开展科研项目却无从下手。再次，在民办高校工作没有安全感，对自己未来规划和发展前景较迷茫。

4. 工作环境不理想

不管你是管理者还是一个普通员工，想要进步就需要不断学习，逐步提高自己，这就要求工作环境能提供一个持续发展与学习的平台，让员工在工作、付出的同时，也可以不断地学习、进步。现在河南省民办高校不论是在硬件方面还是在软件方面都存在很多问题。图书馆建筑面积、馆藏印刷型文献总量、非书籍资料等都非常有限，而且比较陈旧，参考价值和利用率较低，且一些民办高校连基本的网上数据库都没有。大部分民办高校校区离市区较远，交通不方便，教师上下班路上消耗了大量的时间。另外还存在科研氛围不浓、进修机会较少等问题。随着生活水平的提高，教师对学校工作条件的要求也越来越高，他们希望学校能够提供美丽、整洁、便捷、有文化内涵的校园工作环境。

第二节　民办高校教师职业倦怠状况

"职业倦怠"的概念于 1974 年首次提出后，便受到全世界的高度关注。教师群体是职业倦怠感的高发人群，民办高校教师作为教师队伍中的一个特殊群体，因来自外部"有色眼镜"的心理压力、身份地位、工作环境、薪酬待遇等方面的落差，更易引发职业倦怠。职业倦怠已成为影响民办高校教师教学质量的重要因素。如何采取切实有效的措施去预防、缓解职业倦怠是摆在管理层和教师面前的一个难题。

民办高校作为高等教育的重要组成部分，民办教师的职业倦怠现象严重影响到师资队伍的质量与民办高校的健康发展，如何解决教师职业倦怠问题，已经成为民办高校师资队伍建设的重要环节。笔者作为一名在民办高校发展的专职教师，亲眼目睹了教师职业倦怠的现象，通过对重点民办高校问卷调查、访谈、实地调研等多方面收集信息，整理相关数据，对河南民办高校教师职业倦怠状况掌握了第一手资料，并在大量阅读国内外相关文献资料的基础上，结合河南民办高校教师职业倦怠的现状，从社会角度、学校角度、教师自身角度、学生角度等四个主体角度分析教师产生职业倦怠的原因，进而提出对应举措。通过本课题的研究，希望省民办高校能更加切实地解决教师职业倦怠问题，有效提升民办高校的管理水平，同时也为丰富学术界在该领域的研究成果起到推动作用。

一、研究设计

1. 研究样本

本研究采用的调查问卷涉及两大部分，一是在 Maslach 编制的 MBI-ES 量表修订基础上编制而成职业倦怠量表；二是职业倦怠因素调查因子量表。教育环境的改变对教师提出了更多的要求，问卷也在情感衰竭、低成就感和去个性化三个分量表的基础上增加了知识衰竭分量表，其中情绪衰竭主要涉及 10 个二级指标，低成就感涉及 8 个二级指标，去个性化涉及 5 个二级指标，知识枯竭涉及 8 个二级指标，共计 31 个指标。职业倦怠因素调查因子量表中社会因素涉及 4 个二级指标，学校因素涉及 8 个二级指标，教师因素涉及 6 个二级指标，学生因素涉及 4 个二级指标。

为提高本次调查问卷的信度，综合考虑到河南地区民办高校发展背景的相似性、办学层次，重点将中原科技学院、黄河科技学院、郑州工商学院、商丘学院、郑州财经学院五所民办高校作为调研对象，选择出高质量调查问卷共计 152 份样本。运用统计软件 SPSS26 对职业倦怠问卷展开量化分析。

表4-2-1 职业倦怠四维度量表

维度	序号	调查内容
情绪衰竭	1	我现在没有刚工作时那么喜欢当老师
	2	我对现在的任教工作感到负荷沉重、耗尽心神
	3	我很难忍受外界不当的教育指责
	4	我觉得现在工作一天后很疲倦
	5	觉得自己的努力不被理解与认可
	6	努力工作程度与收入不成比例
	7	想暂时休息一阵子或另调他校
	8	现在的工作让我感觉有挫折感
	9	与以前相比，身体状况有所下降
	10	很多时候感觉被不公平对待

维度	序号	调查内容
低个人成就感	11	我有自己的工作目标和理想
	12	我的工作会积极影响学生或同事的生活
	13	我在学校教育教学工作中完成了许多有价值的事情
	14	我常对学生班级管理感到很有成效
	15	我能帮助学生或同事解决问题
	16	每次完成任务后，我都没有感到心情愉悦
	17	上完课后我感到很充实
	18	感觉现在的师生情越来越冷漠了
去个性化	19	对某些同事间所发生的事我并不关心
	20	感觉同事之间竞争多于合作
	21	担心这份工作会使自己逐步失去耐心
	22	我觉得这份工作使我对人逐渐产生冷漠的感觉
	23	学情的变化，让我感觉做一位负责任的老师很难
知识枯竭	24	感觉在职称与科研方面获得进一步发展异常困难
	25	希望自己有合适的深造、进修机会
	26	我更愿意采用传统教学方法，因为我对那些更有把握
	27	很难适应教学改革对教师提出的新要求
	28	在学习新知识和新教法过程中，感觉力不从心，困难重重
	29	我花的时间和精力越来越多，完成的事情却比原来少
	30	面对学生，我常常觉得自己的知识不够用
	31	我始终保持一颗爱学习的心，一直在学习的路上

为掌握实际情况，每校中选择出3名教师进行深度访谈，共计14名教师，为使访谈内容达到良好效果，遵守受访者访谈内容的保密性，现将受访者信息匿名处理。受访者信息详见下表。

表4-2-2　访谈对象情况统计表

对象	性别	年龄	部门/职务	学历	职称	工作年限
教师 A	女	41	专任教师	硕士研究生	副教授	13
教师 B	女	35	专任教师	硕士研究生	讲师	9
教师 C	男	32	专任教师	硕士研究生	讲师	7
教师 D	女	53	专任教师	硕士研究生	教授	27
教师 E	女	27	专任教师	硕士研究生	助教	2
教师 F	女	45	专任教师	硕士研究生	副教授	17
教师 G	男	39	专任教师	博士研究生	副教授	13
教师 H	女	30	专任教师	硕士研究生	讲师	5
行政人员 A	男	28	人事处	硕士研究生	助教	2
行政人员 B	女	52	教师发展中心	硕士研究生	教授	25
行政人员 C	男	47	教务处	硕士研究生	副教授	23
行政人员 D	女	38	教师发展中心	硕士研究生	副教授	12

续表

对象	性别	年龄	部门/职务	学历	职称	工作年限
行政人员 E	男	31	人事处	硕士研究生	讲师	6
行政人员 F	男	40	人事处	硕士研究生	副教授	12

2. 研究假设

通过阅读大量文献发现，教师职业倦怠在性别、年龄、婚姻状况、教龄、职称、学历、任教课程性质、授课时数、担任行政职务、收入等方面与职业倦怠有一定的关联关系。根据本研究提出以下假设：

假设 A1：河南民办高校教师存在职业倦怠现象。

假设 A2：河南民办高校教师职业倦怠四维度存在差异，具体细化为：不同性别的教师，其职业倦怠存在显著性差异；不同年龄段的教师，其职业倦怠存在显著性差异；不同婚姻状况的教师，其职业倦怠存在显著性差异；不同教龄段的教师，其职业倦怠存在显著性差异；职称不同的教师，其职业倦怠存在显著性差异；学历不同的教师，其职业倦怠存在显著性差异；任课性质不同的教师，其职业倦怠存在显著性差异；授课时数不同的教师，其职业倦怠存在显著性差异；是否担任行政职务的教师，其职业倦怠存在显著性差异；不同收入的教师，其职业倦怠存在显著性差异。

二、河南民办高校教师职业倦怠指标整体状况分析

1. 河南民办高校教师职业倦怠总体状况

根据调查问卷整理出河南民办高校教师职业倦怠调研基本情况信息表，并在此基础上整理出职业倦怠分值表，情绪衰竭、低个人成就感、去个性化、知识枯竭的平均分值分别为 2.24、3.41、2.17、2.79，表现出一定程度的职业倦怠，其中低成就感是民办高校教师产生职业倦怠的主要因素。

表4-2-3 调研基本情况统计表

变量名称	变量内容	数值	比重
性别	男	33	21.71%
	女	119	78.29%

变量名称	变量内容	数值	比重
年龄	26 岁及以下	15	9.87%
	27-35 岁	102	67.10%
	36-45 岁	30	19.74%
	46 岁 -55 岁	5	3.29%
婚姻状况	未婚	60	39.47%
	已婚有孩	79	51.97%
	已婚无孩	13	8.55%
教龄	1-5 年	98	64.47%
	6-10 年	26	17.11%
	11-15 年	21	13.82%
	16-20 年	5	3.29%
	21 年及以上	2	1.32%
职称	助教	74	48.68%
	讲师	51	33.55%
	副教授	25	16.45%
	教授	2	1.32%
学历	本科	10	6.58%
	硕士	142	93.42%
	博士	0	0
任教课程性质	公共基础课	19	12.5%
	专业基础课	74	48.68%
	专业核心课	59	38.82%
每周授课时数	≤8 课时	78	51.32%
	9-12 节	42	27.63%
	13-16 节	22	14.47%
	17-20 节	9	5.92%
	20 节以上	1	0.66%
行政职务	是	23	15.13%
	否	129	84.87%

变量名称	变量内容	数值	比重
月收入	4500 元以下	66	43.42%
	4500-6000 元	36	23.68%
	6001-7500 元	27	17.76%
	7501-8500 元	7	4.61%
	8500 元以上	16	10.53%

备注：数据由调查问卷整理所得

表4-2-4　职业倦怠四维度二级指标分值情况

维度	序号	调查内容	数量	平均数
情绪衰竭	1	我现在没有刚工作时那么喜欢当老师	152	1.93
	2	我对现在任教的工作感到负荷沉重、耗尽心神	152	2.25
	3	我很难忍受外界不当的教育指责	152	2.18
	4	我觉得现在工作一天后很疲倦	152	2.54
	5	觉得自己的努力不被理解与认可	152	2.16
	6	努力工作程度与收入不成比例	152	2.68
	7	想暂时休息一阵子或另调他校	152	1.99
	8	现在的工作让我感觉有挫折感	152	2.03
	9	与以前相比，身体状况有所下降	152	2.41
	10	很多时候感觉被不公平对待	152	2.19
		平均值		2.24
低个人成就感	11	我有自己的工作目标和理想	152	3.89
	12	我的工作会积极影响学生或同事的生活	152	3.59
	13	我在学校教育教学工作中完成了许多有价值的事情	152	3.61
	14	我常对学生班级管理感到很有成效	152	3.32
	15	我能帮助学生或同事解决问题	152	3.72
	16	每次完成任务后，我都没有感到心情愉悦	152	2.54
	17	上完课后我感到很充实	152	3.87
	18	感觉现在的师生情越来越冷漠了	152	2.71
		平均值		3.41
去个性化	19	对某些同事间所发生的事我并不关心	152	2.24
	20	感觉同事之间竞争多于合作	152	2.24
	21	担心这份工作会使自己逐步失去耐心	152	2.08
	22	我觉得这份工作使我对人逐渐产生冷漠的感觉	152	1.92
	23	学情的变化，让我感觉做一位负责任的老师很难	152	2.36
		平均值		2.17

续表

维度	序号	调查内容	数量	平均数
知识枯竭	24	感觉在职称与科研方面获得进一步发展异常困难	152	2.93
	25	希望自己有合适的深造、进修机会	152	3.79
	26	我更愿意采用传统教学方法，因为我对那些更有把握	152	2.52
	27	很难适应教学改革对教师提出的新要求	152	2.16
	28	在学习新知识和新教法过程中，感觉力不从心，困难重重	152	2.15
	29	我花的时间和精力越来越多，完成的事情却比原来少	152	2.35
	30	面对学生，我常常觉得自己的知识不够用	152	2.5
	31	我始终保持一颗爱学习的心，一直在学习的路上	152	3.95
		平均值		2.79

备注：数据由调查问卷整理所得

2. 不同变量对民办教师职业倦怠进行差异化分析

因为情绪衰竭下有 10 个二级指标，低个人成就感有 8 个二级指标，去个性化有 5 个二级指标，知识枯竭有 8 个二级指标，所以需要进行降维处理。现以情绪衰竭为例，利用统计软件 SPSS26 进行降维处理。

表4-2-5　情绪衰竭总方差解释图

	成分	初始特征值 a			提取载荷平方和		
		总计	方差百分比	累积 %	总计	方差百分比	累积 %
原始	1	9.294	63.365	63.365	9.294	63.365	63.365
	2	1.174	8.003	71.368	1.174	8.003	71.368
	3	.941	6.414	77.782			
	4	.773	5.273	83.056			
	5	.668	4.557	87.612			
	6	.645	4.398	92.010			
	7	.354	2.413	94.423			
	8	.310	2.116	96.539			
	9	.283	1.928	98.468			
	10	.225	1.532	100.000			

续表

	成分	初始特征值 a			提取载荷平方和		
		总计	方差百分比	累积 %	总计	方差百分比	累积 %
重新标度	1	9.294	63.365	63.365	6.357	63.570	63.570
	2	1.174	8.003	71.368	.728	7.277	70.847
	3	.941	6.414	77.782			
	4	.773	5.273	83.056			
	5	.668	4.557	87.612			
	6	.645	4.398	92.010			
	7	.354	2.413	94.423			
	8	.310	2.116	96.539			
	9	.283	1.928	98.468			
	10	.225	1.532	100.000			

（表头：总方差解释）

提取方法：主成分分析法。

a. 在分析协方差矩阵时，原始解与重新标度的解的初始特征值相同。

数据来源：SPSS 软件自动生成。

表4-2-6　情绪衰竭降维系统矩阵图

成分得分系数矩阵 a		
	成分	
11、第二部分 教师职业倦怠量表	1	2
我现在没有刚工作时那么喜欢当老师	.093	.343
我对现在任教的工作感到负荷沉重、耗尽心神	.130	.372
我很难忍受外界不当的教育指责）	.137	.680
我觉得现在工作一天后很疲倦	.134	.048
觉得自己的努力不被理解与认可	.116	-.022
努力工作程度与收入不成比例	.142	-.596
想暂时休息一阵子或另调他校	.127	-.222
现在的工作让我感觉有挫折感	.114	.082
与以前相比，身体状况有所下降	.152	-.502
很多时候感觉被不公平对待	.110	-.102

提取方法：主成分分析法。组件得分。

a. 系数为标准化系数。

数据来源：SPSS 软件自动生成。

通过成分得分系数矩阵，可以得出情绪衰竭第一主成分和第二主成分

的线性组合表达式:

f1=0.093A1+0.130A2+0.137A3+0.134A4+0.116A5+0.142A6+0.127A7+0.114A8+0.152A9+0.110A10

f2=0.343A1+0.372A2+0.680A3+0.048A4-0.022A5-0.596A6-0.222A7+0.082A8-0.502A9-0.102A10

下面本文以上述两个主成分的各自旋转后方差贡献率为权数,然后除以二者的累计方差贡献率,构造出情绪衰竭的综合指标,以 Y1 表示:

Y1=(63.570%f1+7.277%f2)/70.847%

表4-2-7 情绪衰竭降维KMO检验图

KMO 和巴特利特检验 a		
KMO 取样适切性量数。		.910
巴特利特球形度检验	近似卡方	1098.089
	自由度	45
	显著性	.000
a. 基于相关性		

数据来源:SPSS 软件自动生成。

用同样方法继续构造低个人成就感、去个性化、知识枯燥、社会因素、学校因素、教师因素、学生因素等综合指标,对它们也进行了主成分分析,都通过了各项检验,比较适合做主成分分析。

(1)性别与职业倦怠四维的差异化分析

将不同性别与职业倦怠的四维度进行差异化分析,运用独立样本 T 检验分析,数据经整理后如表 4-2-8 所示。从数据中可以看出,性别与职业倦怠不存在显著性差异,说明性别不是影响职业倦怠的变量。

表4-2-8 性别与民办高校教师职业倦怠四维度差异化分析

职业倦怠	性别	N	均值	标准差	T 值	P 值
情绪衰竭	男	33	2.52	1.04	1.39	0.167
	女	119	2.27	0.89		
低个人成就感	男	33		0.762	0.635	0.852
	女	119		0.796		
去个性化	男	33		0.950	0.239	0.412
	女	119		0.838		

职业倦怠	性别	N	均值	标准差	T 值	P 值
知识枯竭	男	33		0.957	0.158	0.076
	女	119		0.738		

（2）年龄与职业倦怠四维的差异化分析

将不同年龄与职业倦怠四维度进行差异化分析，运用单因素 ANOVA 检验分析，数据经整理后如下表4-2-9所示。从数据中可以看出，年龄对情绪衰竭、去个性化存在显著性差异，对低个人成就感、知识衰竭不存在显著性差异。

表4-2-9　年龄与民办高校教师职业倦怠四维度差异化分析

职业倦怠	年龄	N	均值	标准差	F 值	P 值
情绪衰竭	26 岁及以下	15		0.92	2.66	0.05
	27-35 岁	102		0.91		
	36-45 岁	30		0.94		
	46 岁 -55 岁	5		0.92		
	56 岁及以上					
低个人成就感	26 岁及以下	15		0.666	1.141	0.334
	27-35 岁	102		0.837		
	36-45 岁	30		0.632		
	46 岁 -55 岁	5		0.868		
	56 岁及以上					
去个性化	26 岁及以下	15		0.566	3.325	0.021
	27-35 岁	102		0.797		
	36-45 岁	30		1.030		
	46 岁 -55 岁	5		1.157		
	56 岁及以上					
知识枯竭	26 岁及以下	15		0.709	1.976	0.120
	27-35 岁	102		0.785		
	36-45 岁	30		0.722		
	46 岁 -55 岁	5		1.183		
	56 岁及以上			0.787		

（3）婚姻状况与职业倦怠四维的差异化分析

将婚姻状况与职业倦怠四维度进行差异化分析，运用单因素 ANOVA

检验分析，数据经整理后如下表 4-2-10 所示。从数据中可以看出，婚姻状况对低个人成就感存在显著性差异，对情绪衰竭、去个性化、知识枯竭不存在显著性差异。

表4-2-10 婚姻状况与民办高校教师职业倦怠四维度差异化分析

职业倦怠	婚姻状况	N	均值	标准差	F 值	P 值
情绪衰竭	未婚	60		0.97	1.18	0.31
	已婚有孩	78		0.84		
	已婚无孩	14		1.21		
降低个人成就感	未婚	60		0.772	4.792	0.010
	已婚有孩	78		0.757		
	已婚无孩	14		0.816		
去个性化	未婚	60		0.812	2.630	0.075
	已婚有孩	78		0.859		
	已婚无孩	14		0.973		
知识枯竭	未婚	60		0.798	1.605	0.204
	已婚有孩	78		0.719		
	已婚无孩	14		1.048		

（4）教龄与职业倦怠四维的差异化分析

将教龄与职业倦怠四维度进行差异化分析，运用单因素 ANOVA 检验分析，数据经整理后如下表 4-2-11 所示。从数据中可以看出，教龄对情绪衰竭、去个性化、知识枯竭存在显著性差异，对低个人成就感不存在显著性差异。

表4-2-11 教龄与民办高校教师职业倦怠四维度差异化分析

职业倦怠	教龄	N	均值	标准差	F 值	P 值
情绪衰竭	1-5 年	98		0.92	3.668	0.007
	6-10 年	27		0.87		
	11-15 年	21		0.91		
	16-20 年	5		0.46		
	20 年以上	1				

职业倦怠	教龄	N	均值	标准差	F 值	P 值
降低个人成就感	1-5 年	98		0.836	1.255	0.290
	6-10 年	27		0.770		
	11-15 年	21		0.530		
	16-20 年	5		0.639		
	20 年以上	1				
去个性化	1-5 年	98		0.813	3.101	0.017
	6-10 年	27		0.787		
	11-15 年	21		0.978		
	16-20 年	5		0.970		
	20 年以上	1				
知识枯竭	1-5 年	98		0.809	2.741	0.031
	6-10 年	27		0.645		
	11-15 年	21		0.723		
	16-20 年	5		0.772		
	20 年以上	1				

（5）职称与职业倦怠四维的差异化分析

将职称与职业倦怠四维度进行差异化分析，运用单因素 ANOVA 检验分析，数据经整理后如下表 4-2-12 所示。从数据中可以看出，职称对情绪衰竭存在显著性差异，对低个人成就感、去个性化、知识衰竭不存在显著性差异。

表4-2-12 职称与民办高校教师职业倦怠四维度差异化分析

职业倦怠	职称	N	均值	标准差	F 值	P 值
情绪衰竭	助教	75		0.955	3.401	0.019
	讲师	51		0.880		
	副教授	25		0.824		
	教授	1				
低个人成就感	助教	75		0.737	1.995	0.117
	讲师	51		0.898		
	副教授	25		0.623		
	教授	1				

续表

职业倦怠	职称	N	均值	标准差	F 值	P 值
去个性化	助教	75		0.847	2.182	0.093
	讲师	51		0.760		
	副教授	25		1.025		
	教授	1				
知识枯竭	助教	75		0.740	2.101	0.103
	讲师	51		0.841		
	副教授	25		0.760		
	教授	1				

（6）学历与职业倦怠四维的差异化分析

将学历与职业倦怠四维度进行差异化分析，运用单因素 ANOVA 检验分析，数据经整理后如下表 4-2-13 所示。从数据中可以看出，学历对情绪衰竭、低个人成就感、去个性化、知识枯竭不存在显著性差异。

表4-2-13 学历与民办高校教师职业倦怠四维度差异化分析

职业倦怠	学历	N	均值	标准差	F 值	P 值
情绪衰竭	本科	11		1.146	0.334	0.564
	硕士	141		0.916		
	博士					
低个人成就感	本科	11		1.136	1.744	0.189
	硕士	141		0.754		
	博士					
去个性化	本科	11		0.923	0.032	0.858
	硕士	141		0.860		
	博士					
知识枯竭	本科	11		0.860	1.828	0.178
	硕士	141		0.780		
	博士					

（7）任教课程与职业倦怠四维的差异化分析

将任教课程与职业倦怠四维度进行差异化分析，运用单因素 ANOVA 检验分析，数据经整理后如下表 4-2-14 所示。从数据中可以看出，任教课程对情绪衰竭存在显著性差异，对低个人成就感、去个性化、知识枯竭不存在显著性差异。

表4-2-14　任教课程与民办高校教师职业倦怠四维度差异化分析

职业倦怠	任教课程	N	均值	标准差	F值	P值
情绪衰竭	公共基础课	20		0.169	3.479	0.033
	专业基础课	73		-0.204		
	专业核心课	59		0.195		
低个人成就感	公共基础课	20		0.775	0.855	0.427
	专业基础课	73		0.712		
	专业核心课	59		0.877		
去个性化	公共基础课	20		0.927	1.786	0.171
	专业基础课	73		0.813		
	专业核心课	59		0.884		
知识枯竭	公共基础课	20		1.061	0.596	0.552
	专业基础课	73		0.687		
	专业核心课	59		0.804		

（8）周课时数与职业倦怠四维的差异化分析

将周课时数与职业倦怠四维度进行差异化分析，运用单因素ANOVA检验分析，数据经整理后如下表4-2-15所示。从数据中可以看出，周课时数对低个人成就感、情绪衰竭、去个性化、知识枯竭不存在显著性差异。

表4-2-15　周课时数与民办高校教师职业倦怠四维度差异化分析

职业倦怠	周课时数	N	均值	标准差	F值	P值
情绪衰竭	≤8课时	78		0.931	0.455	0.768
	9-12节	42		0.029		
	13-16节	22		0.896		
	17-20节	9		0.013		
	20节以上	1		-1.152		
低个人成就感	≤8课时	78		0.690	2.164	0.076
	9-12节	42		0.855		
	13-16节	22		0.772		
	17-20节	9		1.071		
	20节以上	1				

职业倦怠	周课时数	N	均值	标准差	F 值	P 值
去个性化	≤8课时	78		0.830	0.719	0.580
	9-12 节	42		0.860		
	13-16 节	22		0.990		
	17-20 节	9		0.853		
	20 节以上	0				
知识枯竭	≤8课时	78		0.757	1.217	0.306
	9-12 节	42		0.837		
	13-16 节	22		0.745		
	17-20 节	9		0.873		
	20 节以上	0				

（9）行政职务与职业倦怠四维的差异化分析

将职务与职业倦怠四维度进行差异化分析，运用单因素 ANOVA 检验分析，数据经整理后如下表 4-2-16 所示。从数据中可以看出，职务对情绪衰竭存在显著性差异，对低个人成就感、去个性化、知识枯竭不存在显著性差异。

表4-2-16　职务与民办高校教师职业倦怠四维度差异化分析

职业倦怠	职务	N	均值	标准差	T 值	P 值
情绪衰竭	是	24		1.112	2.001	0.047
	否	128		-0.065		
低个人成就感	是	24		0.697	1.626	0.643
	否	128		0.798		
去个性化	是	24		0.988	1.648	0.229
	否	128		0.830		
知识枯竭	是	24		0.886	1.734	0.510
	否	128		0.762		

（10）月收入与职业倦怠四维的差异化分析

将月收入与职业倦怠四维度进行差异化分析，运用单因素 ANOVA 检验分析，数据经整理后如下表 4-2-17 所示。从数据中可以看出，收入对情绪衰竭、去个性化、知识枯竭存在显著性差异，对低个人成就感不存在显著性差异。

表4-2-17　收入与民办高校教师职业倦怠四维度差异化分析

职业倦怠	月收入	N	均值	标准差	F 值	P 值
情绪衰竭	4500 元以下	67		1.031	2.267	0.045
	4500 元 -6000 元	36		0.743		
	6001 元 -7500 元	27		0.846		
	7501 元 -8500 元	7		0.924		
	8500 元以上	15		0.852		
低个人成就感	4500 元以下	67		0.748	1.023	0.398
	4500 元 -6000 元	36		0.786		
	6001 元 -7500 元	27		0.968		
	7501 元 -8500 元	7		0.639		
	8500 元以上	15		0.638		
去个性化	4500 元以下	67		0.878	3.645	0.007
	4500 元 -6000 元	36		0.817		
	6001 元 -7500 元	27		0.570		
	7501 元 -8500 元	7		0.962		
	8500 元以上	15		0.981		
知识枯竭	4500 元以下	67		0.797	4.573	0.002
	4500 元 -6000 元	36		0.721		
	6001 元 -7500 元	27		0.720		
	7501 元 -8500 元	7		0.265		
	8500 元以上	15		0.811		

三、河南民办高校教师职业倦怠的特征

从性别上看，民办高校教师在情绪衰竭、低个人成就感、去个性化、知识衰竭四个维度上均不存在显著性差异。

从年龄上看，民办高校教师在情绪衰竭、去个性化存在显著性差异，在访谈过程中也能明显地感觉到随着年龄的增长，在情绪衰竭与去个性化方面表现得更为强烈。原因可能是一方面看到了很多弊端，不满足于现状发展但又无力改变，处于焦虑状态；另一方面随着年龄增长，但自己成长不足，出现挫败现象。

从婚姻状况看，民办高校教师在低个人成就感方面存在显著性差异，对情绪衰竭、去个性化、知识枯竭不存在显著性差异。但在访谈中也有教师提到未婚状态尤其是刚毕业不久的教师家庭压力比较小，可以更多地全身心地投入教学，已婚有孩的教师的教学精力多少会受到影响，对于孩子进入义务教育阶段的家庭，教师需要在孩子教育方面投入更多的精力，其注意力更容易从自身工作转向孩子教育，工作成就感降低。

从教龄来看，教龄对情绪衰竭、去个性化、知识枯竭存在显著性差异，对低个人成就感不存在显著性差异。从访谈中也能明显地感受到随着教龄的增加，教师的职业发展需求与学校提供的平台发展不匹配是导致产生职业倦怠的主要因素。

从职称来看，职称对情绪衰竭存在显著性差异，对低个人成就感、去个性化、知识衰竭不存在显著性差异。通过深度访谈了解到，副教授以上职称的教师的情绪衰竭比较严重，原因是发展遇到了瓶颈期，处于"上不去，下不来"的位置。

从学历来看，职业倦怠对情绪衰竭、低个人成就感、去个性化、知识枯竭不存在显著性差异。这是因为民办高校教师的学历基本为硕士研究生，博士生的数量甚少，少数本科生多从事的是行政性工作，所以，民办高校教师职业倦怠受到学历的影响不大。

任教课程对情绪衰竭存在显著性差异，对低个人成就感、去个性化、知识枯竭不存在显著性差异。在访谈中，我们进一步了解到，担任专业核心课与专业基础课的教师职业倦怠要比公共基础课的教师严重，学生也比较重视专业课，加上专业课在大学之前基本没有专业基础，随着课程难度增加，学生学起来困难重重，任课教师情绪衰竭比较明显。

周课时数对低个人成就感、情绪衰竭、去个性化、知识枯竭不存在显著性差异。据调研访谈得知，民办高校的工资一般与课时量高度相关，在基本工资不高的情况下，很多老师迫于生活的压力只能靠多带课来取得收入，另一方面民办高校为了节约人工成本，只能加大教师的课时量以减少增加教师的数量。

职务对情绪衰竭存在显著性差异，对低个人成就感、去个性化、知识枯竭不存在显著性差异。这是因为民办高校教师除了担任本教学任务外，还义务性地承担一些行政性工作，无形中增加了教师的负担，情绪衰竭比较明显。

收入对情绪衰竭、去个性化、知识枯竭存在显著性差异，对低个人成就感不存在显著性差异。借助访谈深入了解下，民办高校教师工资不高基本是公认事实，又面临着高房价、高物价、孩子教育、赡养老人等多方的开销，收入对职业倦怠的影响还是比较大的。

四、职业倦怠与影响因素的相关性描述

通过借鉴以往学者研究以及基于民办高校的特征，制作职业倦怠因素调查因子量表，将影响职业倦怠的因素分为社会因素、学校因素、教师因素、学生因素。然后运用 SPSS26 软件中相关分析来分析研究职业倦怠与影响因素之间的相关关系，根据统计学中相关关系的判定标准，若 Pearson 为正值，则代表该因素与职业倦怠高度相关；若 Pearson 为负值，则代表该因素与职业倦怠呈负相关。

表4-2-18　职业倦怠因素调查因子量表

因子	内容
社会因素	1. 当前的各项教育方针、政策对民办高校的扶持作用不明显
	2. 社会对民办高校的认可度普遍较低
	3. 民办高校发展前景不明朗，担忧工作的稳定性与基本保障
	4. 认为在民办高校当老师会有一定的自卑感
学校因素	1. 学校提供的工作条件、工作环境让我不满意
	2. 所在学校的工作强度和工作压力过大
	3. 学校规章制度及工作要求有很多不尽科学、合理之处
	4. 教师没有制度的参与权与发言权，只能被动接受
	5. 重视外部高层次人才的引进，不重视、重用、善待校内骨干教师的培养
	6. 缺乏教师精神需求与事业需求，长效机制乏力
	7. 教学评价机制不合理给我带来较大的压力与困惑
	8. 过于重视学生感受，很少考虑教师的体会
教师因素	1. 通过工作我能感受到自身的成长
	2. 缺乏外界提供的培训与自我提升平台
	3. 缺乏与其他学校同行业教师的沟通交流学习机会
	4. 承担过多的义务性工作让我身心疲惫
	5. 长久时间不出成果让我焦虑不安
	6. 兼顾家庭与工作让我力不从心

续表

因子	内容
学生因素	1. 生源品质不高，授课困难，管理起来费劲
	2. 学生学习问题（动机不强，学习态度差、摆烂现象严重）带给我压力
	3. 学生不合理的评价方式让我难以接受
	4. 学生学习不理想让我缺少成就感

1. 职业倦怠与社会因素的相关性描述

社会因素下设四个二级指标，将职业倦怠与社会因素及其各子因素的相关分析，运用 SPSS26 统计软件得出相关情况如下表 4-2-19 所示。

表4-2-19　职业倦怠与社会因素及各子因素相关性分析

社会因素		情绪衰竭	降低个人成就感	去个性化	知识衰竭
15、当前的各项教育方针、政策对民办高校的扶持作用不明显	皮尔逊相关性	.544**	.138	.406**	.401**
	Sig.（双尾）	.000	.090	.000	.000
	个案数	152	152	152	152
15、社会对民办高校的认可度普遍较低	皮尔逊相关性	.517**	.016	.304**	.365**
	Sig.（双尾）	.000	.841	.000	.000
	个案数	152	152	152	152
15、民办高校发展前景不明朗，担忧工作的稳定性	皮尔逊相关性	.559**	-.011	.363**	.365**
	Sig.（双尾）	.000	.896	.000	.000
	个案数	152	152	152	152
15、认为在民办高校当老师有一定的自卑感	皮尔逊相关性	.476**	-.039	.383**	.234**
	Sig.（双尾）	.000	.631	.000	.004
	个案数	152	152	152	152

从上表数据可以看出，社会因素与职业倦怠中的四维度中的情绪衰竭、去个性化、知识衰竭的 Pearson 值为正值，呈现正相关；社会因素与低个人成就感中的 Pearson 值出现了负值，呈负相关。

2. 职业倦怠与学校因素的相关性描述

学校因素下设八个二级指标，将职业倦怠与学校因素及其各子因素的相关分析，运用 SPSS26 统计软件得出相关情况如下表 4-2-20 所示。

表4-2-20　职业倦怠与学校因素及各子因素相关性分析

学校因素		情绪衰竭	降低个人成就感	去个性化	知识衰竭
16、学校提供的工作条件、工作环境让我不满意	皮尔逊相关性	615**	.030	615**	393**
	Sig.（双尾）	.000	.713	.000	.000
	个案数	152	152	152	152
16、所在学校的工作强度和工作压力感觉过大	皮尔逊相关性	.637**	.061	.591**	-423**
	Sig.（双尾）	.000	.455	.000	.000
	个案数	152	152	152	152
16、学校规章制度及工作要求有很多不尽科学、合理之处	皮尔逊相关性	.623**	.057	.602**	.472**
	Sig.（双尾）	.000	.487	.000	.000
	个案数	152	152	152	152
16、教师没有制度的参与权与发言权，只能被动接受	皮尔逊相关性	.546**	-.023	.532**	.430**
	Sig.（双尾）	.000	.778	.000	.000
	个案数	152	152	152	152
16、重视外部高层次人才的引进，并重视、重用、善待校内骨干教师的培养	皮尔逊相关性	.512**	-.016	.539**	416**
	Sig.（双尾）	.000	.842	.000	.000
	个案数	152	152	152	152
16、缺乏教师精神需求与事业需求，长效机制乏力	皮尔逊相关性	.564**	-.036	.586**	.455**
	Sig.（双尾）	.000	.657	.000	.000
	个案数	152	152	152	152
16、教学评价机制不合理性给我带来较大的压力与困惑	皮尔逊相关性	.627**	-.001	.584**	.417**
	Sig.（双尾）	.000	.989	.000	.000
	个案数	152	152	152	152
16、过于重视学生感受，很少考虑教师的体会	皮尔逊相关性	.613**	.008	.568**	.483**
	Sig.（双尾）	.000	.924	.000	.000
	个案数	152	152	152	152

　　从上表数据可以看出，学校因素与职业倦怠中的四维度中的情绪衰竭、去个性化、知识衰竭的 Pearson 值为正值，呈现正相关；与低个人成就感中的 Pearson 值出现了负值，呈负相关。

3.职业倦怠与教师因素的相关性描述

　　学校因素下设六个二级指标，将职业倦怠与教师自身因素及其各子因素的相关分析，运用 SPSS26 统计软件得出相关情况如下表 4-2-21 所示。

表4-2-21 职业倦怠与教师因素及各子因素相关性分析

教师因素		情绪衰竭	降低个人成就感	去个性化	知识衰竭
17、通过工作我能感受到女性自身的成长	皮尔逊相关性	-276**	426**	-.230**	-.099
	Sig.（双尾）	.001	.000	.004	.223
	个案数	152	152	152	152
17、缺乏外界提供的培训与自我提升平台	皮尔逊相关性	.329**	.189**	.367**	-402**
	Sig.（双尾）	.000	.020	.000	.000
	个案数	152	152	152	152
17、缺乏与其他学校同行业教师的沟通交流学习机	皮尔逊相关性	.327**	.093	.391**	-426**
	Sig.（双尾）	.000	.253	.000	.000
	个案数	152	152	152	152
17、承担过多的义务性工作会让我身心疲惫	皮尔逊相关性	.514	.071	.538"	.488
	Sig.（双尾）	.000	.387	.000	.000
	个案数	152	152	152	152
17、长久时间不出成果让我焦虑不安	皮尔逊相关性	.547**	.060	.537**	.548**
	Sig.（双尾）	.000	.465	.000	.000
	个案数	152	152	152	152
17、兼顾家庭与工作让我力不从心	皮尔逊相关性	423**	.075	.399**	446**
	Sig.（双尾）	.000	.359	.000	.000
	个案数	152	152	152	152

从上表数据可以看出，教师自身因素与职业倦怠中的四维度中的情绪衰竭、低个人成就感、去个性化、知识衰竭的 Pearson 值为正值，呈现正相关。

4.职业倦怠与学生因素的相关性描述

学校因素下设四个二级指标，将职业倦怠与学生因素及其各子因素的相关分析，运用 SPSS26 统计软件得出相关情况如下表 4-2-22 所示。

表4-2-22 职业倦怠与学生心理因素及各子因素相关性分析

学生因素		情绪衰竭	低个人成就感	去个性化	知识衰竭
18、生源品质不高，授课困难，管理起来费劲	皮尔逊相关性	.536**	.062	.591**	.319**
	Sig.（双尾）	.000	.449	.000	.000
	个案数	152	152	152	152

学生因素		情绪衰竭	低个人成就感	去个性化	知识衰竭
18、学生学习问题（动机不强，学习态度差、摆烂现象严重）带给我压力	皮尔逊相关性	.530**	.063	.562**	.375**
	Sig.（双尾）	.000	.442	.000	.000
	个案数	152	152	152	152
18、学生不合理的评价方式让我难以接受	皮尔逊相关性	.483**	.108	550**	355**
	Sig.（双尾）	.000	.187	.000	.000
	个案数	152	152	152	152
18、学生学习不理想让我缺少成就感	皮尔逊相关性	.593**	.076	.607**	.360**
	Sig.（双尾）	.000	.354	.000	000
	个案数	152	152	152	152

从上表数据可以看出，学生因素与职业倦怠的四维度中的情绪衰竭、低个人成就感、去个性化、知识衰竭的 Pearson 值为正值，呈现正相关。

根据职业倦怠与社会因素、民办高校、教师因素、学生因素的相关分析所得出来的数据可知，职业倦怠与四因素存在紧密关系。在访谈过程中，教师普遍也提到由于社会对民办高校有过高期望、学校提供的各种福利待遇不符合当地的经济发展水平、教师缺乏各种发展平台、学生的质量令人苦不堪言等现实情况，这为下面对民办高校教师职业倦怠原因剖析奠定了基础。

第三节　民办高校高层次人才引进状况

习近平总书记在党的十九大报告中指出："人才是实现民族振兴、赢得国际竞争主动的战略资源。要坚持党管人才原则，聚天下英才而用之，加快建设人才强国。"2021 年 5 月，河南省委办公厅、河南省人民政府办公厅《关于促进劳动力和人才社会性流动体制机制改革的实施意见》中指出，深入实施科教兴豫战略、人才强省战略、创新驱动发展战略，加大高层次技术技能型人才培养力度，开展跨学科和前沿科学研究。

　　近年来，高层次人才成为人才强国、人才强省战略的重要组成部分。而高校是人才聚集与人才培养的地方，要培养社会栋梁之材需要高水平的教师队伍。"所谓大学者，非谓有大楼之谓也，有大师之谓也。"塑造一流的名校，唯有聚集一流的高层次人才。对于高校来说，高层次人才是实施人才强校的中坚力量，关系到地方院校可持续性发展和立足的战略问题。在优化教师队伍、学科建设、人才培养和整体教育教学质量提升等方面都发挥了重要的带动作用。在人才强省、人才强校的背景下，地方高校秉持"人才是第一资源的理念"逐年加大高层次人才的引进和培养力度，不断提升学校的办学层次和核心竞争力。

　　随着我国民办高校办学日益规范，民办高校已经成为我国高等教育体系的重要组成部分。但是由于"先天营养不良"种种主客观原因和内外部环境，导致民办高校在高层次人才引进、人才激励时困境现状尤为明显。因此，在人才强国、人才强省、人才强校和双一流建设的大环境下，地方民办高校高层次人才的引进成为一项重大难题。

一、河南省民办高校高层次人才引进情况

　　河南省作为教育大省、人口第一省与每年高考人数第一省，为我国经济社会建设输送了大量的人才。民办高校作为高等教育的有效补充，在人才培养方面也作出了重要贡献，但由于受制于经济社会发展与自身实力的制约，在高层次人才引进方面遇到了种种问题。总的来说，民办高校高层次人才数量严重不足。河南省高等教育在全国具有明显的劣势，尤其是在优质资源"211工程"方面更是甚少。

表4-3-1　河南省民办本科高校高层次人才队伍状况

学校	在校生人数	专任教师数	副高级以上职称人数	比重
中原科技学院	15565	708	291	41.1%
黄河科技学院	30000余人	2200	1100	50%
郑州西亚斯学院	31000余人	1626	528	32.5%
郑州经贸学院	24201	1090	547	50.18%
郑州升达经贸管理学院	36497	2100	946	45%

续表

学校	在校生人数	专任教师数	副高级以上职称人数	比重
郑州财经学院	23548	1027	504	49.1%
郑州科技学院	17770	860	309	35.93%
郑州工商学院	30000 余人	1813	772	42.58%
郑州商学院	15000 余人	1205	452	37.5%
商丘工学院	16125	539	168	31.2%
河南开封科技传媒学院	15176	783	312	40.36%
安阳学院	30000 余人	1628	493	30.28%
黄河交通学院	1.8 万余人	1059	515	48.6%
郑州工业应用技术学院	4 万余人	1268	475	37.5%
新乡工程学院	10455	465	100	21.51%
河南科技职业大学	2 万人	895	306	34.2%
商丘学院	1.6 万余人	1534	545	35.53%
信阳学院	21649	730	247	33.86%
新乡医学院三全学院	22000 余人	1159	487	42.02%

数据来源：根据各校网站统计所得

表4-3-2 其他省份民办高校高层次人才现状

学校	在校生人数	专任教师人数	副高级以上职称人数	比重	博士学位	比重	其他
西京学院	20000 余人	2000	620	31%			设有 5 个专业硕士点
西安外事学院	2.1 万余人	1301	531	40.81%	267	20.52%	
西安翻译学院	2.2 万余人	1000	303	30.32%			享受国务院津贴专家 6 人
吉林外国语大学		537（中国籍教师 486 人，外籍教师 51 人）	272	50.7%	96	20%	享受国务院特殊津贴专家 7 人、博士生导师 12 人
西交利物浦大学	1.8 万余人	865（80% 为外籍）	750	86.7%	721	82.7%	53 个硕士专业（含非全日制）和 16 个博士专业

数据来源：根据各校网站统计所得

从河南省民办高校高层次人才数量与其他省份里比较著名的民办高校相比而言，尤其是与西交利物浦大学与吉林外国语大学相比，副高级以上职称比重远远超过我省水平，具有博士学位的专任教师数量也是远超我省民办高校，已有的专业硕士点也是我们目前无法比拟的。作为一个教育大省，民办高校高层次人才数量严重滞后于省外的民办高校。高层次人才的严重短缺已经成为制约民办高校长远发展以及河南省教育强省、人才强省顺利实施的重要障碍，严重影响着河南省高等教育事业的发展。

二、河南省民办高校高层次人才状况问卷调查分析

为更好了解河南省民办高校高层次人才引进状况与真实想法，特制定《河南省民办高校高层次人才状况调查问卷》。

（一）调查设计

1. 调查对象

本次调查通过问卷星制作了调查问卷，调查方式采用线上调查与实地发放问卷的方式。调查对象主要有中原科技学院、郑州工商学院、黄河科技学院、商丘学院、郑州财经学院、郑州商学院等十几所民办高校的教师，对一些私密性比较强的问题采取面对面交流、电话访谈的方式来获取信息，涉及学校引进高层次人才政策方面的有关问题采用面对面访谈的方式。最终收到 351 份有效的调查问卷。

2. 研究内容

本次调查研究主要探究了三个问题：

一是调查和了解河南省民办高校高层次人才引进的状况。

二是根据河南省民办高校高层次人才引进现状，剖析引进高层次人才的困境。

三是提出河南省民办高校教师高层次人才引进的对策建议。

3. 研究维度

本课题以人力资本理论、人才流动理论、激励理论为研究理论基础，从理论上来讲，高层次人才流动既符合人才社会结构的调整，又符合人力

资本的经济效益，善于利用拉力因素、重视工作环境、个人目标与组织目标一致、能满足层次需要与期望需求，都有助于高层次人才的引进。在此基础上，设计出《河南省民办高校高层次人才状况调查问卷》，问卷调查共分为四部分，共计 29 小题。第一部分为基本信息，共 3 小题，主要涉及职称、学历、在民办高校工作的时间；第二部分为职业取向性，共计 6 小题，主要涉及对学校工资待遇、人文关怀、学历进修等方面的调查；第三部分为职业发展，共计 9 小题，主要涉及职业发展、科研环境、发展空间、等方面；第四部分为高层次人才引进的工作情况，访问对象主要是学校的管理人员，共计 10 个小题，主要从高层次人才引进后的影响、民办高校吸引高层次人才的优势与劣势、制度方面的缺失、考核体系等方面，最后一题为开放题，列出三项民办高校留住高层次人才的措施。

（二）河南省民办高校高层次人才状况问卷调查结果分析

1. 基本信息

（1）您的职称是。

本次调查中，讲师人数 251 人，在调查人数中占比 71.5%；副教授人数 75 人，占比 21.38%；教授人数 25 人，占比 7.12%。

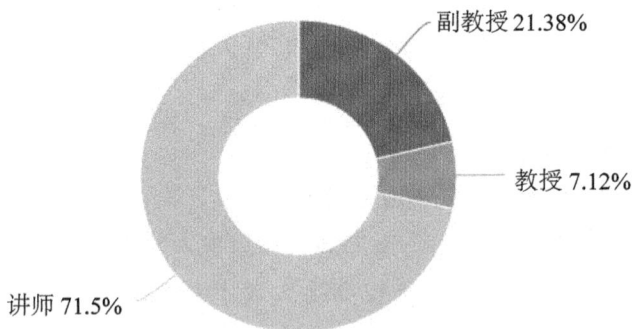

图4-3-1 调查对象职称比重情况

在调查对象中，讲师职称占了绝对比重，这说明民办高校师资队伍中讲师处于中坚力量，这与民办高校现实情况是对应的。民办高校教师多年轻化、教龄普遍较低，前几年多处于教学经验积累阶段，一般职称都不会太高，多以讲师为主。其次为副教授职称，这个阶段教师一般会有 10 年左右的教龄，无论是在教学还是科研等方面都积累了较为丰富的经验与成果，对自己的职业会有新的规划与追求，一旦评上职称多会面临着新的出路选择，所以会导致一部分高层次人才的流失。在调查中具有教授职称的教师，基本为公办高校的兼职教师或者退休被返聘的教师，民办高校自有的教授教师甚少。

（2）您的最高学历学位是。

在调查的 351 人中 306 人具有硕士学历，占调查比重的 87.18%。与公办高校相比，民办高校的任教资格要求较低，一般具有硕士学位即可。这就决定了民办高校教师的普遍年轻化群体，部分民办高校具有国际化的办学定位，开始注重具有留学经历的硕士研究生，国外学制一般比国内要短，这也是民办高校教师普遍年轻化的原因之一。也有个别老师会在任职期间进行学历的提升与进修，但毕业后继续留任的甚少。在调查中具有博士学位的研究生比例为 1.89%，人数非常少。所以从学历上来讲，民办高校高层次人才是比较紧缺的。

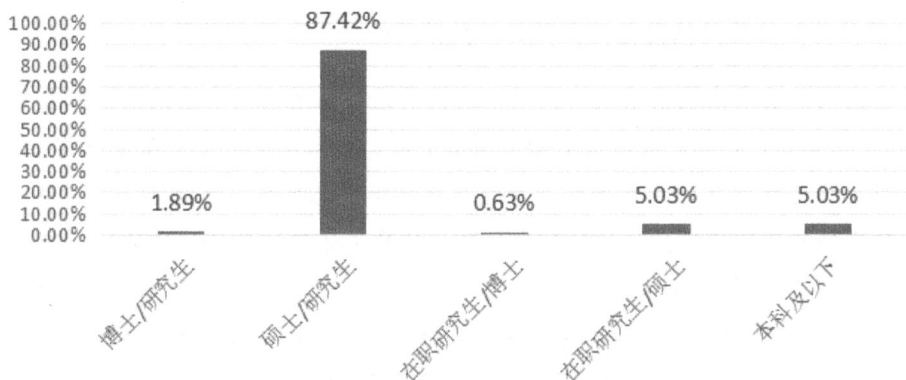

图4-3-2　最高学历学位情况

（3）您在民办高校工作时间为。

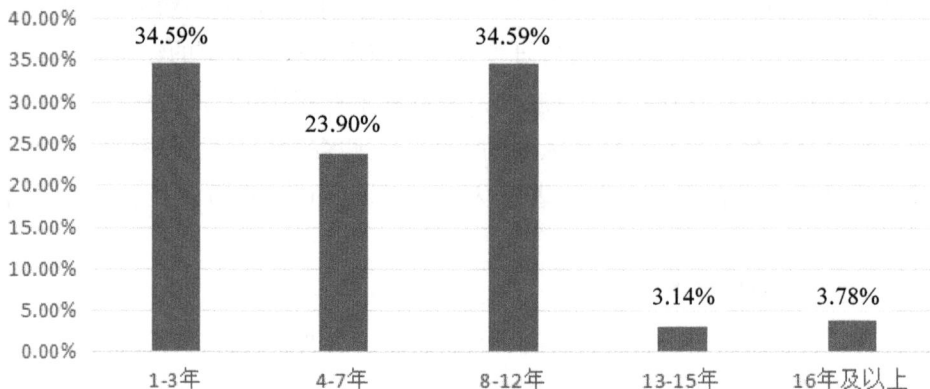

图4-3-3　在民办高校工作时间情况

在调研中，在民办高校工作时间低于12年的占了92.88%，人数为326人。低于7年的比例为58.49%，占了205人。工作时间在7年左右的教师多为讲师职称，年龄集中在30岁上下，这个时间段的老师处于积累成长阶段，是师资比较稳定的阶段。

2. 职业取向性

（1）我非常看重学校的工资待遇。

从调查结果来看，占比75.47%的教师是比较看重学校的工资待遇。河南省民办高校大部分起步比较晚，走的是以学养学的路子，在发展过程中遇到的最大障碍就是资金短缺，这就直接影响到教师的工资待遇。在房价、物价不断高涨的情况下，绝大部分教师身处于车贷、房贷、孩贷的境况。上有老下有小的中青年阶段，教师的工资待遇直接决定着其生活水平与生活指数。另一方面，工资待遇在一定程度上是每一位员工辛勤工作的体现，人生价值的标志。所以，超过3/4的教师都是比较看重工资待遇的。

完全不同意：1.89%

比较不同意：5.03%

中立意见：17.61%

完全同意：39.62%

比较同意：35.85%

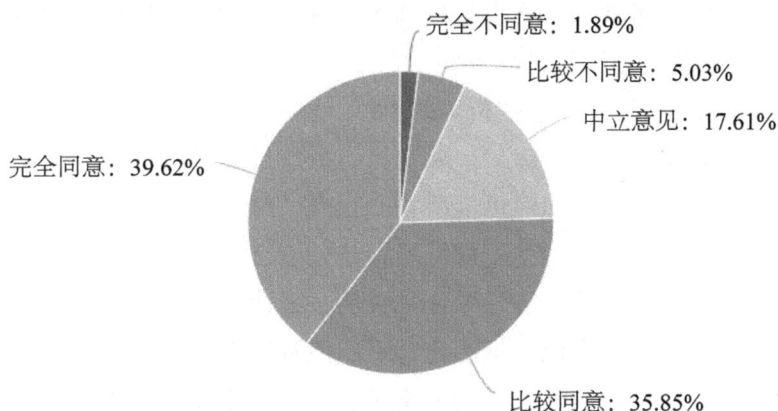

图4-3-4　反映学校工资待遇情况

（2）对学校目前的工资待遇很满意。

在民办高校，教师的工资主要由基本工资与超课时工资构成，其年终奖为1-2个月的年平均工资，五险一金缴纳的多是参考郑州市最低标准，科研经费及奖励标准也比较低。整体来说，民办高校教师工资构成比较简单，工资来源比较单一，教师与学校签订的是劳动合同，没有事业编制，这些都是民办教师待遇与公办院校无法比拟的。

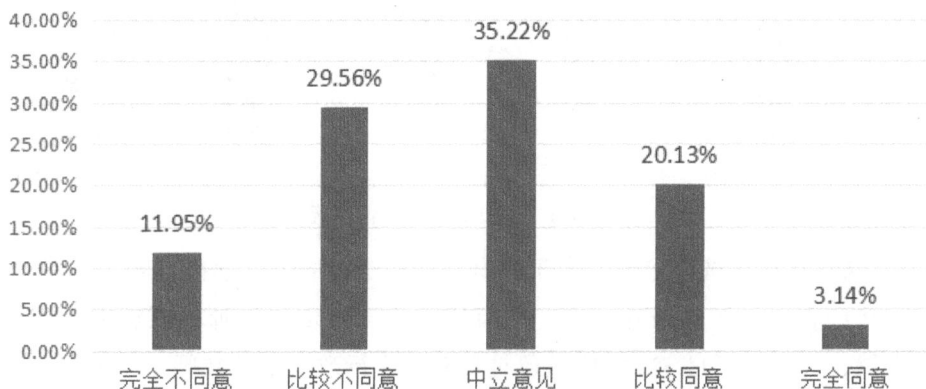

40.00%

35.00%

30.00%　　　　　　29.56%

25.00%

20.00%

15.00%

10.00%　11.95%

5.00%

0.00%
　　　完全不同意　比较不同意　中立意见　比较同意　完全同意

35.22%

20.13%

3.14%

图4-3-5　对学校目前工资待遇满意情况

民办高校教师待遇多与职称挂钩，大部分教师职称在讲师及以下，在教学任务比较繁重的情况下，教师平均每学期带2-3门课程，彻底地沦为教书匠，无暇顾及科研工作，加上缺乏有效的激励机制，所以，只有不足1/4

的教师对工资待遇满意，这也是教师产生师资流动、出现职业疲倦、高层次人才难以引进的重要原因。

（3）学校对我的人文关怀做得很好。

民办教师没有"铁饭碗"，因为与学校签订的是劳动合同，就难免会让老师产生打工心态，随时可能跳槽，出现"身在曹营心在汉"现象，缺乏归属感与安全感、认同感。根据马斯洛的五个需求层次理论，对于教师而言，待遇留人是基础，情感关怀是关键，事业认同是精神层面达到的最高境界。对于管理层来说，精细化管理、流程管理都比不上人性化管理，学校管理者要对教师投入更多的人文关怀，要基于教师的不同需求即事业前景、情感关怀、待遇提升等方面的管理设计，对老师多一些情感投入、人文关怀，才有可能留住人才，让每一个教师都全身心热爱学生，热爱学校，热爱教育，让每一个教师都干得舒心，做得有奔头。

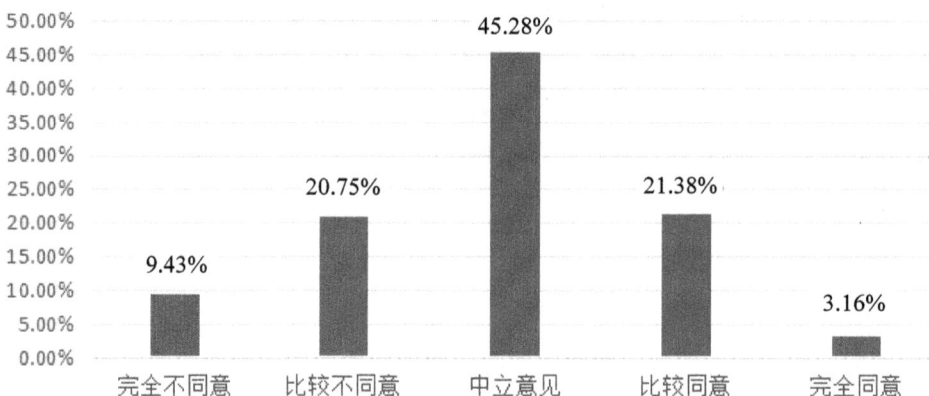

图4-3-6　学校的人文关怀情况

（4）在意愿选择上更倾向于去有硕士授予权的公办学校发展

在调查中，如果条件允许，仅有比重为4.41%的教师不愿意去公办学校发展，并且这不足5%的比重还是具有一定行政职位的教师。其主要原因在于民办高校与公办院校的差距所在。

社会地位与工资待遇不一样。公办高校教师作为高级知识分子，是自带光环的群体，是新知识、新文化的创造者，高级专业人才的培养者，学生身心发展的引导者，拥有稳定的工作，享受着国家的法定假期，是社会地位与公众认可度较高的职业。民办高校的教师工资由学校发放，其工资又决定于学生人数与工作量，因所在学校情况不同会有很大差距，工作量也不一样。民办高校的教师每学期周课时在 16 节左右，承担的课程在 2-3 门，还要义务性地承担一些教研室工作与学生学科竞赛，普遍会感觉到疲累。有些民办高校教师还承担着招生任务，心理压力也比较大。

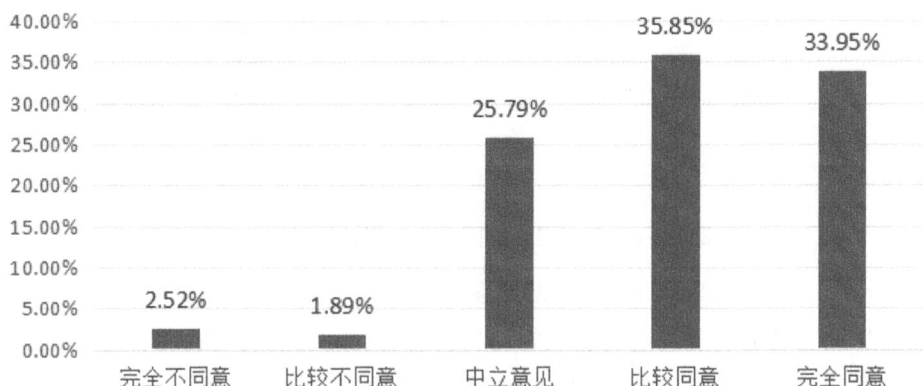

图4-3-7　意愿去公办学校发展的情况

归属感不一样。民办高校走的是以学养学的路子，如果招生不乐观，学校发展不好，就有可能需要另谋出路。相比公办，高校教师属于体制内，一般只要正常教书，可以工作到退休，并且退休后有更坚实的社会保障与经济保障。

发展环境不一样。民办高校教师因为工作量大，事务多，一般很少有进修和外出学习的机会；而公办高校的教师，有相对稳定的培训管理方式，可以通过多途径的培训与学习来提升自己，成长的环境与条件要优越很多。

（5）是否会考虑去同类民办高校发展。

从调查结果来看，将近 2/3 的教师不会考虑去同类民办高校发展。河南省除了黄河科技学院办学时间比较悠久之外，其他民办高校办学时间都较短，民办高校的管理方法与工资待遇相差不大，最根本的原因在于同类民办高校的性质属性是一样的。据被调查者反映，中途去同类民办高校发展，一是要接触新环境，一切从头开始，心理上需要有一个适应的过程；二是在同类院校不断跳槽会给人留下不稳定的印象，不利于个人长期发展；在工资各方面相差不大的情况下，个别教师会考虑学校管理方式的科学性与人性化。

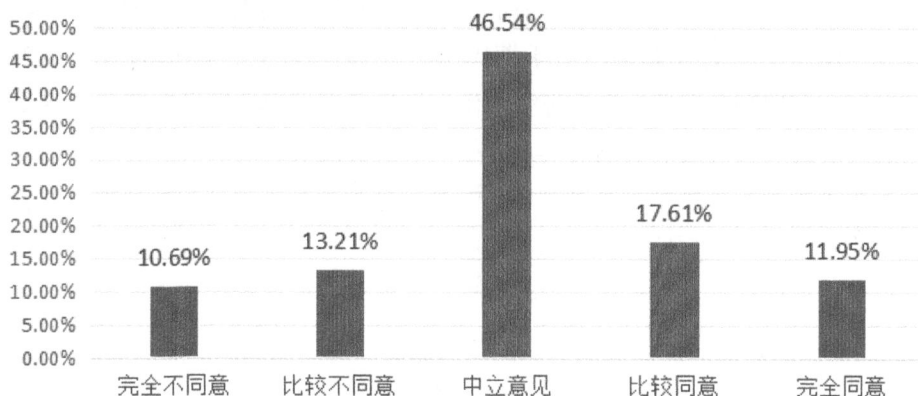

图4-3-8　考虑是否去同类民办高校发展的情况

（6）是否有强烈的学历进修愿望。

从调查结果来看，民办高校教师具有较强的学历进修欲望。据调查者反映，总结原因主要有：一是随着民办高校教育的快速发展，对师资水平提出了更高的要求，但师资质量距离教育部对高层次教师的总体要求还有一定的差距，尤其身处高校这个环境，感觉在学历上力不从心。二是部分教师对职业生涯规划的需求，拓展自我发展的空间需要。但现实情况是，民办高校多存在"重使用轻培养"现象，师资队伍的不稳定性以及培养后的大量流失是困扰民办高校吝惜于资金投入的重要原因。培训经费投入不足，难以满足广大教师进修的需求。培养体系不健全，培养方面没有建立起完善的制度与科学的规划体系。改变现状，树立"用养结合"的观念才能保证学校的长远发展。

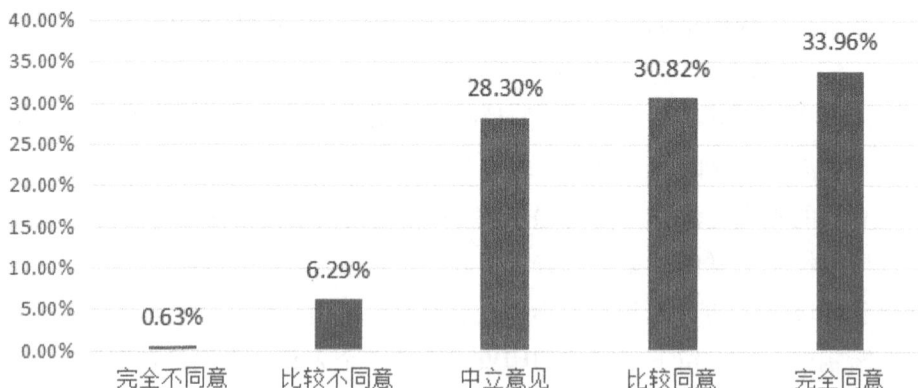

图4-3-9　学历进修愿望情况

3. 职业发展

（1）对自己的职业发展是否满意？

在调查中，明确表明对自己职业发展很满意的比重将近40%，占比不足一半。其群体主要集中在两大群体上，一是在工作中得过且过的教师群体。在民办高校教师群体中，少部分教师把这份职业看作可以平衡家庭与"有事干"的可有可无的一份工作，抱着"按时来上课，上完课立马走人"的工作心态，科研工作被忽略，科研水平停滞不前，消极怠工，对自己的职业没有规划与认知。另一群体主要为具有行政职务的教师，在工作中委以重任，得以历练，成长速度较快，对自己的职业发展有明确的规划。

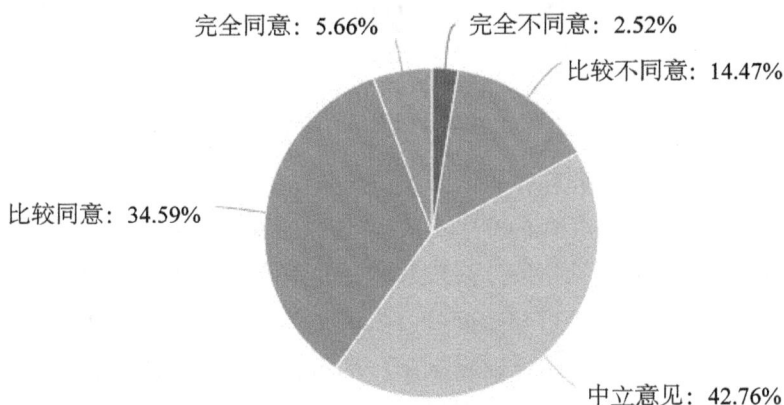

完全同意：5.66%　　完全不同意：2.52%　　比较不同意：14.47%　　比较同意：34.59%　　中立意见：42.76%

图4-3-10　对自己职业发展满意情况

（2）在科研上没有科研团队，全靠自己。

民办高校科研基本处于单枪匹马埋头钻研的境地，所组建的科研团队也是因为申报项目而临时组建的挂名团队，更没有实质性参与到课题中去，更缺少跨学科、跨专业的科研团队。44.66%比重的老师认为科研全靠自己，36.48%比重的老师保持中立意见。这是因为：一是民办高校主要以教学为主，教学工作量比较大，承担的义务性行政性工作比较多，使得民办高校教师无时间与精力投入科研，科研实力比较薄弱，科研氛围不浓厚。二是缺乏良好的引路人与科研环境。民办高校教师学历基本为硕士研究生，没有经过博士期间学术的历练，又缺乏资深学术教师的引领，其研究能力与研究视野受到限制。三是在我国高等教育研究体系中，民办高校并没有真正履行科学研究的职能，很多民办高校没有意识到科研的重要性，激励措施不得力，科研培训机会甚少。这都使得民办高校教师的科研能力无法得到提高，很少能够承接较高水平的科研项目。

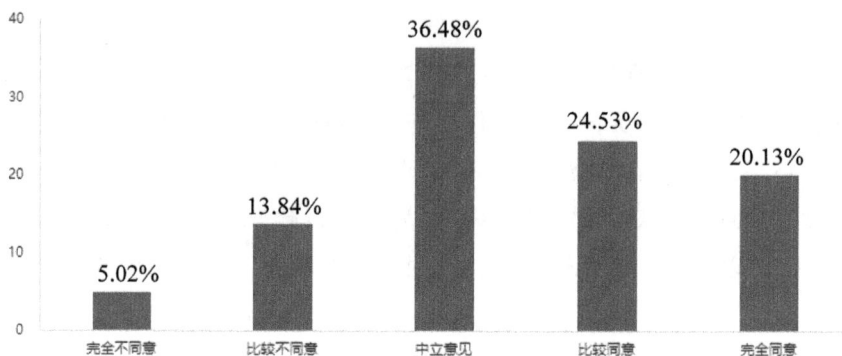

图4-3-11　科研上没有科研团队，全靠自己调查情况

（3）没有发展空间我会调离现在的学校。

从调查结果来看，占比 54.09% 的教师在没有发展空间的情况下会选择调离现在的学校。由此可见，民办高校教师还是有自己的职业规划与追求并希望学校能够提供一定的平台与空间的。据调查，多数教师在发展中不再满足于自身的生存需求，更希望能够得到学校的重视，有着强烈的提升专业职业的愿望，更希望学校能够提供学历进修的平台与费用。如果看不到发展前途，体会不到人生价值，就会等待时机调离现在的学校。所以，民办高校要留住优秀人才，势必要加大教师的培养力度，重视教师的发展空间，增强其职业满意度。

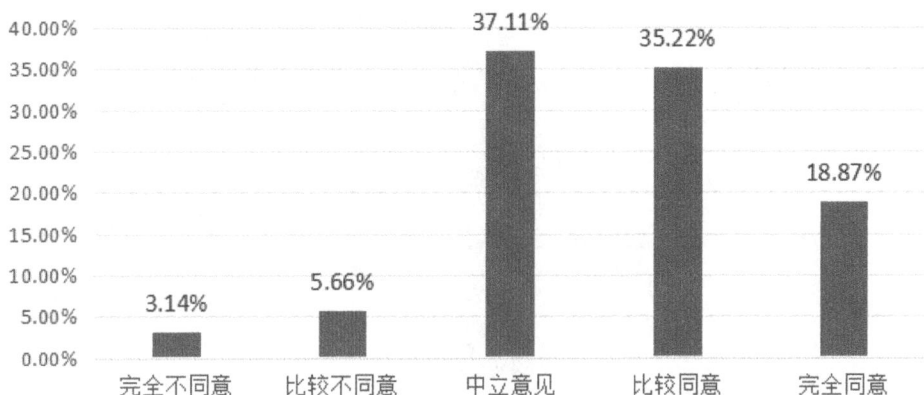

图4-3-12　感到没有发展空间会调离现在的学校调查情况

（4）学校给的科研启动经费太少。

民办高校的科研经费投入相对是非常少的，仅仅够满足最基本的科研支出。从外在条件来讲，民办高校所承担的省部级、国家级课题是很少的，自然所获得的科研经费就非常少。课题级别多集中在省、厅、市级别且基本为自筹经费。民办学校科研工作定位存在误区，特别是应用型高校一直在强调教学，科研工作得不到有效重视。科研经费报销流程繁杂、耗时，即使是赞助性的科研项目，经费使用自主权也得不到有效重视，缺乏有效的奖励措施，导致教师做科研的积极性受挫。教师人才的不断流失，伴随着科研力量的削弱，导致学校资金投入增大的担忧。对教师来讲，在民办高校教师做科研更多的是源于评职称的要求，评上职称后就失去了做科研的动力。还有一部分教师对科研存在误解，重教学轻科研，观念上存在误区。科研基础环境的不佳也导致了学校科研经费投入的不足。

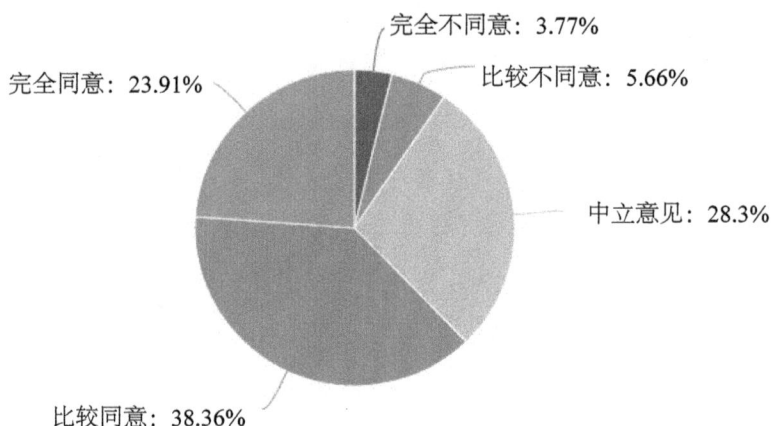

图4-3-13 学校投入的科研经费情况满意度

（5）我在学校有很好的发展空间。

在调查中，占据一半比重的教师持有中立意见。从大的环境方面来说，河南省作为人口大省与高考大省，民办高校教育仍拥有广阔的办学空间与潜在市场。从小的环境来说，民办高校相对于企业而言，工作负荷度较小，上班时间具有相对灵活性，并且在大学这个环境中，民办高校教师可以利用相对充裕的时间考博、培训等，或研究自己的专长，在个人目标与组织目标一致时，会有更高的职业满意度以及良好的体验。

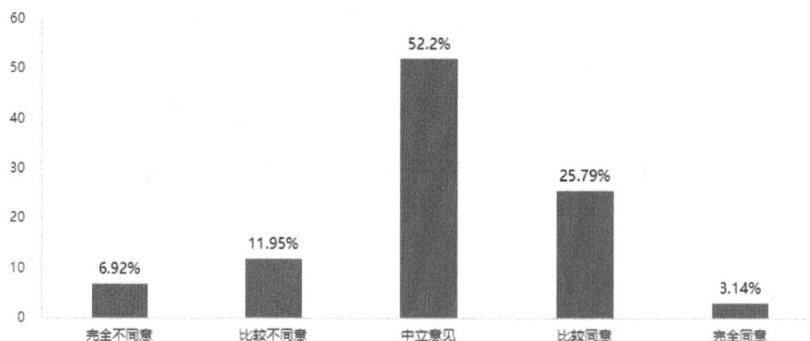

图4-3-14 在学校的发展空间情况

（6）学校非常重视我。

过半的老师对此题保持中立意见，22.01% 比重的教师认为学校比较重视自己，24.53% 比重的教师认为学校不重视自己。其原因主要体现在以下几个方面：一是民办高校的重大决策权主要集中在学校领导层，教师的参与度非常低，往往没有参与权与发言权，不管是否合理只能被动地接受学校的决定，学校的强势与教师的卑微形成鲜明对比。二是民办高校非常看重生源，往往存在重视学生看轻教师的现象，不公平的对待，导致教师产生失落感和挫败感，从而出现民办高校师资流失严重的现象。三是重视外聘教师轻视本校教师。民办高校聘请外聘教师更看重的是他们的职称给学校带来的口碑资源，外聘教师一般只负责到校上课，无须承担其他工作，并且工资待遇并不低；相对而言，专职教师的地位与待遇以及工作量都无法与之相比，从而导致教师情绪不满而影响教学质量。

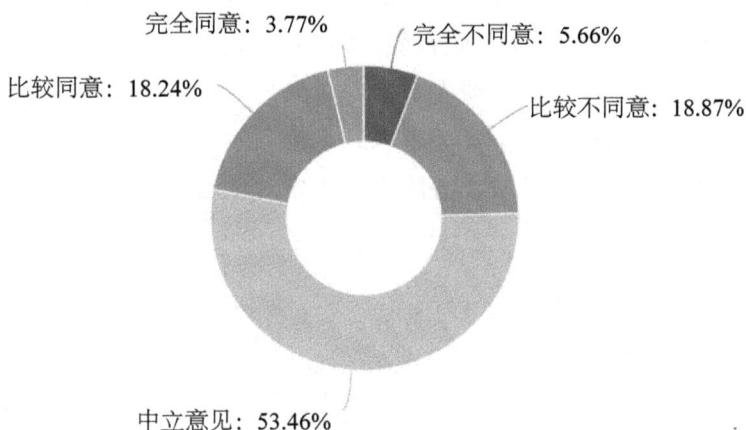

完全同意：3.77%　　　　完全不同意：5.66%

比较同意：18.24%　　　　　　　　　比较不同意：18.87%

中立意见：53.46%

图4-3-15　学校对自己的重视情况

（7）学校非常关心和支持我的职业发展。

在调查中占比 28.93% 的教师认为，学校是比较关心和支持自己职业发展的。对于高层次人才来说，人的可塑性很大，职业可塑性更大，教师作为特殊的群体，有着更高层次的职业成长需求。但目前民办高校对教师职业的关注度主要是职业保障而非职业成就，阻抑了高层次的精神需求；纯粹的聘用关系使职业的稳定性受到威胁，他们对职业的稳定性也有着更高的需求；教师没有机会和途径参与学校决策与管理，在创造发展机会上没有发言权，职业追求也受到限制；缺乏满足不同年龄段、职称、学历、学科的教师需求的激励措施。总的来说，民办高校对于教师职业发展的关注度要弱一些。

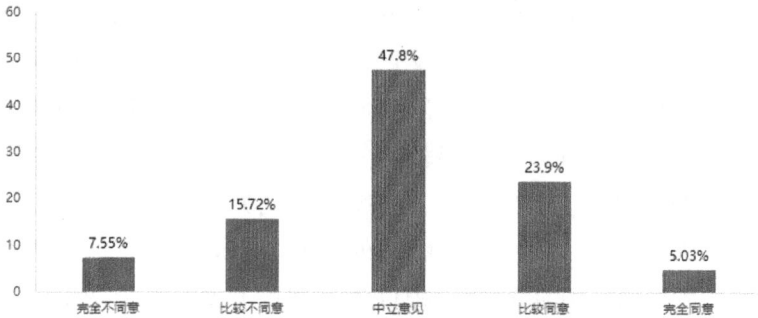

图4-3-16　学校关心和支持员工职业发展情况

（8）学校完全兑现了引进人才时的承诺。

关于此题将近50%的教师保持中立意见。在民办高校，教师引进制度是相对简单的，除了对博士或者有特殊背景的人员在招聘信息中涉及住房补贴、科研经费的资助、子女教育以及解决家属工作安排等，大部分教师的招聘信息中主要涉及工资、五险一金等常规项目，并且学校一般都会制定规章制度进行兑现。

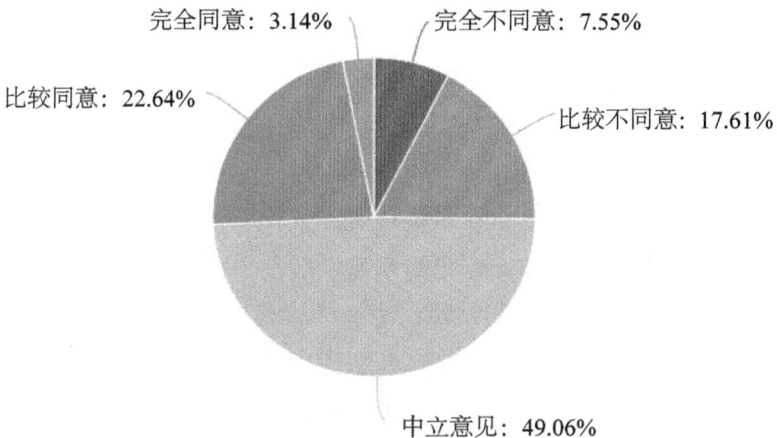

图4-3-17　学校兑现引进员工时的承诺情况

（9）我打算5年内继续在本单位工作。

在民办高校有两个时间段是师资流失的高峰期：一是刚毕业无职称教龄在3年以下的青年教师，流失的主要原因是工作心理压力大，工资待遇以及发展前景达到自己的预期，导致对学校的认同感、归属感较差，从而导致其离职；二是评上讲师或者副教授职称后会出现一个辞职的小高峰，这一群体经过3年或8年的职业沉淀，基本成为学校教师发展的中坚力量，有更高的职业规划。如果学校在教师职业发展或福利待遇等方面没有大的变动，教师一般离职后会去同类性质待遇较高的民办高校或者其他公办院校。

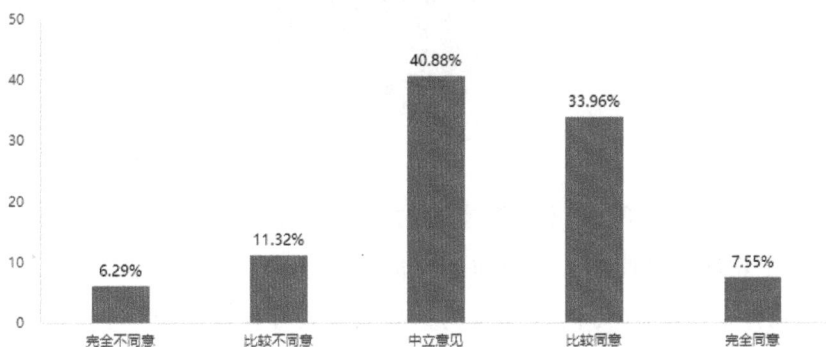

图4-3-18　是否打算5年内继续留在本单位情况

4. 高层次人才引进综合调查。

（1）您认为引进高层次人才是否能够激励学校现有师资？

3/4比重的教师认为，高层次人才的引进能够激励现有的师资。民办高校师资结构比较单一，认知水平差距不明显，常年不变的工作环境容易使教师产生职业倦怠，丧失竞争意识和危机感。安于现状的工作状态，严重影响到学校整体教学质量的提升。而高层次人才的引进会给现有师资注入新的血液。高层次人才的学历、科研水平、认知能力、学术思想都是原有师资中的教师望尘莫及的，在高层次人才群体的刺激下，差距与不甘会唤醒原有师资的奋斗动力与竞争意识，不断提升教学水平与科研能力，并且学校整体的教师结构会得以改善，知识交流与知识更新得以加速，教科研出成果概率得以提高，原有教师重拾信心，迸发工作热情，从而也有利于提高师资的整体稳定性。

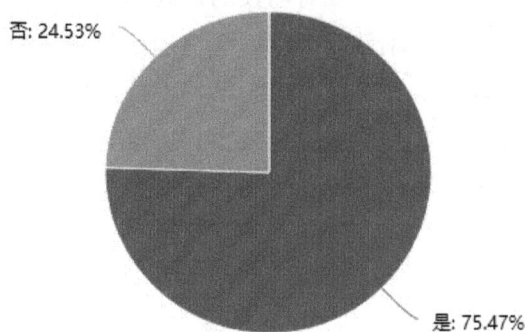

图4-3-19　引进高层次人才能否激励现有师资情况

（2）您认为高层次人才是否能够带动本校的发展？

在调查中，86.16% 的教师认为，高层次人才能够带动本校的发展。高等学校做好人才培养的关键环节和核心要点在于建设一支高素质、专业化的教师队伍，而高层次人才是教师队伍中的关键群体，他们既是教学的骨干、学术的领头鹰、又是教师学习的奋斗目标。具体体现在以下方面：一是可以带动数量与质量并重的学术生产，有扎实的科研团队，拓展学术的研究方向与领域。二是加快学科的发展。高层次人才所组建的团队在营造学术氛围、加强学科建设、提高学校知名度、优化教师结构、全面提升师资质量中发挥着重要作用。

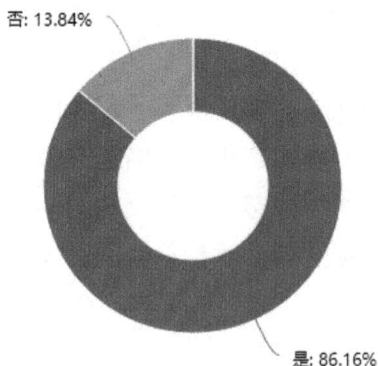

图4-3-20　引进高层次人才能否带动本校发展情况

（3）您认为高层次人才的流失是否会对本校造成一定的影响？

据调查，将近87%的教师认为，高层次人才的流失会对本校造成一定的影响。首先会影响到民办高校的师资结构，高层次人才一般都具有较高的学历或者较高的职称，教育背景以及科研能力都比较强大，他们的流失会导致学校的师资结构、职称、学历、年龄等方面发生变化。其次，会影响到学校的科研质量。高层次人才一般都承担着科研方面的重要职位、比较重大的课题或者项目的开展，一旦流失就会导致一些课题项目无法按时结项，正常的教学计划以及科研项目的开展都会受到影响。再次，高层次人才的流失不利于稳固现有师资结构。民办高校本来就存在师资不稳定的现状，高层次人才的流失更易引起大家的关注，他们的离职会使现有教师产生心理波动，既会产生羡慕心理又会对学校的管理方式以及未来发展前景提出质疑，对学校的安全感也会产生动摇。最后，高层次人才的流失同样会给后期高层次人才的引进工作增加难度。

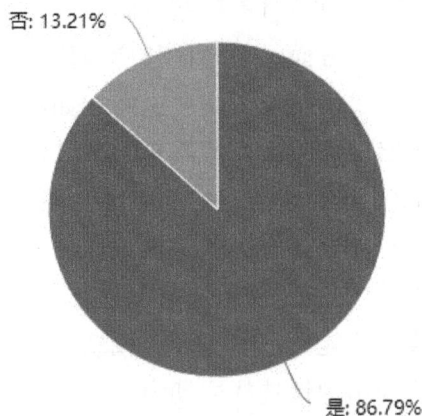

否: 13.21%

是: 86.79%

图4-3-21 高层次人才流失影响比例图

（4）您认为是否有必要制定一套高层次人才考核与绩效体系？

在调查中，将近86%的教师认为，制定一套高层次人才考核与绩效体系非常有必要，并且认为绩效考核标准的制定对绩效考评的有效性影响比较大。考评的标准要合理，不仅要包含教学工作量、科研数量、专业竞赛等可以量化的指标，也要包含政治素养、课程思政、教学效果等难以量化的定性指标。不仅要对高层次个人进行量化还要对其科研团队、教学团队等进行团队考核。考核指标的制定既要包括常规项目的考核，又要具有一定的挑战性；既能让高层次人才产生忧患意识，又能激发教师队伍的竞争意识。

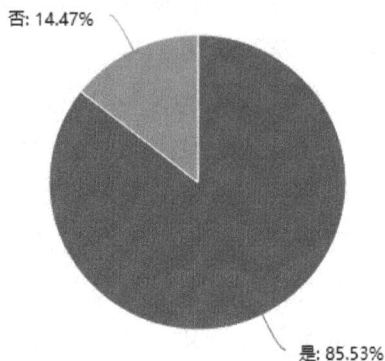

否: 14.47%

是: 85.53%

图4-3-22 建立考核体系比例图

（5）您认为目前高层次人才有哪些方面的需求？

在高层次人才的需求方面，薪酬福利待遇位居第一。这种想法与传统人才引进注只重物质需求，忽视了高层次需求如出一辙。货币形式的收入固然重要，但作为高层次人才，他们需要的不仅仅是满足低层次的物质需要，给予基本的生活条件之外，更好的职业发展平台以及精神鼓励更重要。由于重视物质需要，忽视更高层次的需求，导致不少民办高校纵然高薪聘请，却难寻觅合适人才。只有重视他们的事业发展，并提供一个发展平台，充分实现其自我价值，才能让他们找到存在感，获得成就感。地方高校也要提升对高层次人才的精神性选择内动力，创造自身特色优势，打造扎实又富有人性化的精神福利体系，让他们看到一个更有希望的前途，才能打造出真正留住他们甘愿扎根在民办高校发展的根基。

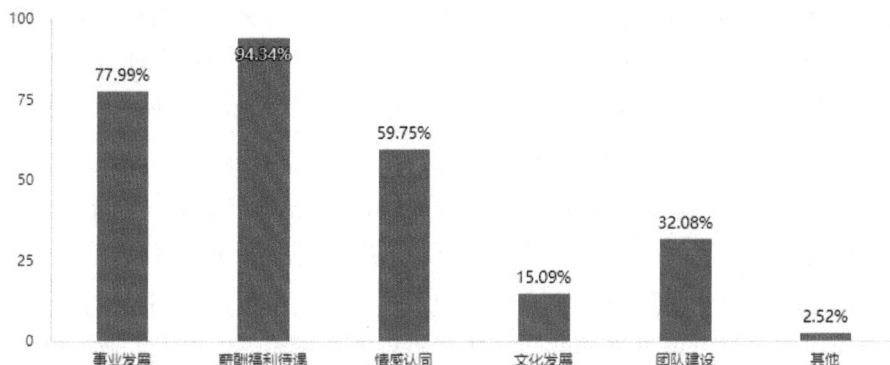

图4-3-23　高层次人才需求比例图

（6）您所在学校吸引人才的主要优势有哪些？

被调研者认为，地域优势是吸引高层次人才的首要因素。郑州作为河南省会、中原城市群核心城市，国务院批复确定的中国中部地区重要的中心城市、国家重要的综合交通枢纽，目前正跻身国家新一线城市行列，作为国家中心城市的吸引力和辐射力逐步增强。由于河南省民办高校的整体质量还有需要提升的空间，省会城市在经济、科技、教育、文化、发展机会等方面的优势基本高于省内其他地区，对于多数人来讲，一般都会选择来省会城市发展。

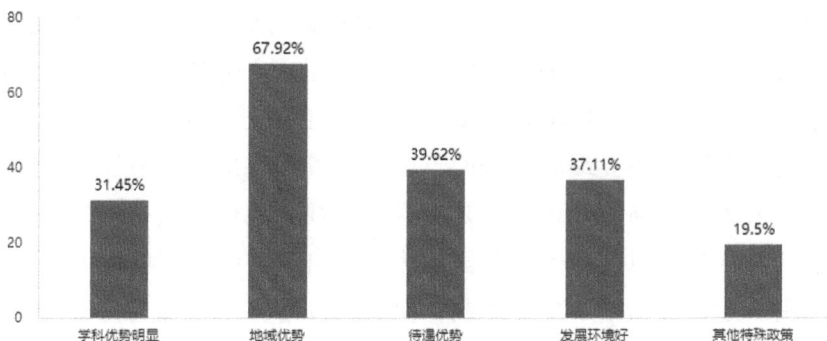

图4-3-24　学校吸引人才优势比例图

每个民办高校都有自身的特色专业，如黄河科技学院机械材料、信息工程、药学专业；郑州升达经贸管理学院会计学、国际经济与贸易、财务管理专业；郑州西亚斯学院国际经济与贸易、英语、自动化专业等；郑州财经学院投资学、物流管理、会计学专业；中原科技学院机械设计制造及自动化、学前教育学专业；郑州商学院会计学、商务英语、工商管理专业。这些特色专业是学校里最具有生命力、发展稳定、市场前景广阔的专业，专业配置力量较强，集聚了一流的师资、拥有先进的教学设备和条件等。通过以特色专业彰显办学特色，以办学特色显现学校品牌，这是高层次人才在调查这所学校发展情况时关注的一点，也是相对容易引进高层次人才的原因。

民办高校由于受到自身实力发展的影响，加上多数民办高校对高层次人才后期的培养与发展重视不够，一般主要靠简单"粗暴"型的待遇来吸引人才，缺乏针对性的长期留人机制，这也给后期高层次人才的流失埋下了隐患。从整体情况来看，民办高校发展环境还是比较一般的，整体师资力量、科研氛围与科研能力、学生质量、创新能力、发展平台都是需要提升与加强的。

（7）你所在学校吸引人才的劣势包括哪些？

在调研中，待遇不高以及无法解决事业编制、学校层次不高是民办高校在引进高层次人才中的主要障碍。民办高校无财政支持，走的是以学养学的路子，整体来看，民办高校的福利待遇无法与公办高校教师、企事业单位比拟。尤其是五险一金的缴纳标准仍是参照一般企业标准，按照地区的最低标准缴纳，这不仅让民办高校教师的物质基础处于较低端的位置，退休之后后续保障也难以维系。另一方面，民办高校的效益直接受到生源的影响，生源没保障，工资也就等于没有保障，所以民办高校教师普遍缺乏安全感。另一个长期棘手的问题是编制问题，这是众多民办高校教师身份的尴尬之处，也是长期困扰这个群体活得有地位有尊严的阻碍点。工资本身不高加上没有事业编制仅这两点就让大量高层次人才避而远之。再加上高层次人才都是高级知识分子是有身份有社会地位的，很多教师进入民办高校会自认为是自降身价，甚至认为是在自毁前程。有些民办高校为了能够吸引人才，许诺给予事业编制，但又难以落实，教师也就难以树立对民办高校的信任。

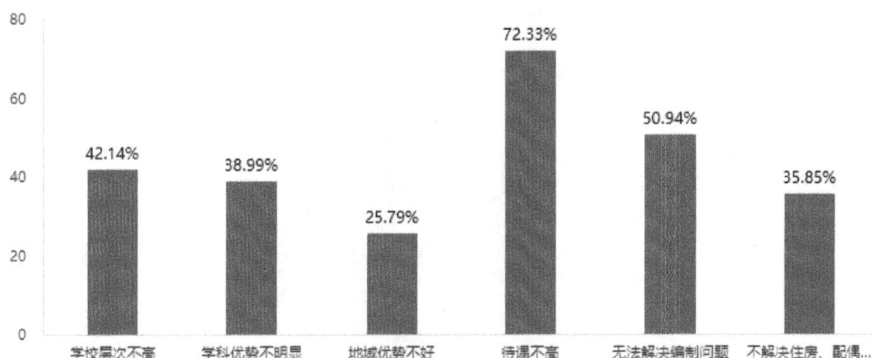

图4-3-25　学校吸引人才劣势比例图

（8）您认为学校缺少什么类型的高层次人才？

在调研中，教师普遍认为民办高校最缺乏科研学术型高层次人才。在民办高校发展过程中，无论是教学方法的改革、科学技术的研究、良好的校园文化氛围都离不开科研工作的支撑。但由于民办高校建校时间较短，一些民办高校仍处于规模扩张阶段，对科研工作认识不到位，起步较晚，整体科研意识比较淡薄。民办高校教师的学历多以硕士为主，教师年龄与教龄普遍年轻化，科研的素质与能力欠缺，承担的多是级别不高的课题，缺乏有深远影响的科研成果，整体的科研质量不高。中青年教师是民办高校的中坚力量，无论是在教学、科研方面都起着支撑作用，但这一群体的流动性也比较强，尤其是评上副教授、教授职称的教师，在福利待遇没有大幅改观的状况下，不再满足于现状，就会选择离职。这一群体的流失无形中使民办高校的科研工作雪上加霜。民办高校的整体科研经费投入不足，科研基础条件比较差，甚至有些民办高校连基本的数据库都没有，科研工作完全靠教师自觉进行，缺乏科研经费，没有强而有力的科研团队，缺乏科研带头人的指导。在这种科研基础下，只能申请到市级、厅级以及少量的省级课题，国家级课题基本上申请不到。

多证书类：12.58%

实践理论相结合类：62.26%

科研学术类：87.42%

教学类：32.08%

管理类：38.99%

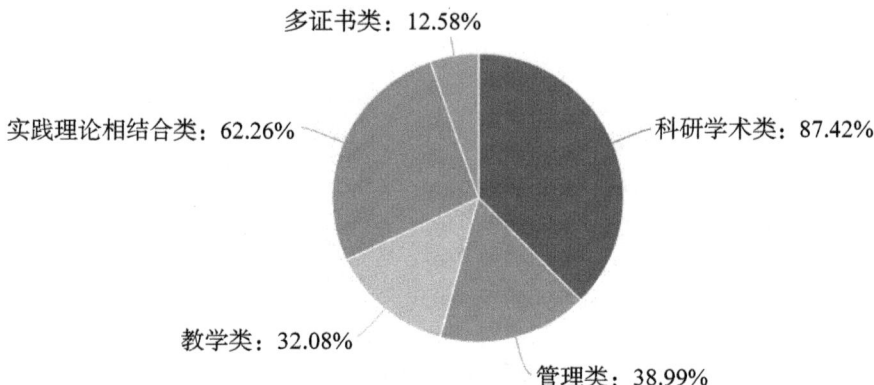

图4-3-26　缺少高层次人才类型比例图

理论与实践相结合的高层次人才，除了具有较高的文化知识，还要求其有丰富的实践经验，其主要来自具有在企业行业多年工作经验的人群。这部分人群一般都在企业承担着比较重要的工作，待遇丰厚，晋升机会比较大，这与民办高校工作形成鲜明对比，各方面的差距也比较大，这一群体是比较稀缺珍贵的。另一方面，民办高校教师主要来自高校应届毕业生，基本没有在企业工作的经历，个别有一两年企业工作经验的教师基本没接触到核心业务，所以谈不上真正的双师型人才，理论实践型高层次人才是民办高校所期望的。

（9）您认为本校在人才引进方面还存在哪些问题?

针对民办高校而言，教师普遍认为学校自身条件缺乏吸引力，缺乏对人才引进的后劲培养、人才引进政策有缺陷等方面存在问题比较突出。这也是民办高校存在的共性问题，民办高校从性质上不属于事业单位，但又不同于单纯以营利性为目的的一般企业单位，其身份本来就比较尴尬，无国家的财政支撑在一定程度上就限制了其发展，自身条件又难以有足够的吸引力。目前民办高校在发布的高层次人才招聘信息上内容过于简单，模糊不清，无法引起大家的关注与好奇心。人才引进来之后仅为满足一时之需，对后期人才的培养更无计划性与具体的措施，导致人力资源的闲置与浪费，高层次人才不被重用，找不到实现自身价值的归属感，久而久之，就会导致高层次人才看不到未来的发展方向而另寻他家。此外，民办高校重学历轻能力；重物质轻精神与事业激励，缺乏科学合理公正的考核评价体系等因素也是存在高层次人才引进方面不可忽视的问题。

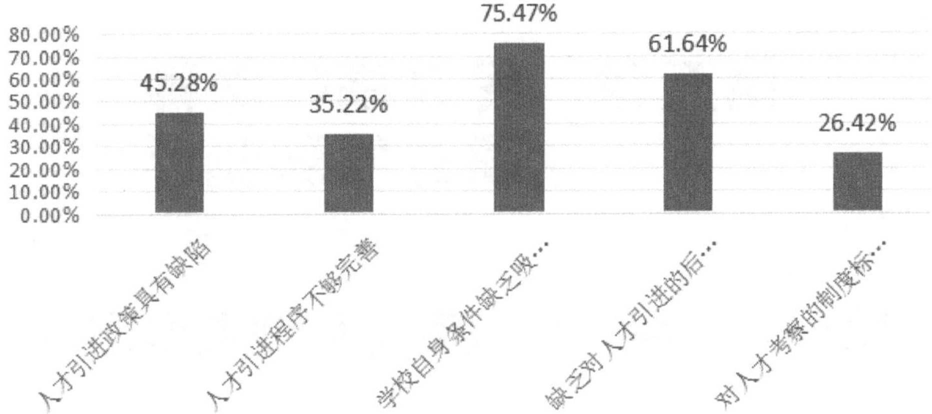

图4-3-27　高校存在问题比例图

（10）请您列举出三项留住高层次人才的措施。

这是一道开放题，大家普遍认为提升待遇、关注发展、加强关怀是留住高层次人才占比较高的三项。这也是民办高校在引进高层次人才过程中遇到的共性问题，也是民办高校教师的心声。教师的需求是民办高校存在的短板也是民办高校重点关注的方向，民办高校无论是从外引进人才还是通过内培都应该关注到民办高校教师的真实需求，持续关注教师的动向需求，并将此作为提升教师质量、稳定师资的具体举措。

图4-3-28　留住高层次人才比例图

第五章 民办高校教师职业发展测评

第一节 民办高校教师职业发展测评

民办高校教师作为民办高校师资力量的中坚力量，其职业发展是影响学校教育教学质量的重要因素。教师经过长时间的历练已经在学校站稳了脚跟，取得了一定的成绩，但也进入了一个缓慢发展期，职业发展上难以有新的突破，职业瓶颈期随之而来，也让教师产生了强烈的挫败感，工作热情日益消退。笔者作为民办高校教师队伍中的一员，也深切感到陷入职业发展困境的痛苦，为了能够更加客观地反映河南民办高校教师职业发展困境的现状，本研究选取重点民办高校发放问卷并进行深度访谈，深入剖析引起职业发展困境的原因，为学校更深入了解教师工作状态、发展诉求、职业愿景等，为缓解高校教师职业发展困境提供可借鉴的思路。

一、研究设计

本研究主要研究对象是民办高校中年专任教师，调查的主要内容是教师职业发展困境状况，设计出《民办高校教师职业发展问卷调查》，问卷调查主要从教师职业发展现状、职业发展困境、职业发展困境解决措施三部分展开，详见表5-1-1。为保证调查内容的真实性与深度，在此基础上设计了《民办高校教师职业发展困境访谈纲要》。其中，职业发展现状共涉及9个小题，职业发展困境共涉及9个小题，解决措施共涉及5个小题。访谈纲要重点涉及10个问题，详见表5-1-2。

表5-1-1 调查问卷结构表

调查内容	调查问题
一、民办高校教师职业 发展现状	1. 您是否有明确的职业发展规划
	2. 您个人职业发展目标是什么
	3. 你对教师这个职业的态度和认识是什么
	4. 学校是否为您作过职业生涯规划
	5. 学校是否提供教师学习环境和基础设施
	6. 您曾经参加过哪个级别的师资培训
	7. 您大约多久进行一次学习进修
	8. 你觉得现在处于什么心理状态
	9. 您觉得自己的实践教学能否满足专业发展需要吗
二、民办高校教师职业 发展困境	1. 您认为您存在职业发展困境吗
	2. 您常有学习进修的想法吗
	3. 您获得过高质量的培训机会吗
	4. 您在教师职业发展中最缺乏的学习内容是什么
	5. 如果你感到工作有压力，那么压力主要来源于什么
	6. 您认为造成职业发展困境的自身原因是什么
	7. 您认为造成职业发展困境的客观原因有哪些
	8. 当前您面临职业发展最大的困境有什么
	9. 您认为影响教师参加师资培训的原因有哪些
三、职业发展困境解决 措施	1. 您在面对自身职业发展的困境时主要是通过什么方式解决？
	2. 您希望学校在哪些方面提供机会或条件
	3. 您认为，促进教师专业成长的最有利形式是什么
	4. 结合自身情况，您认为现如今有效解决自身职业发展困境 的最有效措施有哪些
	5. 你希望多久进行一次学习进修？

表5-1-2 访谈对象情况统计表

对象	性别	年龄	部门/职务	学历	职称	工作年限
教师A1	女	48	专任教师	硕士研究生	教授	22
教师A2	女	46	专任教师	硕士研究生	教授	20
教师B1	男	41	专任教师	硕士研究生	副教授	16
教师B2	女	47	专任教师	硕士研究生	副教授	21
教师C1	女	42	专任教师	硕士研究生	副教授	16
教师C2	女	45	专任教师	硕士研究生	副教授	17
教师D1	男	43	专任教师	博士研究生	副教授	15
教师D2	女	46	专任教师	硕士研究生	副教授	5

对象	性别	年龄	部门／职务	学历	职称	工作年限
教师 E1	女	40	专任教师	硕士研究生	副教授	2
教师 E2	女	44	专任教师	硕士研究生	教授	25
教师 F1	男	42	专任教师	硕士研究生	副教授	23
教师 F2	女	49	专任教授	硕士研究生	教授	23
教师 G1	女	41	专任教师	硕士研究生	副教授	6
教师 G2	女	40	专任教师	硕士研究生	副教授	12
教师 H1	男	47	专任教师	硕士研究生	教授	20
教师 H2	女	43	专任教师	硕士研究生	副教授	15

为提高调查的质量与科学性，综合考虑到河南地区民办高校发展背景的相似性、办学层次，选取中原科技学院、商丘学院、郑州升达经贸管理学院、黄河科技学院、郑州科技学院、河南开封科技传媒学院、郑州商学院、郑州工商学院共计八所民办高校200名在职教师作为研究样本。为把握实际情况，每校中选择出2名教师进行深度访谈，共计16名教师，为使访谈内容达到良好效果，遵守受访者访谈内容的保密性，现将受访者信息匿名处理。

一是民办高校教师职业发展现状。

教师职业发展现状可以通过精神状态、心理状态、身体状态甚至表情状态等表现出来。本部分通过了解教师职业发展目标、对职业的态度与认知、师资培训级别、学习进修次数等指标了解民办高校教师职业发展现状。

二是民办高校教师职业发展困境。

民办高校教师产生职业发展困境的原因受到民办高校教育制度、学校组织环境、教师个人进取心、学生质量等多因素的影响。本研究通过问卷调查以及深度访谈，较准确地、贴近实际地把握教师在职业发展中面临的困境及成因，从急需提升与进修的学历危机、教师能力不足的专业危机、亚健康的身体危机、职业疲倦现象不断增强的倦怠危机等方面分析当前民办高校教师产生职业发展困境的原因。

三是职业发展困境解决措施。

本研究以关注教师职业发展为出发点，以缓解民办高校教师职业发展困境为目标，重点通过学校组织管理和教师自身发展相结合的视角，从构建学校教师命运共同体、搭建职业发展平台、完善教师培训体系、提升教师自我学习意识等方面，探讨缓解民办高校教师职业发展困境的有效措施。

二、河南民办高校教师职业发展困境整体状况分析

1. 民办高校教师职业发展现状

（1）您是否有明确的职业发展规划？

教师作为以人育人的职业，要求教师具有明确的职业发展规划，这不仅是教育事业发展的需要，也是实现个人价值的需要。据调研，77%比重的教师具有明确的职业发展规划。从职业情感上来说比较热衷教师职业，能够在充分认识教育意义的基础上，具有终身进修的意识观念和终身学习能力，强化精神追求，能够在职业发展中不断完善自我。23%比重的教师不清晰职业发展规划，社会责任感与使命感比较弱，也不能很好地实现个人价值。

您是否有明确的职业发展规划？ [单选题]

选项 ⇕	小计 ⇕	比例	
有	154		77%
否	46		23%
本题有效填写人次	**200**		

图5-1-1 职业发展规划比例图

（2）您个人职业发展目标是什么？

古人云：志不定，天下无可成之事。职业目标明确了努力方向，寻找到适合自己的生存与发展空间，并按照目标不断约束自己、鞭策自己、激励自己，从而产生一种自我激励、自我约束的效应，养成持之以恒、战胜困难的坚韧性格，最终实现自己的人生目标。据调研，98%比重的教师都具有个人的职业发展目标，其中41.5%比重的教师希望成为专业学术过硬的骨干教师，21.5%比重的教师希望成为能力较强的学科带头人，18%比重的教师希望成为能够胜任本职工作的普通教师，17%比重的教师希望成为经验丰富行政管理人员。这些说明多数教师是不甘于平庸的，都希望在职业发展中有所成就。

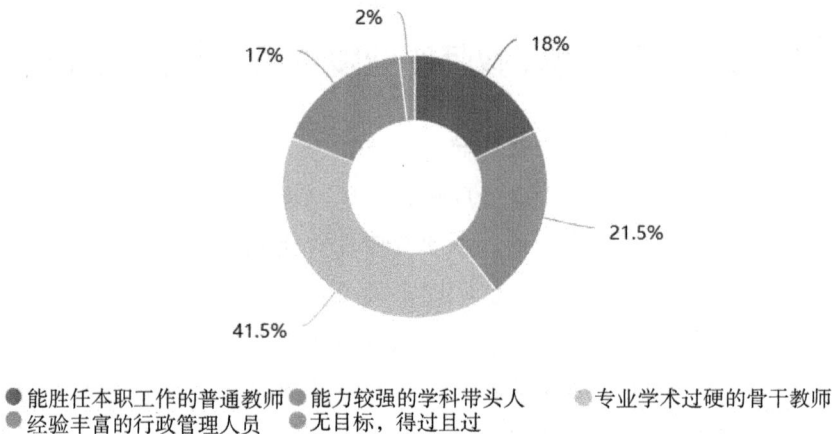

● 能胜任本职工作的普通教师 ● 能力较强的学科带头人　　● 专业学术过硬的骨干教师
● 经验丰富的行政管理人员　 ● 无目标，得过且过

图5-1-2　职业发展目标比例图

（3）你对教师这个职业的态度和认识是什么？

《中华人民共和国教师法》明确规定："教师是履行教育职责的专业人员，承担教书育人，培养社会主义事业建设者和接班人，提高民族素质的使命，教师应当忠诚于人民的教育事业。"教师是人类灵魂的工程师，是一个用心付出，用爱教育，与时俱进的职业，具有启智、导航、树人、育英的伟大使命。据调查，51%比重的受访者对教师职业十分热爱，自我要求高，作为一种事业来追求而并非谋生的手段，44%比重的受访者认为教师职业是自己比较喜欢的，是适合自己的。这说明教师有对本职工作的热爱、自豪感、使命感，更希望以对事业的追求、对工作的热爱能够体会到工作的快乐，在快乐的工作中得以成长。

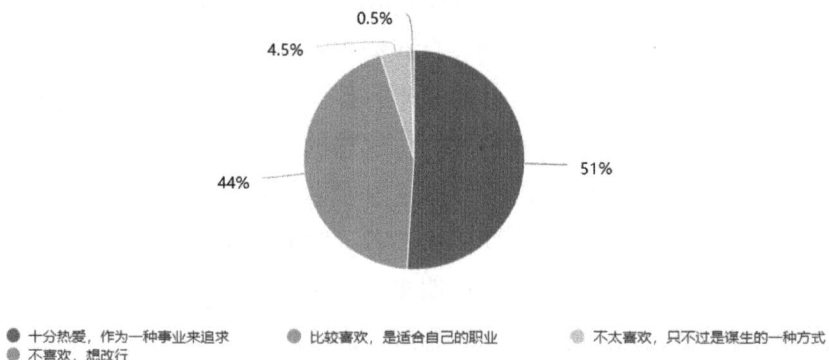

● 十分热爱，作为一种事业来追求　　● 比较喜欢，是适合自己的职业　　● 不太喜欢，只不过是谋生的一种方式
● 不喜欢，想改行

图5-1-3　职业态度与认知比例图

（4）学校是否为您做过职业生涯规划？

教师的职业生涯规划是对教师职业发展各个方面进行的设想和规划，它是一个系统的思考。教师步调规划、工作相对稳定、处事不惊，但教师自身的生涯规划多是通过摸索、虚拟勾勒的蓝图，缺乏整体、宏观和微观的具体设计。单位通过建立针对教师不同阶段的职业生涯规划，建立跟踪发展制度，从而增强其对学校的归属感和凝聚力，实现教师与学校的共同发展。教师是最容易被忽略的一个群体，在中年阶段如何挖掘其潜能达到最大可能性也是在职业生涯发展研究中的重要课题。据调研，学校在这方面做的工作还是比较欠缺的，57.5% 比重的教师所在学校未作过职业发展规划。组织上的不重视不仅会造成教师与学校发展目标上的分化与隔阂，也导致了师资队伍的流失，加大了组织对人力资源开发成本的投入。

第4题：学校是否为您做过职业生涯规划？ [单选题]

选项	小计	比例	
是	85		42.5%
否	115		57.5%
本题有效填写人次	200		

图5-1-4 职业发展规划比例图

（5）学校是否提供教师学习环境和基础设施？

学校是传道授业的场所，是教师工作的主阵地，良好的学习环境与基础设施是教学、实践活动的物质基础，是教师开展各项工作的基础平台。舒适、方便、卫生、安全、高效的工作环境，不仅有利于提高教师工作效能，提升教师幸福感，最终有利于提升学校教育质量。随着民办高校内涵式建设，学校加大了对教师的人文关怀，教师对学校所提供的硬环境建设满意度还是比较高的。但在进一步的访谈中也了解到，学校的软环境建设还存在一定的差距，比如电子数字资源平台是很多民办高校不具有的，这为教师科研与教学数据库资料的查询带来了难度。

选项 ≑	小计 ≑	比例
非常好	35	17.5%
好	79	39.5%
一般	70	35%
差	10	5%
非常差	6	3%
本题有效填写人次	200	

图5-1-5　学校提供教师学习环境和基础设施情况比例图

（6）您曾经参加过哪个级别的师资培训？

师资培训是一项全局性、战略性的系统工程，是提高教师素质、保证教师与时俱进的重要途径，是保证教师保持蓬勃向上、不断开发潜力、进取向上的最佳方式之一。教师面对知识更新速度慢、教学技能欠缺，理论与实践脱离等方面的挑战，对科研工作望而生畏，对教学改革存在畏惧心理，专业发展上已经步入迷茫期与困顿期，迫切需要通过师资培训进一步挖掘内在潜力，以适应时代发展的需求。据调研，学校对教师存在只重使用不重培训的情况，参加过省级及以上师资培训的比重仅占37.5%，占一半的比重仅参加过本校师资培训。由此可见，众多学校存在对教师可持续成长关注不够甚至忽视的现状。

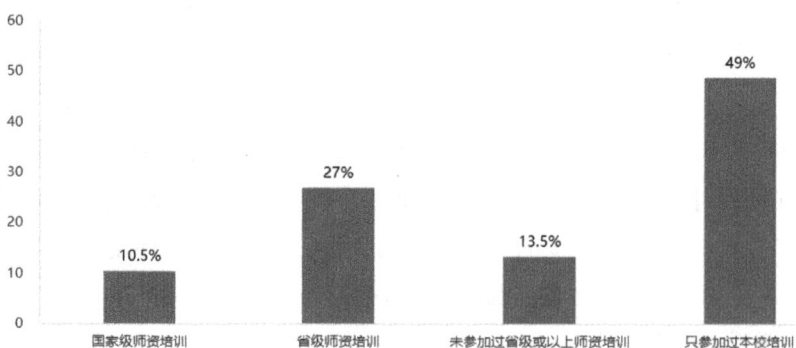

图5-1-6　师资培训级别比例图

（7）您大约多久进行一次学习进修？

面对新知识与新技术对教育职业的挑战，一次性教育与一张文凭走天下的时代一去不复返，终身教育已悄然兴起。师资进修已经成为提升教师综合素质的重要途径。对于教师而言，学习进修的时间多集中在寒暑假，每学期进行一次学习的比重为31%，主要通过大学慕课、或者学校临时开通的线上名师教学等线上资源进行自主学习，对于国家或省教育部门组织的一些师资培训项目给予民办高校的名额非常少，又有年龄上的限制，教师基本无缘参与，导致民办高校教师接受外界高端培训的机会非常少。

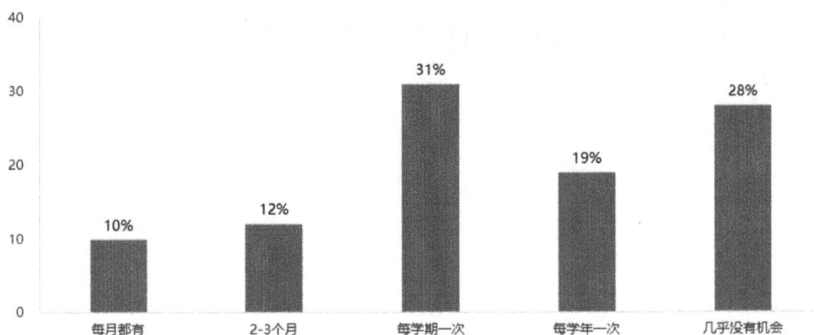

图5-1-7　进修时间比例图

（8）你觉得现在处于什么心理状态？

处于职业发展中期的教师一般都会经历职业发展停滞期与高原期，产生强烈的挫败感，对未来缺乏信心，与此同时情绪上会出现易发怒、暴躁、苦闷的表现，身心出现疲惫不堪、萎靡不振、体力不支等情况。据调研，59%比重的教师感到焦虑不安、单调乏味、机械性地工作，已经比较明显地表现出职业倦怠的现象，教育事业拼搏的劲头日渐被消耗掉，处于不甘于安于现状又无力突破的矛盾状态。

选项	小计	比例	
激情澎湃，觉得每天都很有动力	82		41%
焦虑不安，很多工作要做却迟迟没动笔	75		37.5%
单调乏味，觉得每天都是浑浑噩噩	15		7.5%
安稳度日，每天机械地重复工作	28		14%
本题有效填写人次	200		

图5-1-8　职业心理状态比例图

2.民办高校教师职业发展面临困境

（1）您认为您存在职业发展困境吗？

职业发展困境是一种内在感受，自身对新知识的接受能力、教学手段是否能够跟上时代的要求、教学方法是否多样化、教学内容是否新颖丰富、教学心态是否孤芳自赏、自命清高都是能够直观感受到的行为。据调研，高达84%的教师自认为存在职业发展困境，他们在专业知识结构、学习进取意识、专业反思能力等方面存在明显的滞后现象，专业发展出现断裂现象，职业发展进入缓慢增长期。

您认为您存在职业发展困境吗？ [单选题]

选项	小计	比例	
是	168		84%
否	32		16%
本题有效填写人次	200		

图5-1-9 职业发展困境比例图

（2）您常有学习进修的想法吗？

教师在面对知识加速更新，信息技术对教育冲击的现状时似乎显得无所适从，对待教学似乎也是"墨守成规"，千篇一律、千年不变的知识难以满足现代学生的需求。这就需要他们增强对新鲜事物的接受能力，不断更新与扩充自己的专业知识，树立终身学习的教育理念。据调查，66.5%比重的教师能感知到自身知识的欠缺，时常有进修学习的想法，29.5%比重的教师偶尔有想去进修的想法。在访谈的进一步调查中，教师一方面认为民办高校教师学历中硕士研究生占了绝对比重，硕士研究生在本科学校任教，其学历上存在比较大的危机感，教师更希望能够持续性、高质量地到高一级学府中提升学历。另一方面教师对新事物的接受能力、反应能力和敏感性在减弱，在职业发展中遇到了靠自身难以突破的瓶颈，渴望能够得到学校积极的反馈与激励，来帮助教师弱化或缩短这一困难期。

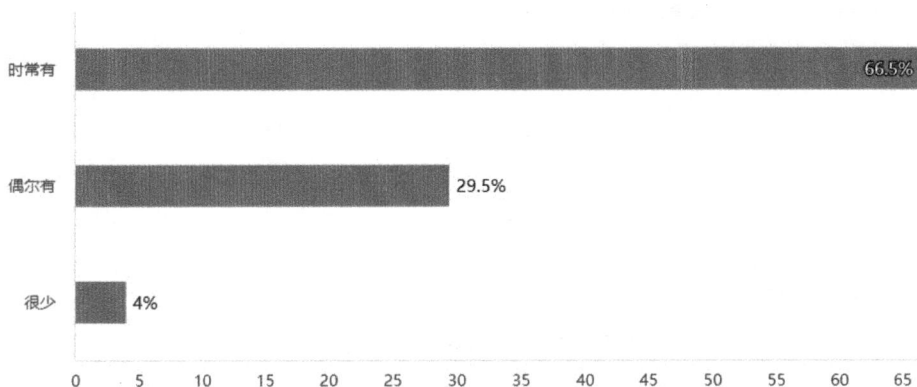

图5-1-10　进修想法比例图

（3）您获得过高质量的培训机会吗

教师都具有强烈的自尊心，对自己的职业有较高的期望，注重自我价值的实现，此时教师们特别希望学校能够关注这一群体，借助于外部环境提供的发展机会与条件及内部自身的努力来实现职业成就。据调查，46%比重的教师很少获得高质量的培训机会，46.5%比重的教师获得高质量培训机会一般。这是因为民办高校教师培训、进修的机会太少，高校把更多的精力与资金用于对青年教师的培养，认为教师基本经历了教学与科研的历练过程，熟悉了学校的教学工作，对学校的吸引力也随之下降。殊不知当教师历经了教研的青春期，已经进入到职业发展的低迷期。另一方面培训的内容、形式单一，缺乏针对性与深度。现有的培训内容基本上都是从教师师德师风方面、面向全群体的培训，对于教学方法、教学工具、科研等系统性培训比较缺乏，培训缺乏效果评价机制，未对培训效果进行反馈，多以上交培训心得体会为主，未从根本上解决培训多流于形式的问题。

第12题：您获得高质量的培训机会 [多选题]

选项 ÷	小计 ÷	比例	
很多	15	▬▬	7.5%
一般	108	▬▬▬▬▬▬	46.5%
很少	92	▬▬▬▬▬	46%
本题有效填写人次	200		

图5-1-11 高质量培训机会比例图

（4）您在教师职业发展中最缺乏的学习内容是什么

据调研，教师在职业发展中亟需学习的内容有：47.5% 比重的教师希望提升科研能力。高质量的科研项目是民办高校的一大难题，也是导致教师进入职业发展低谷期的重要因素。民办高校重教学轻科研现象比较严重，尤其在科研带头人、科研经费、科研奖励、科研基础条件等方面比较薄弱。教师多处于往教授职称发展的阶段，仅仅主持省级以上课题这一项就把很多教师卡住了，多数教师处于小课题不申报、大课题拿不下的尴尬阶段。学校科研部门也缺乏让教师聚力主攻省级以上课题的行动力。但学校对教师的科研考核标准又高于青年教师，势必造成教师的焦虑。23% 比重的教师希望能够到行业企业提升实战经历，教师长期困于学校，更多的是借助于多媒体来了解行业企业的变化，缺乏走出去到真实的企业去实践与历练的机会，导致理论教学与社会实践的脱节，教师实践知识的缺乏，教学内容的匮乏。18% 比重的教师希望在专业技能上得以提升。专业技能是教学的根本，由于教育的动态性与拓展性，不断学习是专业成长的必要途径。多数教师希望学校能够提供学历进修的机会与平台，并保证学习进修的时间与经济支持，以增强这一陪伴学校一起成长的教师群体的归属感。

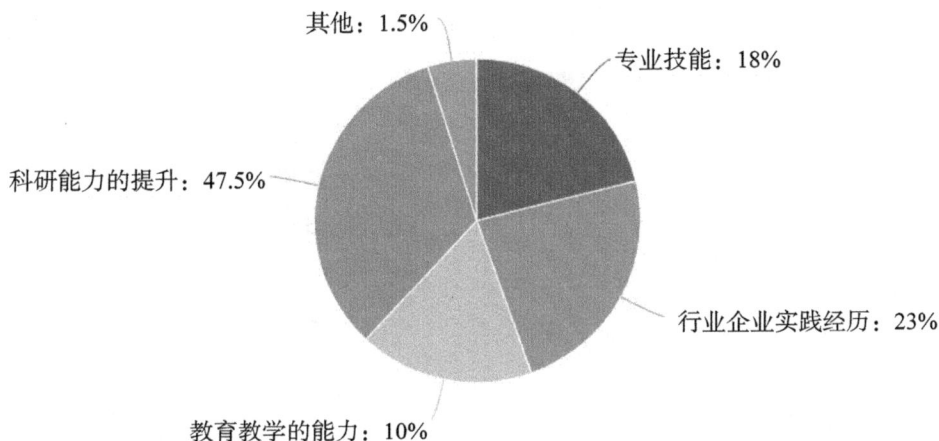

其他：1.5%

专业技能：18%

科研能力的提升：47.5%

行业企业实践经历：23%

教育教学的能力：10%

图5-1-12　进修需求方向比例图

（5）如果你感到工作有压力，那么压力主要来源于什么？

教师的职业生涯始终是一个压力不断的过程，在主观上它是一个不断挑战自我、提高自我、完善自我的过程；教师的职业光环也给从业者带来了潜在无形的压力，很多人被压得喘不过气，过重的工作压力导致自我封闭、情绪不稳定、牢骚满腹、过于自卑等焦虑征兆。据调研，教师之所以产生职业发展困境，原因之一就是工作压力比较大。56%比重的教师认为受困于教学或科研难以突破瓶颈，困顿期内难以出成果。51.5%比重的教师因为付出与收入不成比例，民办高校教师薪资不具有竞争力，难以满足物质性的需求。48%比重的教师渴望深造，在学历、业务技能上得以提升，但缺乏进修机会。39.5%比重的教师受困于职称晋升困难，多数时间被教学任务占据，无更多的时间与经历做教学研究。34.5%比重的教师因为民办高校学生学习态度不佳，缺乏来自课堂的成就感，教书育人的满足感降低。

第14题：如果你感到工作有压力，那么压力主要来源于 [多选题]

选项⇕	小计⇕	比例	
学生学习态度不佳，学习动机不高 缺少成就感	69		34.5%
渴望深造，缺乏必要的教学资料和进修机会	96		48%
教学任务繁重	65		32.5%
教学或科研难以突破瓶颈，令人焦虑	112		56%
付出与收入不成比例	103		51.5%
职称、职务晋升困难	79		39.5%
工作与家庭难以平衡	49		24.5%
其他	16		8%
本题有效填写人次	200		

图5-1-13　压力来源比例图

（6）您认为造成职业发展困境的自身原因是什么？

教师处于职业发展低谷期，其原因既有自身的不足，也有外界环境的不利因素。通过调研发现，造成职业发展困境的自身原因中，高达65%比重的教师认为是自身职业期望与现实情况形成的巨大落差。一些事业型的教师由于职业期望过高，是力争完美主义者，但在社会发展与教师职业压力的冲击下以及基于民办高校自身发展不足的情况下，职业期望与现实回报之间产生较大落差，大大降低了教师的自我效能感，心生不满，从而产生离职倾向。处于职业发展困顿期的教师更希望学校能够在关键时刻伸出援助之手，无形之中也增强他们对学校的情感。55.5%比重的教师认为自身专业学术能力较弱，难以满足不同阶段学生多样化的需求。在知识扑面而来的今天，更难以胜任教师这项工作，其职业责任感与使命感无形中鞭策自我不断学习提升。37.5%比重的教师认为家庭负担较重，无暇分身。教师处于生存压力与事业追求、家庭与工作兼顾、养育孩子与赡养老人的特殊人生阶段，加上身体长期处于亚健康状态，令教师不堪重负，疲劳倦怠成为常态。

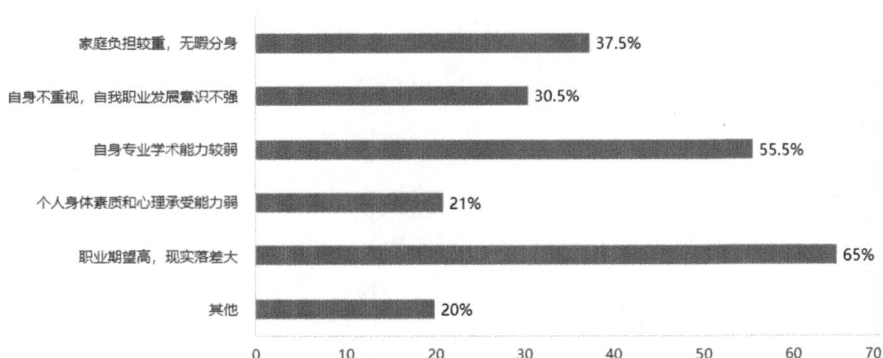

图5-1-14 职业发展困境自身原因比例图

（7）您认为造成自身职业发展困境的客观原因有哪些？

导致职业发展困境产生的客观原因有：53%比重的教师认为学校高质量培训与进修的名额太有限，大多数教师是没有机会的。这是因为涉及政府教育部门组织的培训分配给民办高校的名额本身就很少，在人员选择和考虑上，会更加倾向于承担管理型工作岗位的教师，其他老师基本没机会进入这个圈子。48.5%比重的教师认为工作太忙，没时间参加。这是因为一方面教师基本满负荷地工作，既要承担教学科研工作，又要肩负党务与行政管理工作，双肩挑在民办高校是普遍现象。另一方面，教师迫于生存的压力，在工资有限的情况下只有以超课时量来弥补收入，成为名副其实的教书匠。科研占据了教师大量时间，一年到头不停地写本子，基本没有正常的休息日，即所谓的工作即生活，生活即工作的状况。42.5%比重的教师认为缺乏专家引导与指点。这是因为民办高校缺乏引进专家的长效机制，无法进行长期跟踪性的指导。

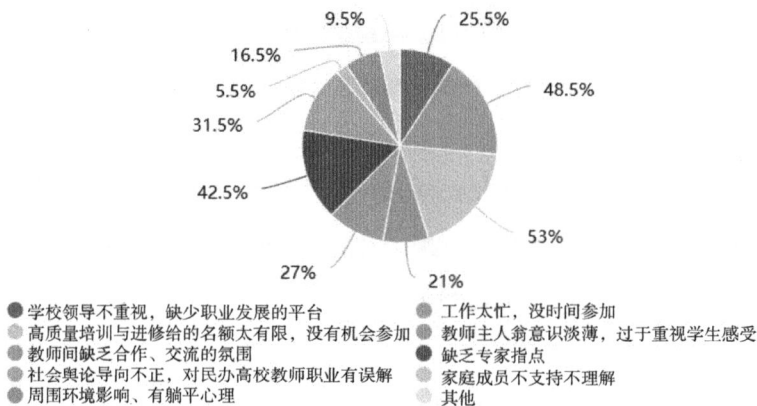

图5-1-15　职业发展困境客观原因比例图

（8）当前您面临职业发展最大的困境有哪些?

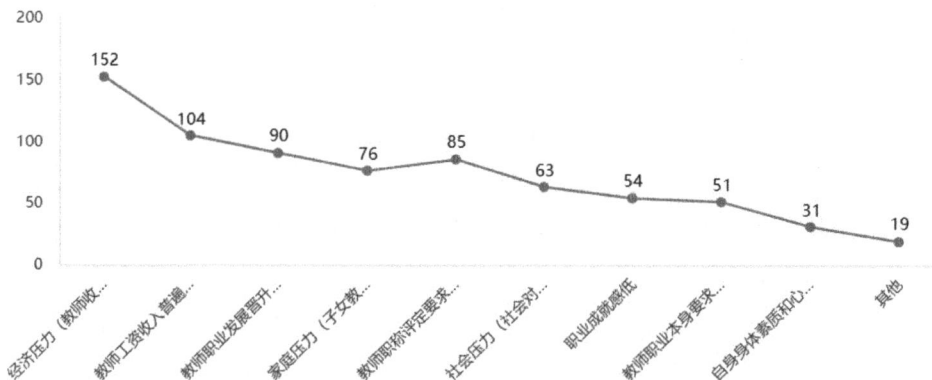

图5-1-16　个人面临职业发展困境比例图

据调研，教师面临的职业发展困境排在前四位的依次为：经济压力、职业发展晋升渠道狭窄、职称评定要求限制诸多、家庭压力。从问卷调查与访谈的结果来看，教师对薪酬满意度并不高，教师任职时间较长，基本工资虽然与职称挂钩，但科研奖励标准每个老师都一样，加上民办高校科研奖励比较低，青年教师会将更多的精力承担超课时量，这就导致骨干教师与青年教师的综合薪酬差异性不大，骨干教师的激励不足，又没有充分的精神激励方式，导致教师的经济压力比较大。民办高校集权化特征比较明显，甚至呈现出明显的家族化特征，普通教师很难进入到重要的管理岗位，只能埋头提升职称。但职称评定在教学、获奖、课题级别、论文级别等方面有严格的量化标准，家庭、孩子的教育、老人的陪伴都需要分散时间与精力，这都在无形中加剧了教师职业发展困境的程度。

（9）您认为影响教师参加师资培训的原因有哪些（可多选）

在调研与深度访谈中我们了解到，影响教师参加师资培训的因素中，高达38%比重的教师认为对口培训机会太少。在访谈中我们进一步了解到，学校在培养教师方面，没有在青年教师与在职教师之间作出很好的平衡，更急于将青年教师带动起来，而忽略了在职教师身上具有的丰富工作经验与较成熟的教学风格。23%比重的教师认为学校经费紧张，将有限的资金主要用于培养初入职场的教师，认为中年骨干教师体力不足，精力分散，忽视了他们的专业成长。19%比重的教师认为缺乏参加师资培训的平台与资源，外部政策支持的欠缺也是导致教师职业停滞不前的重要原因，仅靠自我寻求发展支持，其持续性难以保障。18%比重的教师认为工作太忙，无暇参加培训。由调研与访谈得知，教师的教学工作量周学时为12-18小节，承担2-3门课程，其周课时量、备课任务量远远高于公办高校，还承担着毕业论文、本科生导师、学科竞赛、监考等工作，还要在科研上花费更多的精力，这些隐形工作，其耗费的精力与思想负担也是无法估算的。

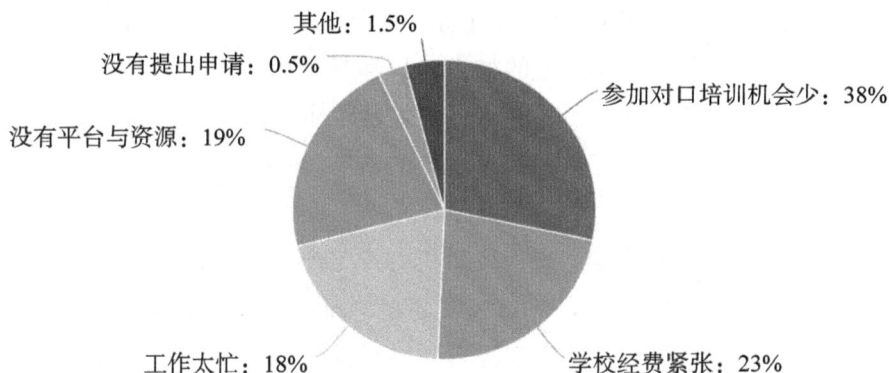

图5-1-17 影响师资培训原因比例图

3. 职业发展困境解决措施

（1）您在面对自身职业发展的困境时主要是通过什么方式解决？（多选题）

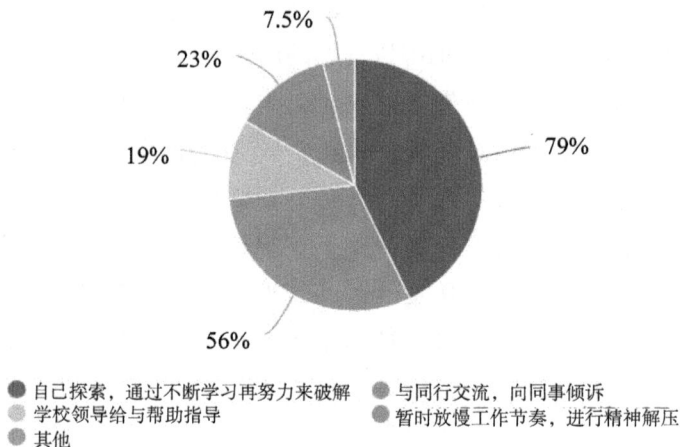

图5-1-18 职业发展困境解决方式比例图

据调研，当遇到职业发展困境时，79%比重的教师是通过自身摸索不断学习来破解这一现状的，这一方式需要教师较强的主动学习能力与坚持不懈的毅力，所需要的时间比较长，过程也比较曲折。56%比重的教师通过与同事交流，向同事倾诉来解决，通过向同年龄段的教师诉说自己所处的职业焦虑，以获得心理的安慰与行动上的指点，达到心理压力的暂时缓解。这两种方式因为没有外界措施的加入，仅靠教师个人的努力与探索，步履异常艰难。学校若能及时、积极、温暖地提供资源与平台，帮助教师度过这个艰难期，不仅能够增加教师对学校的情感认同和归属感，也有利于稳定师资队伍的中坚力量。

（2）您希望学校在哪些方面提供机会或条件？

由调查与深度访谈可知，76.5%比重的教师希望学校能够在组织管理、福利待遇、文化氛围等方面得到提升，65%比重的教师希望学校能够提供学历与专业进修与深造的平台资源，56%比重的教师希望学校能够重视教师职业发展与人才内部培养，51%比重的教师希望能够提供专业实践机会。教师希望点也反映出民办高校需要进一步完善的地方，管理层既要看到教师对事业成就、精神生活的追求，也要合理地看到物质需求的现实性，更要以明确的目标激励来满足教师多样化的职业需求。如何全方位地拓展教师的发展路径，针对性地为教师成长提供制度、组织、资源、经费等方面的服务支持，有效增强教师对学校组织的信任度是值得思考的问题。

学历与专业的进修与深造	130		65%
必要的专业实践	102		51%
学校重视教师职业发展与人才的内培	112		56%
教师组织管理、福利待遇、文化氛围的提升	153		76.5%
学校硬件设施的改进	57		28.5%
其他	8		4%
本题有效填写人次	**200**		

图5-1-19　提供条件需求比例图

（3）您认为，促进教师专业成长最有利形式是什么（选择两项）

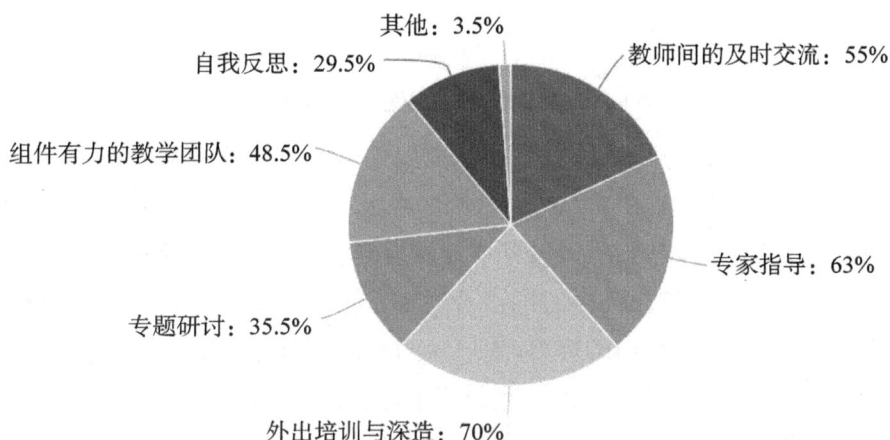

图5-1-20　促进专业成长比例图

据调查，认为促进教师成长最有利的形式主要为：70%比重的教师认为是外出培训与深造。民办高校教师多数为硕士研究生，其学历已经难以满足本科院校的要求，加上教学期间缺乏系统性的学习，急需通过进修深造提升专业能力。63%比重的教师认为急需专家的指导与帮助，在深度访谈中更明显的集中在科研方面，教师面对省部级以上课题申报不下来、高水平论文难以发表的艰难局面，急需相关专家给予学术方面的指导。55%

比重的教师认为教师间应保持及时交流沟通状态，48.5% 比重的教师认为应组建有力的教学团队，打破现在到校上课，上完课离校的状态，破解单打独斗、孤军奋战、各自为战、无教学团队、无教研活动、教研方面不沟通、不交流的孤芳自赏的个体活动现状。

（4）结合自身情况，您认为现如今有效解决自身职业发展困境的最有效措施有哪些？

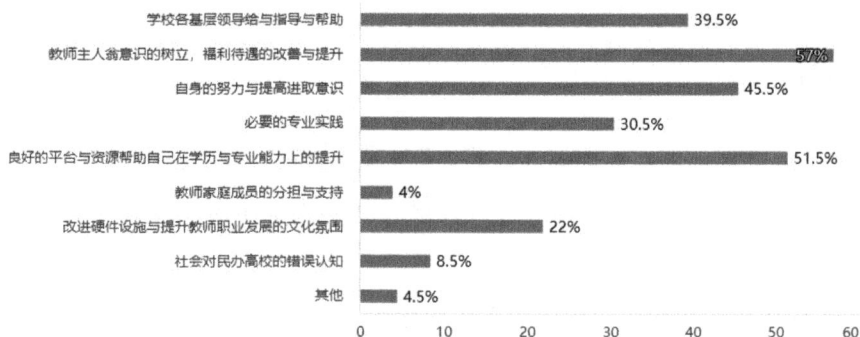

学校各基层领导给与指导与帮助 39.5%
教师主人翁意识的树立，福利待遇的改善与提升 57%
自身的努力与提高进取意识 45.5%
必要的专业实践 30.5%
良好的平台与资源帮助自己在学历与专业能力上的提升 51.5%
教师家庭成员的分担与支持 4%
改进硬件设施与提升教师职业发展的文化氛围 22%
社会对民办高校的错误认知 8.5%
其他 4.5%

图5-1-21 有效解决自身职业发展问题措施比例图

据调研可知，有效解决自身职业发展困境的最有效措施的前三位分别为：57% 的教师认为学校应该树立教师的主人翁意识，改善与提升福利待遇。45.5% 的教师认为学校要提升教师职业发展的意识与氛围，希望学校在制定相关制度时能够听听教师内心的声音与需求，能够从执行力上感受到对教师的重视，看到其所付出的努力。51.5% 的教师认为要提升自身的进取意识。职业追求不应因为外界环境的不利而停止进步，教师要树立终身学习、"活到老学到老"的教育观，坚定不忘初心，坚定理想信念，发挥自身有经验、阅历丰富的优势，通过自身不懈的努力不断升华，提升生命的价值意义。

（5）你希望多久进行一次学习进修？

据调查，45% 比重的教师希望每学期都有一次学习进修的机会，25% 比重的教师希望 2-3 个月有一次学习进修的机会。由此可见，教师对进修的迫切性，也反映出教师对自己职业的期望。学校应该抓住教师积极进取的机遇，建立健全师资培养的模式与机制，加强教师继续教育，带动教师再成长，从而为学校建立稳定、高水平的师资队伍奠定坚实基础。

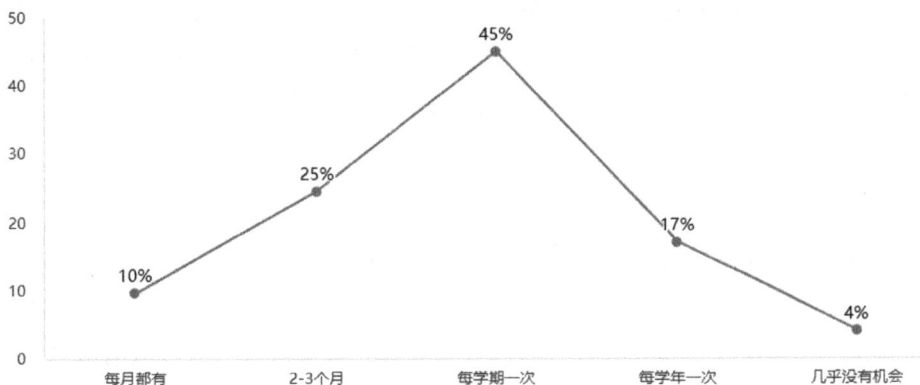

图5-1-22　希望进修时间比例图

第二节　民办高校教学领导力评价体系

一、教学领导力要素

课堂教学领导力包括教学方案设计能力、课堂教学过程驾驭能力、课堂教学情境调控能力、课堂教学引导能力和学生智慧潜能开发能力。基于文献研究法，课题将高校教师课堂教学领导力的构成要素确定为教学方案设计能力、课堂教学过程驾驭能力、课堂教学情境调控能力、课堂教学引导能力、学生智慧潜能开发能力。

1. 教学方案设计能力

教学方案设计能力是以教学内容、学生基础为依据，对教学进程、教学方法、教学组织形式进行设计的能力，是教师在上课前对教学过程涉及的各要素进行优化组合的能力。高校教师教学方案设计能力包括教学目标设计能力、教学内容设计能力、教学方法设计能力、教学模式设计能力。

2. 课堂教学过程驾驭能力

课堂教学过程驾驭能力是教师课堂教学要求中最基本、最综合的能力，是教师在课堂上规范学生行为的有效措施，是教师执行教学任务、贯彻教学思想的基础。高校教师课堂教学过程驾驭能力包括教学内容把握能力、课堂问题预见能力、教学活动设计能力、师生互通能力、学生引导能力、学科综合能力。

3. 课堂教学情境调控能力

课堂教学情景调控能力是教师为落实教学目标，根据教学内容，在课堂教学中构建的使学生积极、主动学习并产生一定情感反应的具体学习背景、活动条件及学习环境的能力。高校教师课堂教学情境调控能力包括课堂组织管理能力、课堂察言观色能力、课堂及时反馈能力、课堂系统把握能力。

4. 课堂教学引导能力

课堂教学引导能力即教师对课堂的主导和驾驭能力，是教师为提高教学有效性在课堂教学中运用教学理论改变教学行为和学生学习方式的能力，是课堂智慧教育背景下教学力的延伸，是教师的核心素养。高校教师课堂教学引导能力包括课堂预测能力、课堂讲解能力、课堂示范能力、课堂检测能力、课堂诊断能力、课堂矫正能力、课堂控制能力、教材把握能力。

5. 学生智慧潜能开发能力

课堂教学要注重学生智慧潜能的开发。开发学生智慧潜能有利于学生的可持续发展，是提高教学效果的有效途径，是教育的目标之一。高校教师的学生智慧潜能开发能力包括学生语言智慧潜能开发能力、学生空间智慧潜能开发能力、学生逻辑智慧潜能开发能力、学生人际智慧潜能开发能力。

二、民办高校教师课堂教学领导力的影响因素

教师要探索更新教育教学理念、创建教育网络空间、挖掘教育数据价值、探索线上线下相结合的教学实践模式。影响高校教师教学领导力的因素主要有教师的知识储备、认识与促进学生发展的能力、教师的个性品格、教师教学设计和教学资源开发的能力、教师职称与资历及学校的文化氛围。

1. 教师的知识储备

教师的知识储备是其传道、授业、解惑的前提，是其从事教师职业的基

础。教师只有掌握丰厚的专业知识和教学知识，才能充分理解教材、分析教材，才能灵活应对学生在课堂中提出的问题，进而在教学过程中得心应手。

2. 认识与促进学生发展的能力

教师教学领导力的发挥不仅与教师的领导力、教学过程密切相关，还与学生自身的知识水平、学习习惯、学习准备等直接相关。教师只有具备认识与促进学生发展的能力，才能让课堂教学效果更好。

3. 教师的个性品格

教师的个性品格是培养其课堂教学追随者的感召力。学生在课堂教学过程中倾向于听从深受欢迎与尊敬的教师的管理和教导，具有强大人格魅力并能与学生建立融洽师生关系的教师能影响学生课堂学习的效果。

4. 教师教学设计和教学资源开发的能力

教师教学设计和教学资源开发的能力决定着教师课堂教学行为的实施。良好的教学设计和教学资源开发能力有助于高校教师取得良好的教学效果，提高课堂教学质量，进而服务于学校的人才培养。

5. 教师职称与资历

教师的职称与资历反映了教师教学经验的丰富程度及教学水平、专业知识水平的高低。教师的职称越高、资历越深，表明教师以往的表现越出色，其更容易使学生对教师产生钦佩和认同。

6. 学校的文化氛围

学校的文化氛围是培养高校教师课堂教学领导力的主要驱动力。在民主、信任、合作、分享的学校文化氛围中，教师可以与其他同事亲密共事，商讨有关提升课程教学的一切有关事宜，有助于培育和发展高校教师的课堂教学领导力。

三、高校教师课堂教学领导力评价测评

（一）高校教师课堂教学领导力评价指标原则

构建高校教师课堂教学领导力评价指标体系，要坚持全面性、科学性、系统性、层次性、动态性、独立性、可行性等原则。

（1）全面性

全面性原则强调将全部相关指标都纳入评价体系，尽量减少遗漏。由于高校教师课堂教学领导力涉及教学方案设计能力、课堂教学过程驾驭能力、课堂教学情境调控能力、课堂教学引导能力、学生智慧潜能开发能力，因此对其评价应坚持全面性原则，要囊括高校教师课堂教学领导力的五个要素。

（2）科学性

评价体系总体结构设计是否科学直接关系到评价的质量。设计高校教师课堂教学领导力评价指标体系时要在理论上有科学根据，在实践上切实可行。只有这样，评价指标体系才能正确揭示高校教师课堂教学领导力的实际情况，从而为高校制定教学领导力开发政策和高校师资队伍建设服务。

（3）系统性

系统性原则要求各指标之间要有一定的逻辑关系，不但能从不同的侧面反映出教学方案设计能力、课堂教学过程驾驭能力、课堂教学情境调控能力、课堂教学引导能力、学生智慧潜能开发能力等指标层的主要内容，而且能反映这几种能力指标层之间的内在联系。

（4）层次性

层次性原则要求指标体系的构建具有层次性，自上而下，从宏观到微观层层深入，形成一个不可分割的评价体系。高校教师课堂教学领导力评价指标体系不仅包括教学方案设计能力、课堂教学过程驾驭能力、课堂教学情境调控能力、课堂教学引导能力、学生智慧潜能开发能力等5个子系统，各子系统进一步分解，形成教学目标设计能力、教学内容设计能力、教学方法设计能力、教学模式设计能力、教学内容把握能力等26个二级指标。

（5）动态性

高校教师课堂教学领导力评价指标体系确定以后不是一成不变的，要随着时代变化不断调整，随着技术发展不断变化。当出现新的教学问题需要进行评价时，就要变更现有的评价指标体系；当原来的评价指标体系的某一方面弱化时，也应该调整评价指标体系。

（6）独立性

高校教师课堂教学领导力评价指标体系的5个子系统都由一组指标构成，其中，教学方案设计能力包括4个指标，课堂教学过程驾驭能力包括6

个指标，课堂教学情境调控能力包括 4 个指标，课堂教学引导能力包括 8 个指标，学生智慧潜能开发能力包括 4 个指标。各指标之间既相互独立，又彼此联系，共同构成高校教师课堂教学领导力评价指标体系的有机统一体。

（7）可行性

评价指标的价值在于有效性，能应用于高校教师课堂教学实践，这就要求在构建高校教师课堂教学领导力评价指标体系时必须紧扣高校教师课堂教学实际。高校教师课堂教学领导力评价指标体系构建结合微课、慕课、翻转课堂等应用于高校课堂的理论教学与实践教学的具体情况设置各指标，具有较强的可操作性。

（二）高校教师课堂教学领导力评价指标体系的确定

高校教师课堂教学领导力是课堂教学有效性测评指标体系形成的前提和基础。对比微课、慕课、翻转课堂等产物应用于高校课堂理论教学与实践教学的具体情况，结合教师教学领导力构成要素，构建了高校教师课堂教学领导力评价体系。

高校教师课堂教学领导力评价体系包括 5 个一级指标、26 个二级指标。其中，总目标因素集 $A = (A_1, A_2, A_3, A_4, A_5)$，第二层，子目标因素集 $A_1 = (A_{11}, A_{12}, A_{13}, A_{14})$，$A_2 = (A_{21}, A_{22}, A_{23}, A_{24}, A_{25}, A_{26})$，$A_3 = (A_{31}, A_{32}, A_{33}, A_{34})$，$A_4 = (A_{41}, A_{42}, A_{43}, A_{44}, A_{45}, A_{46}, A_{47}, A_{48})$，$A_5 = (A_{51}, A_{52}, A_{53}, A_{54})$。高校教师课堂教学领导力评价体系如表 5-2-1 所示：

表5-2-1　高校教师课堂教学领导力评价体系

一级指标	二级指标	三级指标
高校教师课堂教学领导力（A）	教学方案设计能力（A₁）	教学目标设计能力（A_{11}）
		教学内容设计能力（A_{12}）
		教学方法设计能力（A_{13}）
		教学模式设计能力（A_{14}）
	课堂教学过程驾驭能力（A₂）	教学内容把握能力（A_{21}）
		课堂问题预见能力（A_{22}）
		教学活动设计能力（A_{23}）
		师生互通能力（A_{24}）
		学生引导能力（A_{25}）
		学科综合能力（A_{26}）
	课堂教学情境调控能力（A₃）	课堂组织管理能力（A_{31}）
		课堂察言观色能力（A_{32}）
		课堂及时反馈能力（A_{33}）
		课堂系统把握能力（A_{34}）
	课堂教学引导能力（A₄）	课堂预测能力（A_{41}）
		课堂讲解能力（A_{42}）
		课堂示范能力（A_{43}）
		课堂检测能力（A_{44}）
		课堂诊断能力（A_{45}）
		课堂矫正能力（A_{46}）
		课堂控制能力（A_{47}）
		教材把握能力（A_{48}）
	学生智慧潜能开发能力（A₅）	学生语言智慧潜能开发能力（A_{51}）
		学生空间智慧潜能开发能力（A_{52}）
		学生逻辑智慧潜能开发能力（A_{53}）
		学生人际智慧潜能开发能力（A_{54}）

（三）高校教师课堂教学领导力评价指标体系各指标权重的确定

1. 确定评价集

本模型的评语共分为五个等级，具体评语集如下：

v=（v1，v2，v3，v4，v5）= { 非常不强，不强，一般，很强，非常强 }

2. 确定权重

由于系统比较复杂，故本文选择层次分析法（APH）来确定各指标的权重。

（1）确定比较判断矩阵

判断矩阵是 APH 的出发点，是判断民办高校教师课堂教学领导力 A 与构成要素 Ai 和 Ai 与构成要素 Aij 之间相对重要性的矩阵。A 的判断矩阵为 A=Ai（i=1，2，3，4，5），A1=A1j（j=1，2，3，4），A2=A2j（j=1，2，3，4，5，6），A3=A3j（j=1，2，3，4），A4=A4j（j=1，2，3，4，5，6，7，8），A5=A5j（j=1，2，3，4）。

判断矩阵标度 B_{ij} 的含义如下。

表5-2-2　判断矩阵标度B_{ij}的取值及含义

B_{ij}	含义
1	两者的重要性相同
3	前者与后者相比，稍重要
5	前者与后者相比，明显重要
7	前者与后者相比，很重要
9	前者与后者相比，极端重要
偶数	相邻判断的中间值
倒数	二者交换次序比较重要

（2）层次单排序

层次单排序可以归结为计算判断矩阵 A_i 的特征值和特征向量，即对判断矩阵 A_i，使

$$A_i W = \lambda_{max} W$$

其中，λ_{max} 为 A_i 的最大特征值，W 为 λ_{max} 的正规化特征向量。W 的分量 w_i 为对应元素单排序的权值。

由层次单排序处理得出的特征向量，经过归一化处理后即为指标层相对于上一层的相对重要性的排序权重。

由于判断矩阵不可能给出两指标间的精确值，故必须检验层次单排序的一致性。在检验层次单排序的一致性时，引入以下公式：

$$C.R.=C.I./R.I.$$

$$C.I.=（\lambda_{max}-n）/（n-1）$$

公式中，C.R. 为随机一致性比例，C.I. 为一致性指标，R.I. 为平均随机一致性指标，n 为阶数。

当 C.R. < 0.1 时，判断矩阵具有满意的一致性，否则，判断矩阵不具有满意的一致性，需对判断矩阵进行调整，使之具有满意的一致性。

1 ~ 10 阶矩阵的平均一次性指标 R.I. 值如下表所示。

表5-2-3 1~10阶矩阵的平均一次性指标R.I.值

阶数	1	2	3	4	5	6	7	8	9	10
R.I.	0.00	0.00	0.52	0.89	1.12	1.25	1.35	1.42	1.46	1.49

（3）层次总排序

层次总排序是针对上一层次而言，本层次所有元素的权重之和。对于最高层次，层次单排序就是总排序。假设与 A 对应的 $A=A_i$（i=1，2，3，4，5）的单排序结果为 $[W_{A(A1)}，W_{A(A2)}，W_{A(A3)}，W_{A(A4)}，W_{A(A5)}]T$，则 $\sum W_{A(Ai)}=1$（i=1，2，3，4，5）。与 A 对应的 B_i 的权向量 $W_A=[W_{A(A1)}，W_{A(A2)}，W_{A(A3)}，W_{A(A4)}，W_{A(A5)}]T$，与 B_i 对应的 C_j 的权向量分别为 $W_{A(A1)}=[W_{A(A11)}，W_{A(A12)}，W_{A(A13)}，W_{A(A14)}]T$，$W_{A(A2)}=[W_{A(A21)}，W_{A(A22)}，W_{A(A23)}，W_{A(A24)}，W_{A(A25)}，W_{A(A26)}]T$，$W_{A(A3)}=[W_{A(A31)}，W_{A(A32)}，W_{A(A33)}，W_{A(A34)}]T$，$W_{A(A4)}=[W_{A(A41)}，W_{A(A42)}，W_{A(A43)}，W_{A(A44)}，W_{A(A45)}，W_{A(A46)}]T$，$W_{A(A5)}=[W_{A(A51)}，W_{A(A52)}，W_{A(A53)}，W_{A(A54)}]T$。则 A_j 在 A 中的权重为 $W_{A(Aj)}=W_{A(A1)}\cdot W_{A1(A11)}+W_{A(A1)}\cdot W_{A1(A12)}+W_{A(A1)}\cdot W_{A1(A13)}+W_{A(A1)}\cdot W_{A1(A14)}+W_{A(A2)}\cdot W_{A2(A21)}+W_{A(A2)}\cdot W_{A2(A22)}+W_{A(A2)}\cdot W_{A2(A23)}+W_{A(A2)}\cdot W_{A2(A24)}+W_{A(A2)}\cdot W_{A2(A25)}+W_{A(A2)}\cdot W_{A2A26}+W_{A(A3)}\cdot W_{A3(A31)}+W_{A(A3)}\cdot W_{A3(A32)}+W_{A(A3)}\cdot W_{A3(A33)}+W_{A(A3)}\cdot W_{A3(A34)}+W_{A(A4)}\cdot W_{A4(A41)}+W_{A(A4)}\cdot W_{A4(A42)}+W_{A(A4)}\cdot W_{A4(A43)}+W_{A(A4)}\cdot W_{A4(A44)}+W_{A(A4)}\cdot W_{A4(A45)}+W_{A(A4)}\cdot W_{A4(A46)}+W_{A(A4)}\cdot W_{A4(A47)}+W_{A(A4)}\cdot W_{A4(A48)}+W_{A(A5)}\cdot W_{A5(A51)}+W_{A(A5)}\cdot W_{A5(A52)}+W_{A(A5)}\cdot W_{A5(A53)}+W_{A(A5)}\cdot W_{A5(A54)}$。

在对层次总排序进行一致性检验时，引入以下计算公式：

$C.R._{A(Aj)}=C.I._{A(Aj)}/R.I._{A(Aj)}$

$C.I._{A(Aj)}=\sum W_{A(Ai)}\cdot C.I._{Ai}$（i=1，2，3，4，5）

$R.I._{A(Aj)}=\sum W_{A(Ai)}\cdot R.I._{Ai}$（i=1，2，3，4，5）

其中，$C.R._{A(Aj)}$ 为层次总排序随机一致性比例，$C.I._{A(Aj)}$ 为层次总排序一致性指标，$R.I._{A(Aj)}$ 为层次总排序随机一致性指标，$C.I._{Ai}$ 为与 A 对应的

Ai 层次中判断矩阵的一致性指标，R.I.$_{Ai}$ 为与 A 对应的 Ai 层次中判断矩阵的随机一致性指标。

当 C.R.$_{A(Aj)}$ < 0.10 时，层次总排序的计算结果具有满意的一致性，否则调整本层次的各判断矩阵，使层次总排序具有满意的一致性。

（4）确定模糊判断矩阵

由河南省公办高校及民办高校教师组成评审团，对高校教师课堂教学领导力评价指标体系的第二层指标进行单因素评价，采用问卷调查的方式，通过数据的整理，得到单因素模糊评价矩阵。

$$R_i = \begin{bmatrix} r_{i1} & r_{i2} & \cdots & r_{i1n} \\ r_{i2} & r_{i2} & \cdots & r_{i2n} \\ \vdots & \vdots & \vdots & \vdots \\ r_{im1} & r_{im2} & \cdots & r_{imn} \end{bmatrix} \quad (i=1,2,3,4,5)$$

其中，m 为 Ai 评价指标集中元素的个数，n 为评价集 v 中元素的个数。

（5）综合评价

由得到的权重和单因素模糊评价矩阵，进行如下综合评价。

$B_i = A_i \cdot R_i = (b_{i1}, b_{i2}, b_{i3}, b_{i4}, b_{i5})$ （i=1, 2, 3, 4, 5）

$R = [B_1, B_2, B_3, B_4, B_5]^T$

$B = A \cdot R = A[B_1, B_2, B_3, B_4, B_5]^T = A[A_1R_1, A_2R_2, A_3R_3, A_4R_4, A_5R_5]^T = (b_1, b_2, b_3, b_4, b_5)$

根据最大隶属度原则，判定高校教师课堂教学领导力的优劣。

（四）高校教师课堂教学领导力状况

基于高校课堂理论课和实践课教学具体情况，课题从教学方案设计能力、课堂教学过程驾驭能力、课堂教学情境调控能力、课堂教学引导能力、学生智慧潜能开发能力等五个方面设计高校教师课堂教学领导力问卷调查，在实地调查河南省公办高校及民办高校教师课堂教学领导力的基础上获取一手数据，了解高校教师课堂教学领导力现状。

本次问卷调查包括基本信息部分和问卷主体部分，其中，基本信息部分涉及被调查者的职称、教龄、教授课程等问题；问卷主体部分则是围绕高校教师课堂教学领导力评价体系的 26 个指标展开的。

1.基本信息部分

（1）职称

参与本次问卷调查的教师职称涉及教授、副教授、讲师、助教及以下，具体职称构成情况如图 5-2-1 所示。

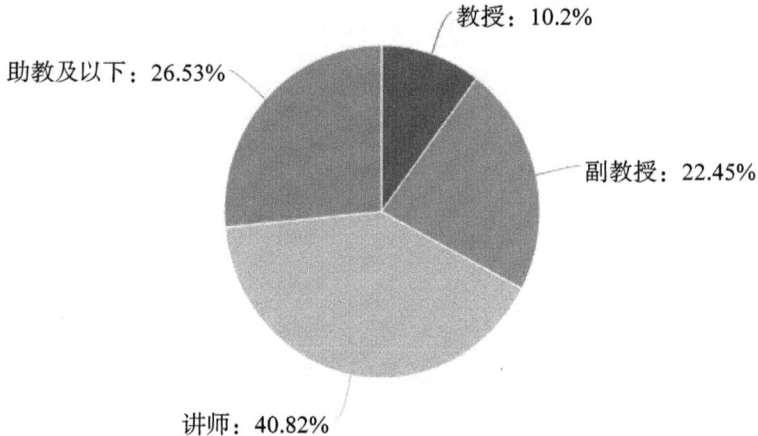

图5-2-1 教师职称构成情况

（2）教龄

参与本次问卷调查的教师教龄包括 10 年以上、5-10 年、3-5 年、3 年以下，具体教龄分布情况如图 5-2-2 所示。

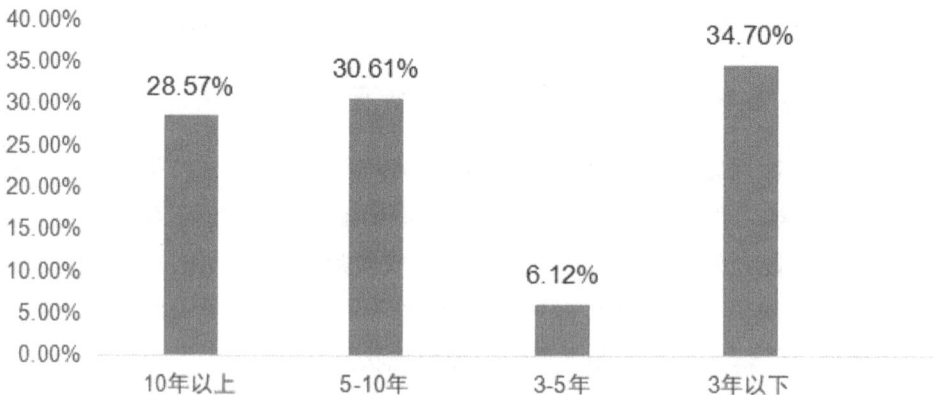

图5-2-2 教师教龄分布情况

（3）教授课程

参与本次问卷调查的教师教授课程涉及理论课、实践课，具体承担课程情况如图 5-2-3 所示。

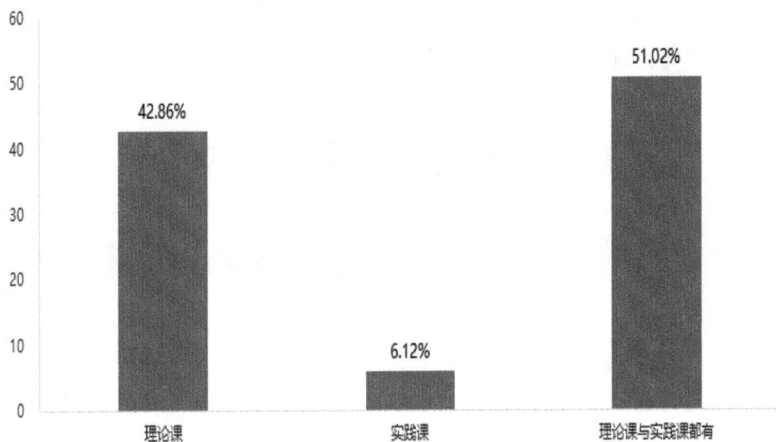

图5-2-3　教师承担课程情况

（4）教学方式

参与本次问卷调查的教师中，97.96% 的教师听说过慕课、微课、翻转课堂等教学方式，剩余 2.04% 没有听说过。

（5）混合式教学情况

参与本次问卷调查的教师中，91.84% 的教师尝试将慕课、微课、反转课堂等教学方式应用于课堂教学中，剩余 8.16% 的教师尚未将慕课、微课、反转课堂等教学方式应用于课堂教学中。

2. 问卷主体部分

问卷主体部分涉及教学方案设计能力、课堂教学过程驾驭能力、课堂教学情境调控能力、课堂教学引导能力、学生智慧潜能开发能力五个方面26 个指标，采用利克特量表法对各指标进行打分，其中，1 分表示非常不强，2 分表示不强，3 分表示一般，4 分表示很强，5 分表示非常强。

（1）教学方案设计能力

①教学目标设计能力

民办高校教师课堂教学目标设计能力的平均得分为 3.71 分，参与本次问卷调查的教师对课堂教学目标设计能力的具体评价情况如图 5-2-4 所示。

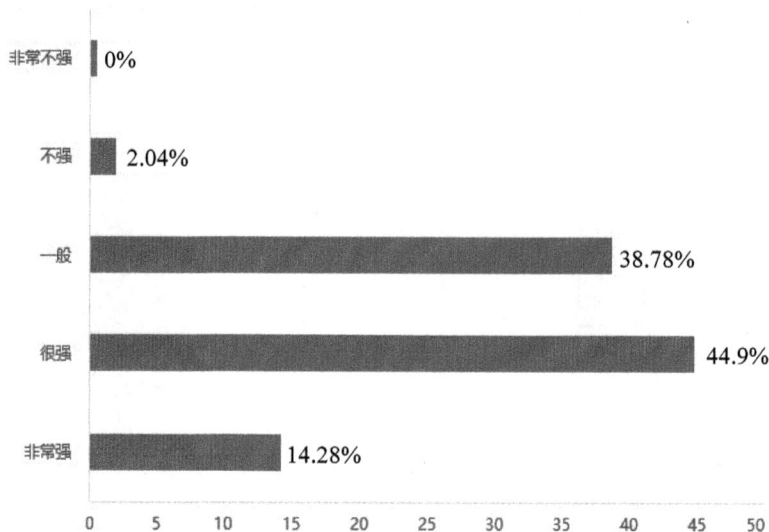

图5-2-4　教学目标设计能力评价情况

②教学内容设计能力

民办高校教师课堂教学内容设计能力的平均得分为 3.82 分，参与本次问卷调查的教师对课堂教学内容设计能力的具体评价情况如图 5-2-5 所示。

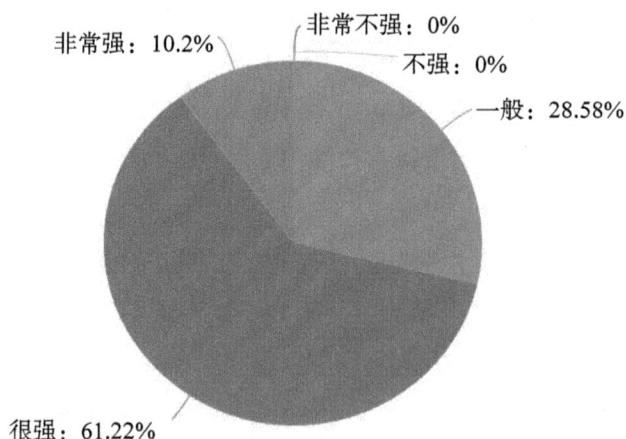

图5-2-5　教学内容设计能力评价情况

③教学方法设计能力

民办高校教师课堂教学方法设计能力的平均得分为 3.65 分，参与本次问卷调查的教师对课堂教学方法设计能力的具体评价情况如图 5-2-6 所示。

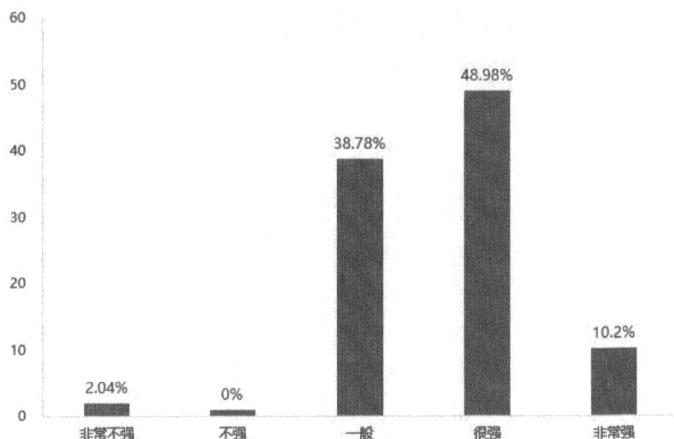

图5-2-6 教学方法设计能力评价情况

④教学模式设计能力

民办高校教师课堂教学模式设计能力的平均得分为 3.59 分，参与本次问卷调查的教师对教学模式设计能力的具体评价情况如图 5-2-7 所示。

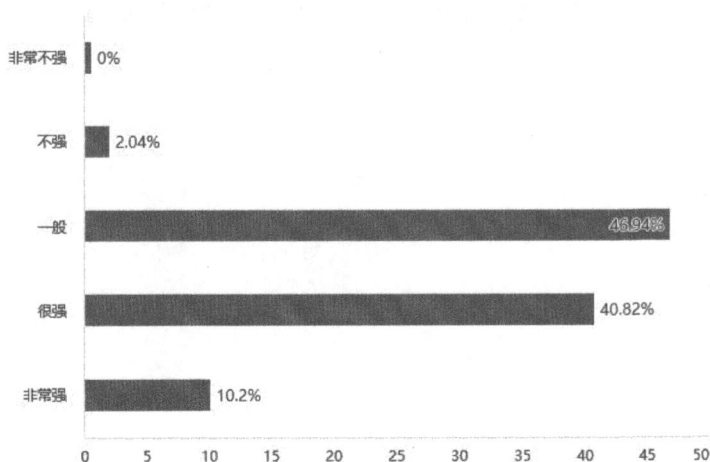

图5-2-7 教学模式设计能力评价情况

（2）课堂教学过程驾驭能力

①教学内容把握能力

民办高校教师对课堂教学内容把握能力的平均得分为 3.90 分，参与本次问卷调查的教师对课堂教学内容把握能力的具体评价情况如图 5-2-8 所示。

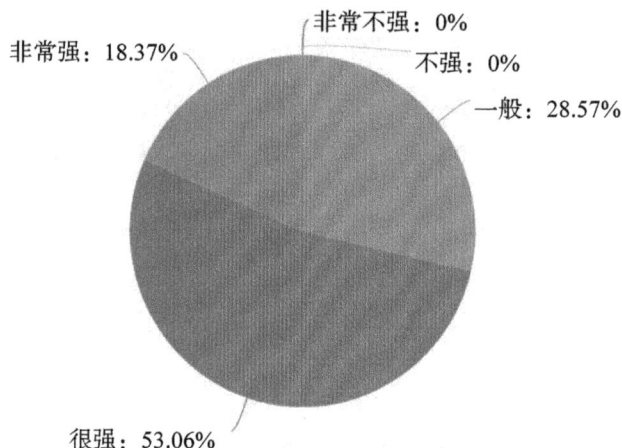

图5-2-8　教学内容把握能力评价情况

②课堂问题预见能力

民办高校教师课堂教学问题预见能力的平均得分为 3.69 分，参与本次问卷调查的教师对课堂教学问题预见能力的具体评价情况如图 5-2-9 所示。

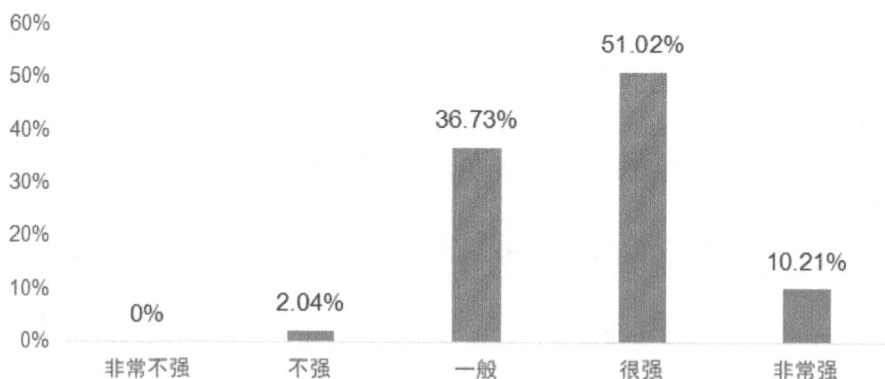

图5-2-9　课堂问题预见能力评价情况

③教学活动设计能力

民办高校教师课堂教学活动设计能力的平均得分为 3.63 分，参与本次问卷调查的教师对课堂教学活动设计能力的具体评价情况如图5-2-10所示。

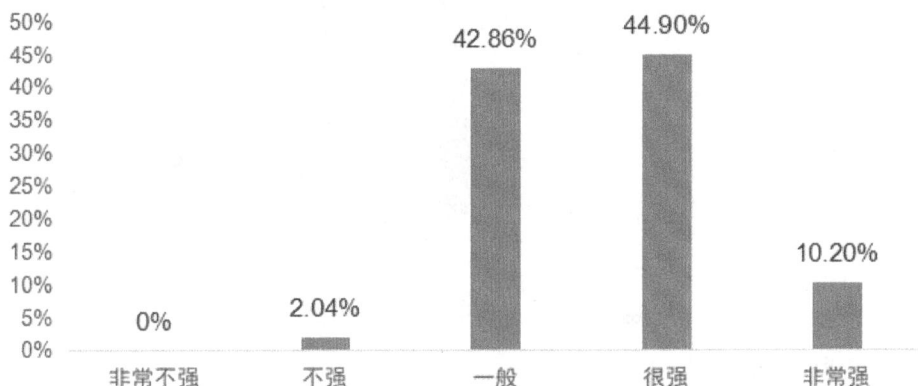

图5-2-10　教学活动设计能力评价情况

④师生互通能力

民办高校教师课堂教学师生互通能力的平均得分为 3.76 分，参与本次问卷调查的教师对师生互通能力的具体评价情况如图 5-2-11 所示。

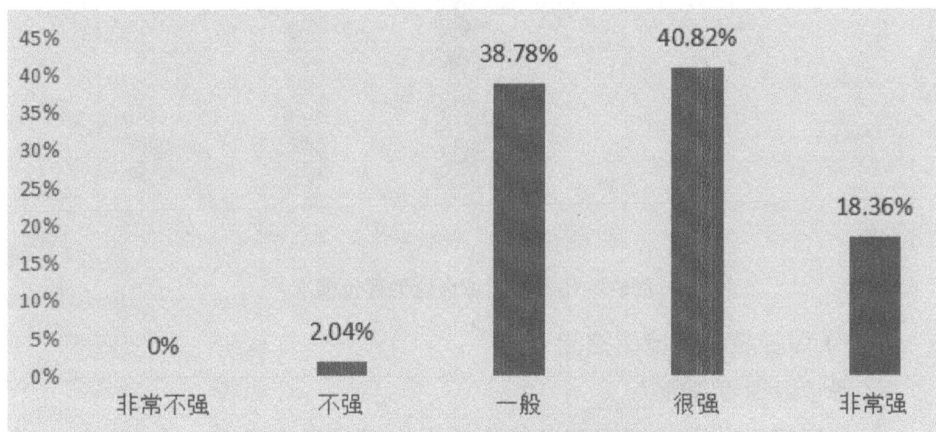

图5-2-11　师生互通能力评价情况

⑤学生引导能力

民办高校教师课堂教学学生引导能力的平均得分为 3.76 分，参与本次问卷调查的教师对学生引导能力的具体评价情况如图 5-2-12 所示。

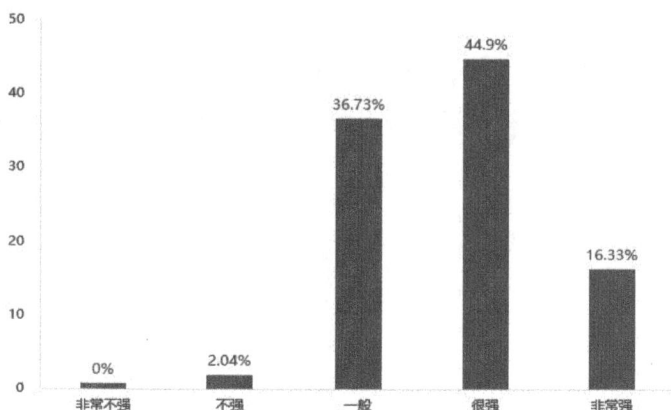

图5-2-12　学生引导能力评价情况

⑥学科综合能力

民办高校教师课堂教学学科综合能力的平均得分为 3.55 分，参与本次问卷调查的教师对学科综合能力的具体评价情况如图 5-2-13 所示。

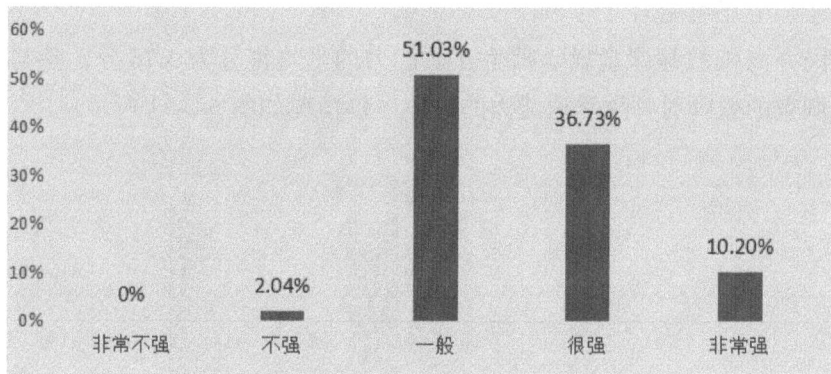

图5-2-13　学科综合能力评价情况

（3）课堂教学情境调控能力

①课堂组织管理能力

民办高校教师课堂组织管理能力的平均得分为 3.67 分，参与本次问卷调查的教师人数对课堂组织管理能力的具体评价情况如图 5-2-14 所示。

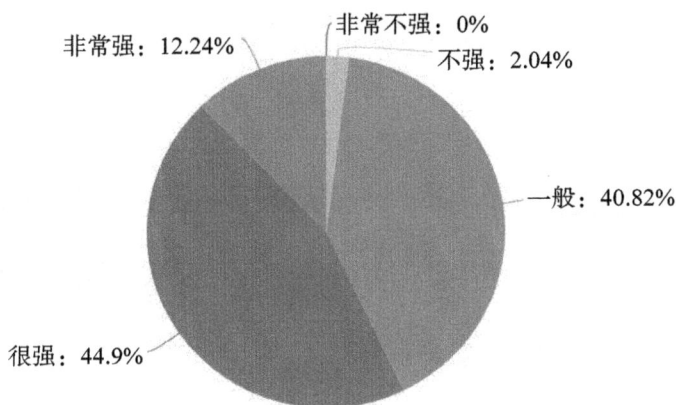

图5-2-14　课堂组织管理能力评价情况

②课堂察言观色能力

民办高校教师课堂察言观色能力的平均得分为 3.73 分，参与本次问卷调查的教师对课堂察言观色能力的具体评价情况如图 5-2-15 所示。

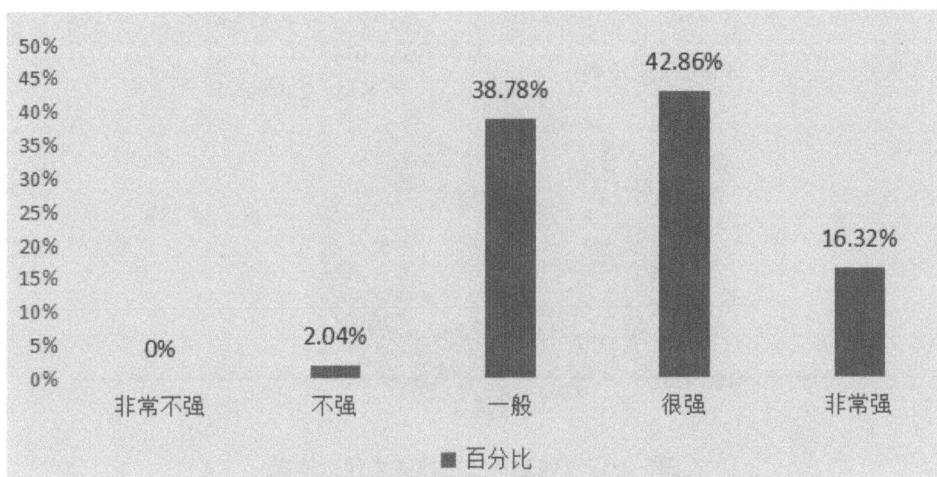

图5-2-15　课堂察言观色能力评价情况

③课堂及时反馈能力

民办高校教师课堂及时反馈能力的平均得分为 3.65 分，参与本次问卷调查的教师对课堂及时反馈能力的具体评价情况如图 5-2-16 所示。

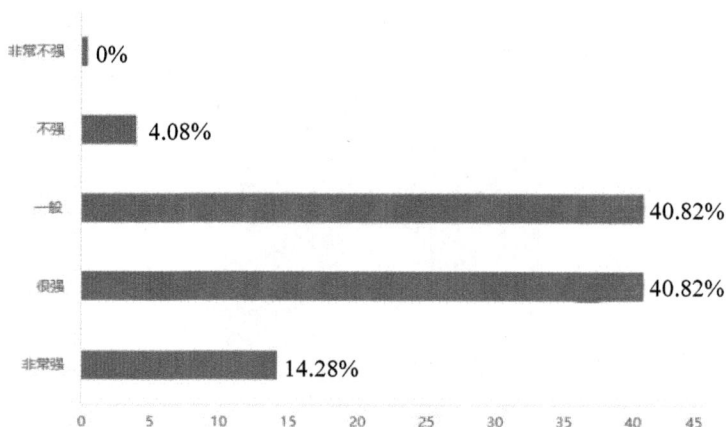

图5-2-16　课堂及时反馈能力评价情况

④课堂系统把握能力

民办高校教师对课堂系统把握能力的平均得分为 3.69 分，参与本次问卷调查的教师对课堂系统把握能力的具体评价情况如图 5-2-17 所示。

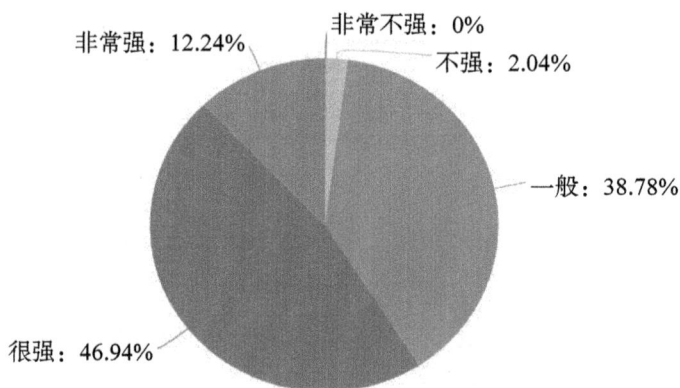

图5-2-17　课堂系统把握能力评价情况

（4）课堂教学引导能力

①课堂预测能力

民办高校教师课堂预测能力的平均得分为 3.59 分，参与本次问卷调查的教师对课堂预测能力的具体评价情况如图 5-2-18 所示。

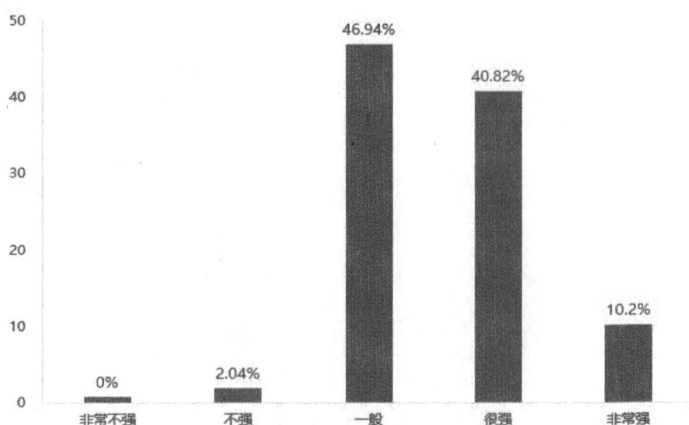

图5-2-18　课堂预测能力评价情况

②课堂讲解能力

民办高校教师课堂讲解能力的平均得分为 3.86 分，参与本次问卷调查的教师对课堂讲解能力的具体评价情况如图 5-2-19 所示。

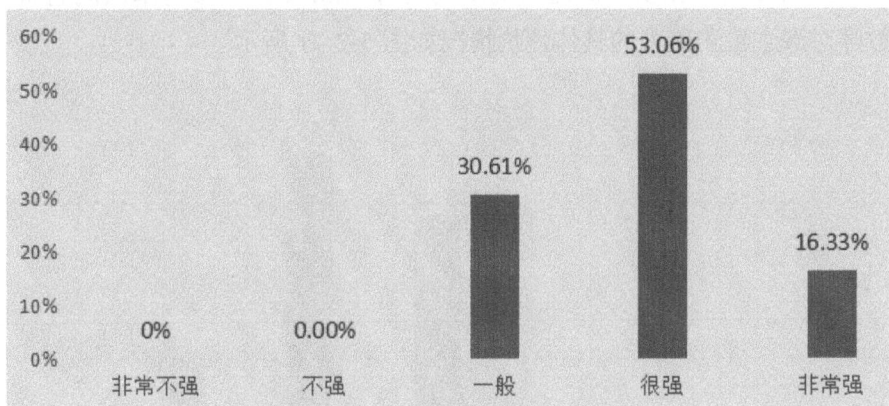

图5-2-19　课堂讲解能力评价情况

③课堂示范能力

民办高校教师课堂示范能力的平均得分为 3.80 分，参与本次问卷调查的教师对课堂示范能力的具体评价情况如图 5-2-20 所示。

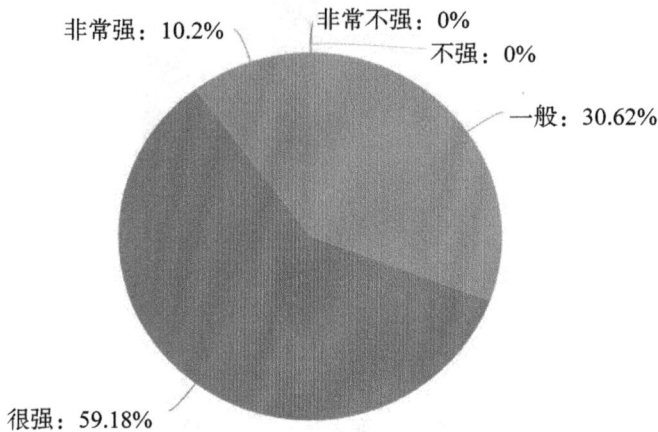

非常强：10.2%
非常不强：0%
不强：0%
一般：30.62%
很强：59.18%

图5-2-20　课堂示范能力评价情况

④课堂检测能力

民办高校教师课堂检测能力的平均得分为 3.73 分，参与本次问卷调查的教师对课堂检测能力的具体评价情况如图 5-2-21 所示。

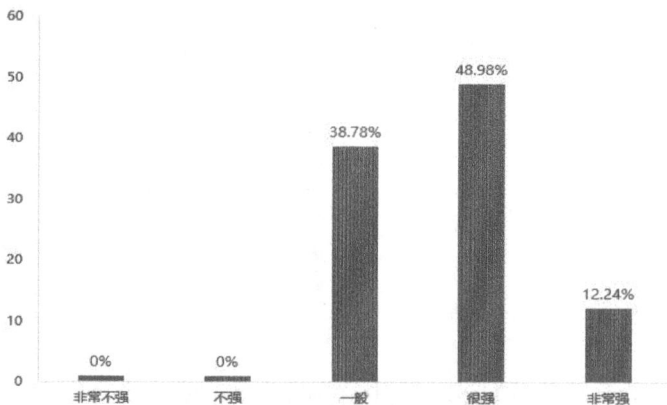

非常不强 0%　　不强 0%　　一般 38.78%　　很强 48.98%　　非常强 12.24%

图5-2-21　课堂检测能力评价情况

⑤课堂诊断能力

民办高校教师课堂诊断能力的平均得分为 3.57 分，参与本次问卷调查的教师对课堂诊断能力的具体评价情况如图 5-2-22 所示。

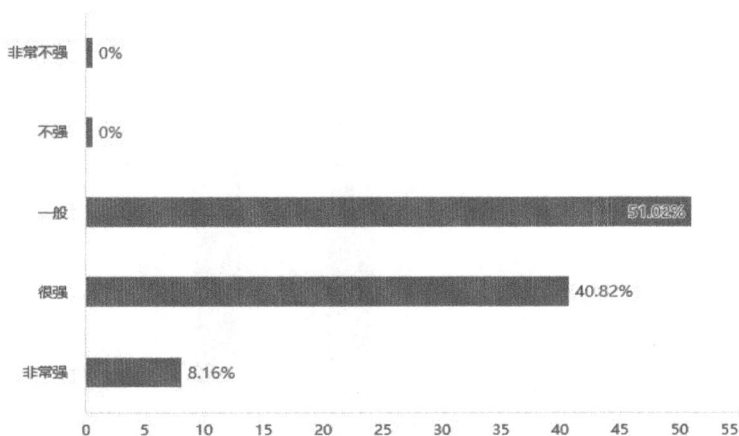

图5-2-22　课堂诊断能力评价情况

⑥课堂矫正能力

民办高校教师课堂矫正能力的平均得分为 3.63 分，参与本次问卷调查的教师对课堂矫正能力的具体评价情况如图 5-2-23 所示。

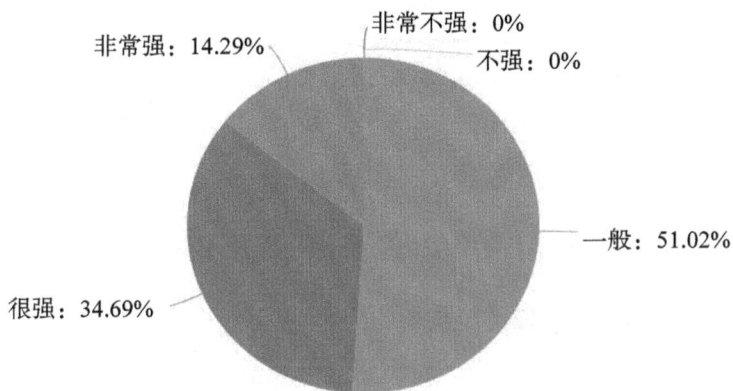

图5-2-23　课堂矫正能力评价情况

⑦课堂控制能力

民办高校教师课堂控制能力的平均得分为 3.65 分，参与本次问卷调查的教师对课堂控制能力的具体评价情况如图 5-2-24 所示。

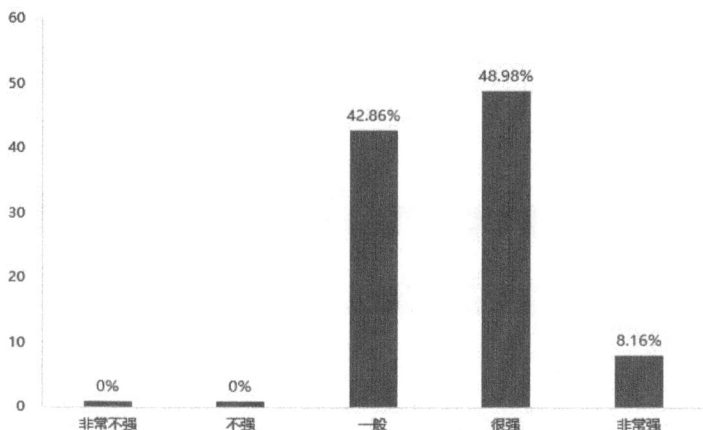

图5-2-24 课堂控制能力评价情况

⑧教材把握能力

民办高校教师课堂教学教材把握能力的平均得分为 3.86 分，参与本次问卷调查的教师对教材把握能力的具体评价情况如图 5-2-25 所示。

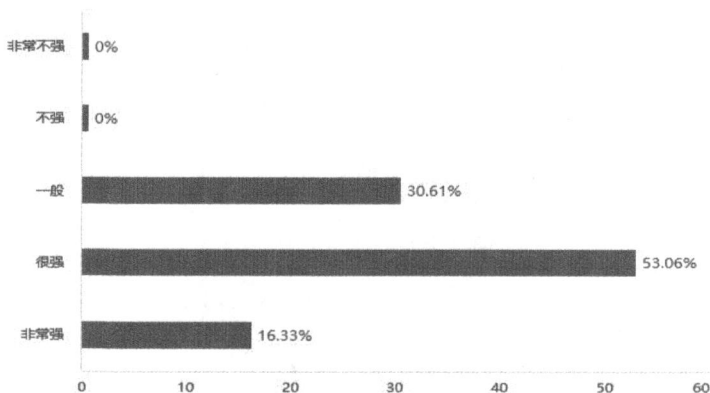

图5-2-25 教材把握能力评价情况

（5）学生智慧潜能开发能力

①学生语言智慧潜能开发能力

民办高校教师课堂教学学生语言智慧潜能开发能力的平均得分为 3.61 分，参与本次问卷调查的教师对学生语言智慧潜能开发能力的具体评价情况如图 5-2-26 所示。

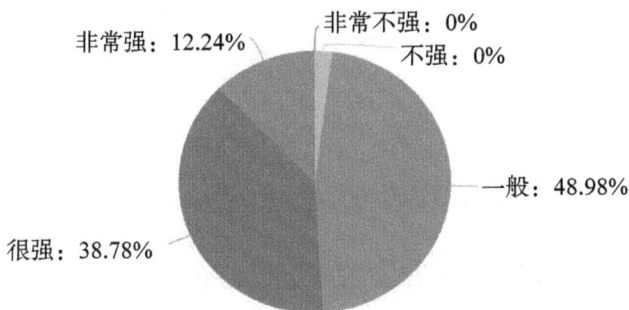

图5-2-26　学生语言智慧潜能开发能力评价情况

②学生空间智慧潜能开发能力

民办高校教师课堂教学学生空间智慧潜能开发能力的平均得分为 3.59 分，参与本次问卷调查的教师对学生空间智慧潜能开发能力的具体评价情况如图 5-2-27 所示。

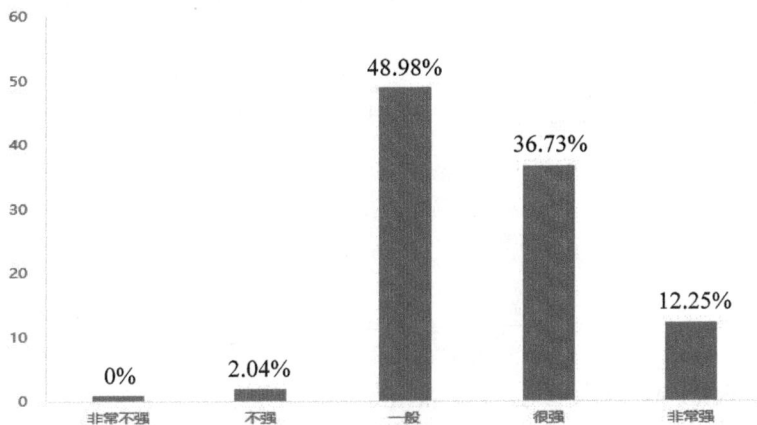

图5-2-27　学生空间智慧潜能开发能力评价情况

③学生逻辑智慧潜能开发能力

民办高校教师课堂教学学生逻辑智慧开发能力的平均得分为 3.51 分，参与本次问卷调查的教师对学生逻辑智慧开发能力的具体评价情况如图 5-2-28 所示。

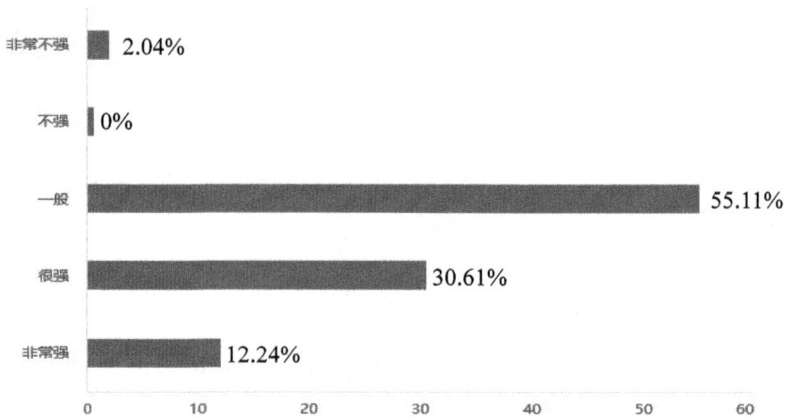

图5-2-28　学生逻辑智慧开发能力评价情况

④学生人际智慧潜能开发能力

民办高校教师课堂教学学生人际智慧开发能力的平均得分为3.59分，参与本次问卷调查的教师对学生人际智慧开发能力的具体评价情况如图5-2-29所示。

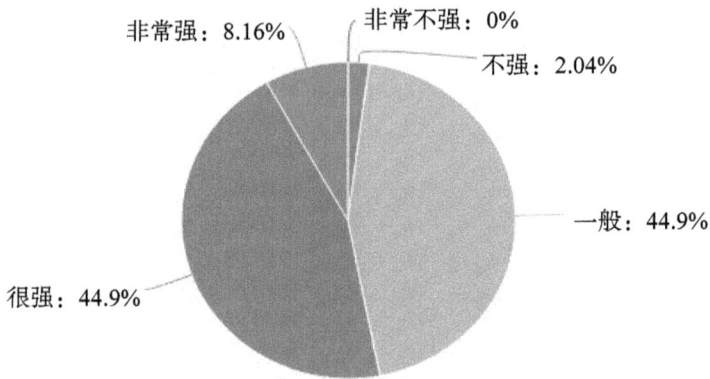

图5-2-29　学生人际智慧开发能力评价情况

3.确定民办高校教师课堂教学领导力评价指标体系各指标的权重

（1）民办高校教师课堂教学领导力权重的确定

对民办高校教师课堂教学领导力评价指标体系各指标权重进行确定时，A为民办高校教师课堂教学领导力评价指标体系，其下一级要素为教学方案设计能力（A_1）、课堂教学过程驾驭能力（A_2）、课堂教学情境调控能力（A_3）、课堂教学引导能力（A_4）、学生智慧潜能开发能力（A_5），以民办高校教师课堂教学领导力评价指标体系为准则，对 A_1、A_2、A_3、A_4 及 A_5 进行两两比较，建立的判断矩阵及单因素排序结果。

表5-2-4　A的判断矩阵及单排序结果

A	A_1	A_2	A_3	A_4	A_5	W	C.I.	R.I.
A_1	1	1/2	1/3	1/5	1/7	0.052		
A_2	2	1	1/2	1/3	1/5	0.090		
A_3	3	2	1	1/2	1/3	0.152	0.007	1.12
A_4	5	3	2	1	1/2	0.262		
A_5	7	5	3	2	1	0.444		

C.R.$_{A(Ai)}$ =0.007/1.12=0.006<0.10，判断矩阵具有满意的一致性，故其相对权重是可以接受的。

（2）教学方案设计能力权重的确定

在对教学方案设计能力的各指标权重进行确定时，A1 为教学方案设计能力，其下一级指标为教学目标设计能力（A11）、教学内容设计能力（A12）、教学方法设计能力（A13）、教学模式设计能力（A14），以教学方案设计能力为准则，对 A11、A12、A13 及 A14 进行两两比较，可建立的判断矩阵及单因素排序结果如下所示。

表5-2-5　A1的判断矩阵及单排序结果

A_1	A_{11}	A_{12}	A_{13}	A_{14}					W	C.I.	R.I.
A_{11}	1	1/7	1/3	1/5	7	1	5	3	0.055		
A_{12}			3	1/5	1	1/3			0.564	0.039	0.89
A_{13}			5	1/3	3	1			0.118		
A_{14}									0.263		

C.R.$_{A1(Aj)}$ =0.039/0.89=0.044<0.10，判断矩阵具有满意的一致性，故其相对权重是可以接受的。

（3）课堂教学过程中的驾驭能力权重的确定

在对课堂教学过程驾驭能力的各指标权重进行确定时，A2 为课堂教学过程驾驭能力，其下一级指标为教学内容把握能力（A21）、课堂问题预见能力（A22）、教学活动设计能力（A23）、师生互通能力（A24）、学生引导能力（A25）、学科综合能力（A26），以课堂教学过程驾驭能力为准则，对 A21、A22、A23、A24、A25 及 A26 进行两两比较，可建立的判断矩阵及单因素排序结果如下所示。

表5-2-6　A2的判断矩阵及单排序结果

A_2	A_{21}	A_{22}	A_{23}	A_{24}	A_{25}	A_{26}	W	C.I.	R.I.
A_{21}	1	3	2	5	4	7	0.401		
A_{22}	1/3	1	1/2	3	2	3	0.157		
A_{23}	1/2	2	1	3	2	4	0.222	0.050	1.25
A_{24}	1/5	1/3	1/3	1	1/2	1/2	0.055		
A_{25}	1/4	1/2	1/2	2	1	2	0.103		
A_{26}	1/7	1/3	1/4	2	1/2	1	0.062		

C.R.$_{A2（Aj）}$=0.050/1.25=0.040<0.10，判断矩阵具有满意的一致性，故其相对权重是可以接受的。

（4）课堂教学情景调控能力权重的确定

在对课堂教学情景调控能力的各指标权重进行确定时，A3 为课堂教学过程驾驭能力，其下一级指标为课堂组织管理能力（A31）、课堂察言观色能力（A32）、课堂及时反馈能力（A33）、课堂系统把握能力（A34），以课堂教学情景调控能力为准则，对 A31、A32、A33 及 A34 进行两两比较，可建立的判断矩阵及单因素排序结果如下所示。

表5-2-7　A3的判断矩阵及单排序结果

A_3	A_{31}	A_{32}	A_{33}	A_{34}	W	C.I.	R.I.
A_{31}	1	5	7	3	0.564		
A_{32}	1/5	1	3	1/3	0.118	0.039	0.89
A_{33}	1/7	1/3	1	1/5	0.055		
A_{34}	1/3	3	5	1	0.263		

C.R.$_{A3（Aj）}$=0.039/0.89=0.044<0.10，判断矩阵具有满意的一致性，故其相对权重是可以接受的。

（5）课堂教学引导能力权重的确定

在对课堂教学引导能力的各指标权重进行确定时，A4 为课堂教学引导能力，其下一级指标为课堂预测能力（A41）、课堂讲解能力（A42）、课堂示范能力（A43）、课堂检测能力（A44）、课堂诊断能力（A45）、课堂矫正能力（A46）、课堂控制能力（A47）、教材把握能力（A48），以课堂教学引导能力为准则，对 A41、A42、A43、A44、A45、A46、A47 及 A48 进行两两比较，可建立的判断矩阵及单因素排序结果如下所示。

表5-2-8　A4的判断矩阵及单排序结果

A_4	A_{41}	A_{42}	A_{43}	A_{44}	A_{45}	A_{46}	A_{47}	A_{48}	W	C.I.	R.I.
A_{41}	1	1/3	1/2	3	4	5	2	1/4	0.107		
A_{42}	3	1	2	5	6	7	4	1/2	0.232		
A_{43}	2	1/2	1	4	5	6	3	1/3	0.158		
A_{44}	1/3	1/5	1/4	1	2	3	1/2	1/6	0.048	0.041	1.42
A_{45}	1/4	1/6	1/5	1/2	1	2	1/3	1/7	0.033		
A_{46}	1/5	1/7	1/6	1/3	1/2	1	1/4	1/8	0.023		
A_{47}	1/2	1/4	1/3	2	3	4	1	1/5	0.071		
A_{48}	4	2	3	6	7	8	5	1	0.328		

C.R.$_{A4（Aj）}$=0.041/1.42=0.029<0.10，判断矩阵具有满意的一致性，故其相对权重是可以接受的。

（6）学生智慧潜能开发能力权重的确定

在对学生智慧潜能开发能力的各指标权重进行确定时，A5 为学生智慧潜能开发能力，其下一级指标为学生语言智慧潜能开发能力（A51）、学生空间智慧潜能开发能力（A52）、学生逻辑智慧潜能开发能力（A53）、学生人际智慧潜能开发能力（A54），以学生智慧潜能开发能力为准则，对 A51、A52、A53 及 A54 进行两两比较，可建立的判断矩阵及单因素排序结果如下所示。

表5-2-9　A5的判断矩阵及单排序结果

A_5	A_{51}	A_{52}	A_{53}	A_{54}	W	C.I.	R.I.
A_{51}	1	1/5	1/7	1/3	0.055		
A_{52}	5	1	1/3	3	0.263	0.039	0.89
A_{53}	7	3	1	5	0.564		
A_{54}	3	1/3	1/5	1	0.118		

C.R.$_{A5（Aj）}$=0.039/0.89=0.044<0.10，判断矩阵具有满意的一致性，故其相对权重是可以接受的。

计算 C 层的总排序结果如下表所示。

表5-2-10　综合权重

Ai层 / Aj层	A1 0.052	A2 0.090	A3 0.152	A4 0.262	A5 0.444
Aj	0.055	0.401	0.564	0.107	0.055
	0.564	0.157	0.118	0.232	0.263
	0.118	0.222	0.055	0.158	0.564
	0.263	0.055	0.263	0.048	0.118
		0.103		0.033	
		0.062		0.023	
				0.071	
				0.328	

总排序的一致性检验指标：

$C.I._{A（Aj）}$=0.052×0.039+0.090×0.050+0.152×0.039+0.262×0.041+0.444×0.039
=0.041

$R.I._{A（Aj）}$=0.052×0.89+0.090×1.25+0.152×0.89+0.262×0.1.42+0.444×0.89
=1.061

$C.R._{A（Aj）}$=0.041/1.061=0.039<0.10

总排序一致性通过。

由表 5-2-10 可知，民办高校教师课堂教学领导力评价指标体系的层次总排序权值如下表所示。

表5-2-11　民办高校教师课堂教学领导力评价指标体系的层次总排序权值

指标	权数	子指标	权数	权重
教学方案设计能力（A1）	0.052	教学目标设计能力（A11）	0.055	0.003
		教学内容设计能力（A12）	0.564	0.029
		教学方法设计能力（A13）	0.118	0.006
		教学模式设计能力（A14）	0.263	0.014
课堂教学过程中的驾驭能力（A2）	0.090	教学内容把握能力（A21）	0.401	0.036
		课堂问题预见能力（A22）	0.157	0.014
		教学活动设计能力（A23）	0.222	0.020
		师生互通能力（A24）	0.055	0.005
		学生引导能力（A25）	0.103	0.009
		学科综合能力（A26）	0.062	0.006

续表

指标	权数	子指标	权数	权重
课堂教学情境调控能力（A₃）	0.152	课堂组织管理能力（A_{31}）	0.564	0.086
		课堂察言观色能力（A_{32}）	0.118	0.018
		课堂及时反馈能力（A_{33}）	0.055	0.008
		课堂系统把握能力（A_{34}）	0.263	0.040
课堂教学引导能力（A_4）	0.262	课堂预测能力（A_{41}）	0.107	0.028
		课堂讲解能力（A_{42}）	0.232	0.061
		课堂示范能力（A_{43}）	0.158	0.041
		课堂检测能力（A_{44}）	0.048	0.013
		课堂诊断能力（A_{45}）	0.033	0.009
		课堂矫正能力（A_{46}）	0.023	0.006
		课堂控制能力（A_{47}）	0.071	0.019
		教材把握能力（A_{48}）	0.328	0.086
学生智慧潜能开发能力（A_5）	0.444	学生语言智慧潜能开发能力（A_{51}）	0.055	0.024
		学生空间智慧潜能开发能力（A_{52}）	0.263	0.117
		学生逻辑智慧潜能开发能力（A_{53}）	0.564	0.250
		学生人际智慧潜能开发能力（A_{54}）	0.118	0.052

4. 确定模糊判断矩阵

由河南省公办高校及民办高校教师组成 49 人的评审团，采用问卷调查的方式，问卷调查内容见附录，对民办高校教师课堂教学领导力评价指标体系中的第二层指标进行单因素评价，通过数据的整理，得到的评价结果如下表所示。

表5-2-12　民办高校教师课堂教学领导力评价指标体系单因素评价调查结果

指标 ＼ 评价	非常强	很强	一般	不强	非常不强
教学目标设计能力	7	22	19	1	0
教学内容设计能力	5	30	14	0	0
教学方法设计能力	5	24	19	0	1
教学模式设计能力	5	20	23	1	0
教学内容把握能力	9	26	14	0	0
课堂问题预见能力	5	25	18	1	0
教学活动设计能力	5	22	21	1	0
师生互通能力	9	20	19	1	0

指标 \ 评价	非常强	很强	一般	不强	非常不强
学生引导能力	8	22	18	1	0
学科综合能力	5	18	25	1	0
课堂组织管理能力	6	22	20	1	0
课堂察言观色能力	8	21	19	1	0
课堂及时反馈能力	7	20	20	2	0
课堂系统把握能力	6	23	19	1	0
课堂预测能力	5	20	23	1	0
课堂讲解能力	8	26	15	0	0
课堂示范能力	5	29	15	0	0
课堂检测能力	6	24	19	0	0
课堂诊断能力	4	20	25	0	0
课堂矫正能力	7	17	25	0	0
课堂控制能力	4	24	21	0	0
教材把握能力	8	26	15	0	0
学生语言智慧潜能开发能力	6	19	23	1	0
学生空间智慧潜能开发能力	6	18	24	1	0
学生逻辑智慧潜能开发能力	6	15	27	0	1
学生人际智慧潜能开发能力	4	22	22	1	0

根据表 5-2-12，构造模糊评价矩阵：

$$R_1 = \begin{bmatrix} 0.14 & 0.45 & 0.39 & 0.02 & 0.00 \\ 0.10 & 0.61 & 0.29 & 0.00 & 0.00 \\ 0.10 & 0.49 & 0.39 & 0.00 & 0.02 \\ 0.10 & 0.41 & 0.47 & 0.00 & 0.00 \end{bmatrix}$$

$$R_2 = \begin{bmatrix} 0.18 & 0.53 & 0.29 & 0.00 & 0.00 \\ 0.10 & 0.51 & 0.37 & 0.02 & 0.00 \\ 0.10 & 0.45 & 0.43 & 0.02 & 0.00 \\ 0.18 & 0.41 & 0.39 & 0.02 & 0.00 \\ 0.16 & 0.45 & 0.37 & 0.02 & 0.00 \\ 0.10 & 0.37 & 0.51 & 0.02 & 0.00 \end{bmatrix}$$

$$R_3 = \begin{bmatrix} 0.12 & 0.45 & 0.41 & 0.02 & 0.00 \\ 0.16 & 0.43 & 0.39 & 0.02 & 0.00 \\ 0.14 & 0.41 & 0.41 & 0.04 & 0.00 \\ 0.12 & 0.47 & 0.39 & 0.02 & 0.00 \end{bmatrix}$$

$$R_4 = \begin{bmatrix} 0.10 & 0.41 & 0.47 & 0.02 & 0.00 \\ 0.16 & 0.53 & 0.31 & 0.00 & 0.00 \\ 0.10 & 0.59 & 0.31 & 0.00 & 0.00 \\ 0.12 & 0.49 & 0.39 & 0.00 & 0.00 \\ 0.08 & 0.41 & 0.51 & 0.00 & 0.00 \\ 0.14 & 0.35 & 0.51 & 0.00 & 0.00 \\ 0.08 & 0.49 & 0.43 & 0.00 & 0.00 \\ 0.16 & 0.53 & 0.31 & 0.00 & 0.00 \end{bmatrix}$$

$$R_5 = \begin{bmatrix} 0.12 & 0.39 & 0.47 & 0.02 & 0.00 \\ 0.12 & 0.37 & 0.49 & 0.02 & 0.00 \\ 0.12 & 0.31 & 0.55 & 0.00 & 0.02 \\ 0.08 & 0.45 & 0.45 & 0.02 & 0.00 \end{bmatrix}$$

5. 综合评价

由于 A_1=[0.055，0.564，0.118，0.263]，则教学方案设计能力的评价向量为 B_1=$A_1 \cdot R_1$=[0.102，0.534，0.355，0.006，0.002]。同理，课堂教学过程驾驭能力的评价向量为 B_2=$A_2 R_2$=[0.143，0.484，0.361，0.012，0]，课堂教学情境调控能力的评价向量为 B_3=$A_3 R_3$=[0.126，0.451，0.402，0.021，0]，课堂教学引导能力的评价向量为 B_4=$A_4 R_4$=[0.133，0.514，0.351，0.001，0]，学生智慧潜能开发能力的评价向量为 B_5=$A_5 R_5$=[0.115，0.347，0.518，0.008，0.011]。

再由 A=[0.052，0.090，0.152，0.262，0.444]，则民办高校教师课堂教学领导力的综合评价向量为 B=A·R=[0.123，0.429，0.434，0.008，0.005]。

根据最大隶属度原则，说明民办高校教师课堂教学领导力属于一般水平。

第六章　民办高校教师职业发展存在问题及成因剖析

第一节　社会因素

一、社会认可度较低与社会期望值高不匹配

教师是接受过良好教育、自我修养较高的群体，一般都具有很强的自尊心与责任感，渴望得到社会的认同。但在现实社会中，社会对民办高校与民办教师的认可度偏低，这是因为：一方面是认为民办高校整体办学水平不高，学生质量不高，校园学习氛围不足，硬软件设施不强，教师教学水平较差；另一方面民办高校由于无财政拨款，走的是以学养学的路子，民办高校收取的学费要远远高于公办高校，也就是社会上所谓的购买教学服务的"成本"比较昂贵，所以想要获取更多的收益，无形之中对教师会有更多的期望。社会认可度的偏低，不仅使教师身份处于尴尬位置，地位无保障，也使教师很少有机会进行学历、科研、专业上的提升与培训，因为高昂成本的付出又对教师的教育水平有较高的期望值，造成教师心理失衡与压力增大，工作信心不足，从而容易出现职业倦怠现象。

二、民教身份压力导致职业发展受阻

按照教师职业生涯的发展阶段，中年教师将步入事业发展的成熟期，但由于受到精力、体力等限制，职业发展进入瓶颈期，职业成就感降低，

民校平台无法满足职业发展需求、专业知识陈旧等导致中年教师职业压力不断增大，也面临着职业倦怠的危机。

民办高校经过四十多年的发展已经进入内涵式发展阶段，但教师的待遇与地位却没有得到相应的改善。相对于公办高校，民办高校的平台较低、科研经费启动不足、硬件设施投入不足造成教师对工作环境的不满。合同制的雇佣方式以及随着年龄增长择业竞争力的下降、缺乏吸引力与竞争力的薪酬福利制度导致中年教师安全感得不到满足。在问卷调查与访谈过程中，民办高校教师不约而同地有在学历与业务上提升深造的同一愿景，由于民办高校这方面资源的欠缺，无法提供资源平台，以及民办教师的身份导致中年教师想深造的想法与希望被泯灭，高强度的脑力工作与身兼数职的现状令教师疲惫不堪，美好的职业期待一次次被打击，职业懈怠现象日益凸显。

三、职称评审压力诱发职业成就感较低

中青年教师经过多年的积累，多数处于事业发展和人生道路的关键期，应该已经成为单位的教学科研骨干，尽享职业成就感、幸福感、自豪感的阶段。但部分教师却沦陷为职称评审无望、教学得不到认可、科研难以突破瓶颈的境地。其实，在民办高校职称评审难度要远低于公办高校，但由于很多期刊不愿刊登民办高校教师的文章或对教师学历、职称、课题级别有严格要求，令教师们望而却步或是被退稿弄得心灰意冷，难以突破在核心期刊上难发表文章的现状；在科研方面无论是科研自身实力、科研团队质量都难以有大的进展，每年拿到省级课题的数量都寥寥无几，仅仅发表核心论文与省级及以上课题这两个条件都让教师高职称评审无望，已经步入中年还是讲师职称，工资没有提升，自尊心受损，工作失去热情，日久天长这种消极的精神状态势必无形中被带入课堂中去，课堂失去激情与活力，教学得不到学生的认可，职业成就感受到严重打击。

四、工作压力大诱发职场焦虑

教师的工作是不分时间、不分地点的工作，现在社会对教师的要求也

越来越高，因为有中年教师这一标签，常常被当作教学的成熟者，科研的标兵，无论是在教学水平、科研能力、讲课大赛、指导学科竞赛等方面都应该起到模范、榜样、标杆的作用，在一些教研室、院办的一些行政事务性工作中更应该起到带头、主动、多分担、保质保量出色完成的榜样作用，这个标签在无形之中给了教师更多的工作压力，因为有这个身份所带来更多的期望使教师心理长时间处于紧张状态，负面情绪也会随之而来。反观学校，将更多的精力与重心放在青年教师与骨干教师的培养上，忽视了对中青年教师这一群体的培养与扶持，逐步使这个群体边缘化，在很大程度上打击了他们的自信心与自尊心，磨灭了斗志，造成专业发展渠道滞后性。

五、生存压力大引发职业归属感低

中青年教师一般处于上有老、下有小的阶段，不仅要赡养年迈的父母，还要负担孩子的教育，以及肩上承担的房贷车贷及其他开销。在调研中，有教师开玩笑地说，自己每月的工资在郑州连半平方米的房子都买不起。教师要求提高薪资福利待遇的呼声很高，甚至认为这是影响职业发展困境的核心要素，生存压力与负担比较大。《中华人民共和国教师法》规定：教师的平均工资水平应当不低于或者高于国家公务员的平均工资水平，并逐步提高。公务员可以低于市场价买到福利房，孩子能上到较好的学校，单位福利和退休保障等都是民办高校教师远不可及的。民办高校教师薪资待遇发放水平偏低，福利保障制度没有落实，人事管理独立于高校人事管理之外，五险一金按照企业最低标准缴纳，民办高校中年教师同样为教育事业奉献一生，远不如公办高职、高专里的青年教师有生活保障，难免产生心理落差。教师这个特殊的工作，由于多年在学校工作，生活比较单一，社会经验不足，人到中年换职场的压力很大，长时间与社会脱节，导致竞争力与自信心不足。即使生存压力、期望与现实落差再大，也只能硬着头皮留任，成为付出与收获矛盾的牺牲品。

第二节　学校因素

一、忽视了教师主人翁的主体地位

教师是推动学校发展的主体力量，教职工的主人翁意识是学校发展的动力，形成与学校血肉相连、相互依赖、命运相系的感觉，主人翁地位得到尊重，教师的责任感就会得到激励和发扬。然而在民办高校，教师只是为学校、为学生服务的工具，以学生为中心的管理方式使老师苦不堪言，无法合理地表达自己的诉求。在考评中，过于重视学生的评价结果，而忽视教师在教学探索中的曲折与阻力，只要学生不认可，就是不合格的教师；担心学生把事情散布到网络上，只要是学生要求的事情就会顺从他们的意愿；出现伤害教师身心的事情时，第一反应就是教师的问题而追责惩罚，若是学生的问题就采取息事宁人、相安无事的处理方式，令老师产生心寒与失望情绪，对这个学校逐渐产生冷漠心态。在民办高校里，教师对学校规章制度的制定基本没有参与权，直接就是下命令执行。因为是理事会的决定，即使再不合理，一个普遍的教师也很难动摇一个群体的决定，即便是层层上报最终也会被驳回，整个过程不仅会耗费老师大量的时间，也令教师出现冷漠态度，逐渐与学校保持心理距离，对学校发展不管不问，学校也被教师边缘化、透明化，最终让教师走向工作懈怠。

二、组织关系冷漠与缺乏组织关怀

良好的组织关系、和谐的人际关系，有助于消除职业倦怠。在民办高校，教师之间人际关系比较淡漠，首先是同教研室教师之间竞争比较激烈，其矛盾点主要集中在年终的评优评先上，虽然学院会有相关规定的量化指标，但评审工作缺乏透明性致使教师对评审结果充满怀疑，也导致教师之间出现了心理隔阂，导致同事关系紧张。其次是教师之间见面的时间比较短。

民办高校教师基本也是有课时间才到校，上完课离校的上班状态，所以同事之间见面交流的时间比较短，出现问题也不能及时沟通化解，长此以往就会影响到教师之间的关系。再次，上下级沟通遇到障碍。主要原因是学校一般不太注重教师的意见与反馈，时间一长，教师就会对领导产生不信任与抵触情绪。一些民办高校也会组织一些人文关怀的活动，但实际上教师更注重的是职业发展前景，但由于学校提供的平台较低，学历提升与业务进修的名额都是非常有限的，这些名额优先考虑的是多年在学校发展的优秀教师，绝大部分教师是没有机会参与这些资源的。可参与的一些培训流于形式，没有针对性，教师最在乎的专业知识、教学能力、教学效果等方面没有得到对应的培训，对教师发展关注不够，导致这些教师希望落空，很容易挫伤这部分教师的工作热情。

三、考核方式单一与激励方式不完善

有效的考核方式与激励方式不仅可以有效考核出教师的真实实力，激发教师的工作热情，还能有效提升教师的教学质量与教学水平。但在调研中教师普遍反映，考核制度存在单一化、僵硬化的问题，考核结果有失公平性与真实性。如评教内容没有考虑到学科、教学内容的不同，所有教评的题目与选项都是一样的，无论是必修课还是选修课，甚至体育课与专业实训实践课程的教评内容都是一个模板，没有根据学科、课程性质有针对性地来设定教评选项，找不出每一门课的特色来。在民办高校，其考核结果以学生的网上评教为主，但学生评教存在严重的短视行为，缺乏公平性与客观性，会比较排斥要求比较严格的"事多教师"；相反，自导自演的老师比较受欢迎，严重伤害了真正为学生负责的老师，挫伤了他们工作的积极性。民办高校教师普遍认为学校激励措施不到位，民办高校教师薪酬福利待遇本身就比公办院校差一些，若没有适当的激励机制，不仅会造成教师的职业倦怠还会引起人才的流失。在民办高校存在同一职称同酬，做得好与坏工资待遇一样的情况，有些教师还要义务性地承担一些行政性工作，没有相应的补助与奖励，不仅有失公平，还容易造成教师心理的失衡。

第三节　教师原因

一、角色冲突与模糊

教师角色定位本是教书育人，不仅要在课堂上传道授业解惑，也要在课下关注学生的心理健康。我们在调研中发现，民办高校教师群体主要以女性为主，女性在现代社会本身被赋予了多重角色，社会、单位、家庭对其都有一定的角色要求，角色的多重性特征就容易产生角色冲突。其角色冲突主要体现在以下几个方面：

一是新课改下教师角色冲突。在新课改形势下，教师由原来的传授者转变为引领者，由"以教师为中心"向"以学生为中心"转变。但因为民办高校走的是以学养学的路子，学生的学费相对比较高，就无形中形成了学生认为是自己"付费"购买了教师的教学服务，似乎是一种雇佣与被雇佣的关系，再加上民办高校学生的基础薄弱，自学能力较弱等原因，对"以学生为中心"的教学理念并不买账，对教师的身份、地位并不认可。教师在新课程改革中困难重重，这严重偏离了教师固有的角色定位。学生尊师重道意识淡薄，使教师心理失衡，没有存在感与被尊重感。

二是教师角色冲突的二重性。随着时代的发展，社会赋予了教师更多功能性的角色，不仅仅要有过硬的专业知识，同时还要关注学生心理的变化、价值观的培养、好习惯的培养。尤其民办高校特殊的校情，教师甚至要承担起招生的任务，学生学情变化也比较复杂，需要教师承担起更多的角色，扮演不同的身份，难以面面俱到，这给普通教师带来较重的心理压力。教师由单一的角色向复合型角色转变过程中，如果角色冲突能够顺利适应则有利于教师获得成就感，若转换不顺利会招致诟病和批评，身心疲惫，影响教师的工作积极性，动摇职业信念，加剧教师心理压力，导致教职人员流失。

三是职业倦怠主要集中于两个时段。通过调研发现，教师倦怠期主要集中于 5 年以下教龄以及 11-16 年教龄两个阶段。5 年以下教龄的教师多为青年教师，产生职业倦怠的主要因素是角色内在冲突，即期望的角色与现实角色的冲突与矛盾。因为步入职场不久的青年教师对工作充满激情，满腔抱负地投入到工作中去，教书育人的使命感与自豪感比较强烈。但当教学不被认可，领导批评，不出教学成果时，就会备受打击，工作热情消退。在民办高校，此工龄段的教师一般会选择读博学历进修，辞职另谋工作。11-16 年教龄的教师年龄基本为中青年教师，是职业倦怠的高发人群，角色冲突是产生职业倦怠的主要原因。一方面由于长久不出成果加上年龄的限制，部分教学大赛无资格参加，重要项目无前期科研积累，再出成果可能性很小，教学上不被学生认可等导致教师出现一些个性化特征。另一方面要肩负多个角色，承担着对家庭、学校、政府、社会应尽的责任，许多教师无法实现在各个角色间的灵活转换，导致身心疲惫，安于现状，停止学习与进步，对教学敷衍了事，导致职业走下坡路，势必出现职业倦怠。

二、知识技能储备不足

随着科学技术的发展，信息技术已经成为提高教学质量的有力工具，实现了教学内容的大容量、多信息和高效率，这就要求教师要不断更新教学理念，改变传统的教学模式，熟练掌握信息技术在课堂中的运用。在民办高校，面对信息技术在教学中的悄然运用，出现了截然不同的场景。一是有心学习现代信息技术却苦于无人指导。这部分教师具有较强的上进心，不甘于落后时代发展，但因为大部分时间忙于教学，走出校门学习先进教学模式的机会很少，更多的是靠老师自觉、自学与摸索。在教学工作量占据大多数时间的同时，老师要不断地提升自身的专业能力，同时还要花费大量的时间与精力面临铺天盖地的新教学模式的挑战以及应对各种信息技术工具的学习，挑战难度可想而知，其学习的深度广度厚度都有待加强。同时由于民办高校特殊的校情学情，教学理念的更新，教学模式的探索要比公办学校难度大很多，导致老师在探索路上备受打击。二是得过且过懒于改变的部分群体。这一部分老师仅仅把教学当作"有事干"的，不思进取，依然我行我素地采用传统模式进行授课，导致课堂氛围沉闷。三是一些教龄比较长的教师在多年的教学中形成了思维固化，接受新事物的能力比较弱，创新能力不强，加上对科研探索的弱化，无法及时向学生传达最前沿的学术内容，慢慢地在知识储备上跟不上时代的要求，自我成就感大幅度下降。

三、缺乏职业生涯规划

科学的职业发展规划是职业生涯发展的动力与加速器，有助于树立明确的职业目标与观念，发挥个人专长，挖掘潜能，克服发展困难，不断修正前进方向。职业生涯规划的过程本身就是一个提升自我认知的过程。在调研中我们发现，教龄在5年以下的教师尤其是刚入职的新教师，根本不了解教师发展的过程，没想过职业规划与职业发展的问题，遇到问题时要么逃避要么辞职。40%的教师有自己心中的规划与目标，但轻重缓急、步伐慢快是否科学合理没有科学的指导。在调研中我们也了解到，大部分学校缺乏为教师做职业生涯规划，不清楚每个阶段要达到的目标，不了解自己的特长、优势、劣势，甚至每天混混沌沌上下班，无职业追求，缺乏工作热情度，当出现职业困境时显得束手无策，难以找到突破口。只有明确做好每一个阶段的职业目标，才可以从容地面对职业困境。还有部分教师教到中年，职称该评的也评上了，工资能涨的也都涨了，不能评上职称、不能涨工资的，也有一大把年龄和资历了，似乎没有什么盼头和奔头，迷茫和松弛，懈怠和停滞，往往像"更年期综合征"一样，如影随形。

四、强烈的危机感和较低的自我效能感

民办高校特殊的性质以及教师特殊的身份与社会地位，其实是比较令人尴尬的。在访谈中，教师普遍提到民办高校教师身份的特殊性：你是大学教师但又没有公办高校的事业编制，没有事业编制但又在大学里工作。其特殊的身份使得教师缺乏认同感与归属感，势必带来职业的危机感。民办高校企业化的管理方式，可以节约成本却容易造成教师安全感的缺失，加上招生生源质量不高，学习基础比较薄弱，各种行为规范较差，使教师

的自我效能感较低，工作的价值受到质疑，工作满意度下降，动摇教学初心，职业倦怠感油然而生，最终影响到教育教学效果。

五、学习氛围淡薄导致课堂缺乏成就感

导致教师出现职业发展困境的原因是多样化的，但基于教师职业的特殊性，在单位面对的群体更多的是学生。学生基础的好坏，课堂上的互动性、学习氛围的浓淡、师生之间的情感等直接关系到教师职业的满足感与成就感。不可否认的是，民办高校的学生基础偏低，没有养成良好的学习习惯，依赖性比较强，自律性比较差，学习缺乏持之以恒的不懈努力，多数仅凭一时的冲劲与考试前的突击，没有远大抱负，存在学业成绩不理想、思想道德滑坡的现象。教师往往追求课堂成就感，希望学生能够以良好的学习态度对待每一节课，缺乏满足感的课堂难免导致教师情绪低落，在过于注重学生感受的学校，学生成绩不理想，挂科率过高，首先会认为是教师的原因，学生教评因存在很多的短视行为导致教评不理想，也会认为是教师的原因。这种过于注重学生感受，轻视教师的行为令老师们很受伤，不仅在课堂上难以找到成就感，也会对组织产生疏离感。

六、同事之间缺乏互助交流

中年教师一般是有课到校，下课离校的工作状态，与其他教师交流的相对比较少，平时参与学校里的活动也处于边缘状态。即使工作中遇到问题，但碍于年龄的原因也羞于向其他教师请教。在科研上也是处于孤立无援的状态，即使课题组内成员之间也缺乏互帮互助，相互协作，合理分工，常常出现单打独斗，徒步挂名现象。再加上师资流动性比较强，大家情感上比较疏远，很多交往存在短视行为，这种长时间的相对工作独立性不仅导致教师对组织的归属感逐渐淡漠，还加剧了中年教师职业发展困境的产生。

七、教师自身调节能力低下

在工作生活节奏较快的时代，教师自身调节能力的高低也是能否缓解

职业倦怠的重要因素。通过调研我们发现，教师排解压力的方法多是女老师向关系好的同事倾诉，男老师采取回避的态度。一方面通过倾诉诉说心中的迷茫与忧愁，因为具有一定的共情性，可以敞开心扉尽情倾诉，心中的郁闷可以得到及时舒缓，一般不会造成严重的心理问题，一旦遇到新的压力与阻力时，内心挫败感会更加严重。男教师多是采取回避的态度，男性不太轻易表露自己真实的感受，更多的是将郁闷情绪埋藏于心，长此以往长久压力得不到排解，将会给教师带来严重的不良影响。

六、身体机能每况愈下

由于工作性质的影响与教师工作的特殊性，需要长时间伏案备课、做科研、写材料，长时间地站立说话，教师的颈椎、腰椎、咽喉、手指、腿部等身体部位出现不同程度的变形。据有关调查数据表明，七成的教师身体状况处于亚健康状态，"讲出来的咽喉炎""站出来的静脉曲张""坐出来的颈腰椎病""板书出来的颈背部筋膜炎""电脑写出来的干眼症"等成为教师最常见的职业病。据调研，年龄在40岁之后的教师明显感受到身体机能的下降，虽然意识到患病，但因为工作繁重而疏于治疗，直至到病情加重影响到正常工作、生活或者是在体检中检查出来才意识到病情的严重性。教师一般对个性形象都有严格的控制，白发增多、身体发福也在不断困扰着教师。高强度的工作以及身体机能的日益下降给老师的生理与心理都带来了不小的压力，最终出现职业倦怠现象。

第四节 学生原因

一、自学能力不足，知识基础比较薄弱

民办高校的学生在高招录取时分数普遍低于公办高校的学生，整体生源质量要比公办高校学生弱一些；且民办高校学生多喜欢传统的满堂灌的

授课方式，对于以"学生为主"的教学方式比较排斥，懒于动脑，作业多是在教师的督促与监督下完成，没有形成很好的自学习惯；课堂互动性比较弱，因为课前懒于预习，对教师讲的知识点比较陌生且接受新知识的能力较弱，仅仅课本上的基本知识接受起来就比较困难，穿插课外的知识更困难，使教师在讲授过程中会感觉比较累。

二、个性十足，"躺平"现象比较凸显

目前的大学生已经进入到 00 后，这一代的学生个性比较明显，不喜欢课余时间被作业占用，不喜欢被管束，他们会把要求相对严格、布置作业、督促他们完成作业的负责任教师称为"事多教师"；相反，会比较喜欢课堂上对他们不管不问不提问、课前课后不布置作业、不强迫完成作业的老师，并且这些学生的自尊心又比较强，说话稍微严重一点就会让他们觉得失面子，管理起来比较困难，即所谓的尊重他们学习的自愿性。他们会在期末教评中对这些负责任的老师倒打一耙，着实令老师心寒。学生的这种行为使那些竭尽全力地传授知识、全心全意教书育人的教师在任教过程中情感很受挫，备受打击，情绪低落，工作热情降低，甚至会怀疑自己的职业精神，长此以往，教师职业倦怠必然产生。

三、学习氛围较差，厌学情绪较严重

民办高校里的"问题学生"较多，吸烟、喝酒、打游戏、沉迷网络、玩麻将等现象司空见惯，进入课堂仅仅是充人头数，不少学生四年没进过图书馆，整体学习氛围较差。厌学情绪肆意膨胀，据调研是因为学生发现大学生活并非像高中老师激励他们的一样，"考上大学他们就彻底解放了"，所以一直对大学抱着美好的愿景。但进入大学后发现大学生活仍然枯燥无味，需要学习的课程更多，准备的证件一个接一个，原来的愿景落空，进而产生厌学情绪。这种厌学情绪带入课堂，会使课堂氛围比较沉闷，基本是老师在自演自说，严重影响教师在课堂中的成就感。

第七章　教师职业发展再定位

　　教师的发展是一个漫长、动态、历经不同阶段，曲折复杂的过程，在教师职业生涯发展的整个历程中既有高潮也有低谷，有发展期也有停滞期。美国费斯勒（Fessler，1985）将教师的发展分为职前教育阶段、引导阶段、能力建立阶段、热心和成长阶段、生涯挫折阶段、稳定和停滞阶段、生涯低落与生涯退出阶段。司德菲（Steffy，1989）将教师生涯阶段分为预备生涯阶段、专家生涯阶段、退缩生涯阶段（初期退缩、持续退缩、深度退缩）、更新生涯阶段、退出生涯阶段。伯顿（Burden，P.R.，1979）将教师生涯发展分为生存阶段、调整阶段、成熟阶段。卡茨（Katz，1972）将教师生涯规划分为生存时期、强化时期、更新时期、成熟时期四个阶段。由此可见，教师的职业发展困境是教师职业生涯中正常的必经阶段，在不同的发展阶段我们会遇到不同的职业问题与发展困惑，在教师这个特殊的职业，外界环境和自身条件都在不断发生变化，不断修正职业发展目标，调整职业发展规划的具体策略，最终落实到实际工作中去，才能走出人生低谷，迈向人生更高的起点。

第一节　理性看待民办教师职业所处的环境

一、要合理看待民办高校所处的社会环境

　　不可否认，民办高校在发展过程中确实存在着先天不足、后天不利的

缺陷，民办高校由于发展历史较短，在师资力量、学校口碑、硬件投入、管理水平等方面都处于探索之中，现在各方面的发展不足以向社会交上圆满答卷，社会难免对民办高校及其教师工作、社会地位评价存在一定的偏激性。又因为民办高校学生学习成本的高投入，难免对学校与教师存在高期望。教师要合理看待社会对民办高校及其教师评价存在的偏差。随着民办高校的日益壮大以及教育改革的实施，社会也会逐渐对民办高校教师职业产生认同感。

二、要合理看待民办高校教师所处的学校环境

学校是教师工作与专业发展的主战场，学校的总体发展规划、人文环境、物质环境、管理制度、教育资源等环境，都是影响教师职业发展的重要因素。民办高校正处于发展、完善中，每一个整体规划目标的实现不仅需要时间的沉淀也需要教师的参与和奉献。教师作为学校师资队伍的主力与领头羊，必然也会提出特殊的要求与期望，当把个人目标与学校目标绑定在一起，二者会息息相关，一脉相承，学校目标实现也会为个人目标实现提供资源与平台。我们在为学校发展献言献策时也要给予学校发展的时间与空间。

三、合理看待教师职业对家庭环境的影响

不同的职业都会在一定程度上遭受到工作与家庭的冲突，教师特殊的人生阶段尤为让工作与家庭的冲突关系显得激烈。但同时也要明白，你的工作要得到家人的支持，你的工作对于整个家庭是有价值的，而不是自己一个人的事。教师教书育人的责任心、为教育事业奉献的情怀、勤奋上进的进取心、对待学生的爱心与耐心等一言一行无不在潜移默化中影响与熏陶着家中的孩子，这就是以身作则榜样的力量。事业的成就感与保障的收入也给家庭带去愉悦感，有利于家庭的和谐。

第二节　教师职业的自我认知

一、认知自身的职业兴趣

　　爱因斯坦说过："兴趣是最好的老师。"它可激发人的创造热情、好奇心与求知欲，并在求知、探索、实践中产生愉快的情绪与体验。在调研对教师职业的态度和认知这道题中，51% 比重的教师选择十分热爱，并作为一种事业来追求，44% 比重的教师选择比较喜欢，是适合自己的职业，这体现了对教师职业的认可与尊重。兴趣是一种无形的动力，能产生内驱力，变"被动"为"主动"学习。良好而稳定的兴趣，才能具有从事实践活动的自觉性、积极性与持久性，并促使其不断努力做出一番成就。当遇到职业发展困境时，就要反思教师选择这个职业的初心，经过多年的磨炼，是否依旧初心不变还是有新的职业取向。只有对自己的职业兴趣有清醒的认知，才能更好地赋予角色定位，即使在某一时间内感到迷茫与困惑，也会帮助自己度过困境期。

二、认知自己的职业价值观

　　职业价值观是一个人对职业的认识和态度，决定了对职业的期望、工作态度、劳动绩效，在做职业生涯规划前，一定要清楚自身的价值观与职业价值观。我国学者阚雅玲将职业价值观分为收入与财富、兴趣特长、权力地位、自由独立、人际关系、身心健康、环境舒适、工作稳定、追求新意共计 12 类。美国社会学家贝拉（1958 年）将职业价值观分为谋生价值观、工作价值观、事业价值观。谋生取向的教师工作的目的主要是为了获得经济收入与物质回报，将教育职业当作一种谋生手段，是一种物质的幸福感。工作价值观取向的教师追求的是权力、地位、声望、职位，工作上比较投入、干劲足，工作满意度与归属感、幸福感比较好。事业价值观的教师对教育充满了热爱，将精神追求作为主要目的，将教育视为人生的使命，以教育为精神寄托，充分追求职业成就与自我价值。教师对职业的态度都是在其职业价值观指导下进行的，是人生价值观在职业上的价值取向，通过认知自身的价值观，促使教师能更积极、幸福地工作。

三、认知自己职业的胜任力

职业能力是从事其职业的多种能力的综合，主要包括任职资格、职业素养、职业生涯管理等，由一般职业能力、专业能力、综合能力构成。具体到教师职业，其一般职业能力包括语言表达能力、人际交往能力、对教学的适应能力、心理承受能力、学习能力等。专业能力主要包括胜任岗位工作的专业知识的深度、广度、厚度。职业综合能力主要包括职业道德、职业人格、社会能力、工作的方法能力以及跨职业的专业能力、创新能力等。随着新课改的实施以及信息技术对教育职业的冲击，教师只有充分了解自身各方面能力的强弱，对自己全面、综合地分析，在新课改教育理念的指导下，不断尝试新的教学方法，构建新的教学模式，才能不断提升自己的职业胜任力，避免职业发展困境的产生。

第八章 国外私立高校教师职业发展政策分析及借鉴作用

第一节 国外私立高校教师职业发展政策分析

世界一流的私立大学主要集中在美国，一流的大学离不开一流的大师，以高水平的大师培养高水平的学生。因此，国外私立大学十分注重高层次师资队伍的引进与管理，以美国哈佛大学、麻省理工学院、普林斯顿大学为例，借鉴其独特的高层次人才引进机制。

一、麻省理工学院

麻省理工学院为美国一所综合性私立研究型大学，被称为"世界理工大学之最"，已经发展成全世界极为重要的高科技知识殿堂及研发基地，物理及天文学、化学、计算机科学、电机工程、机械工程、土木工程、化学工程、数学在2019-2020年QS世界大学学科排名、软科世界大学学术排名（ARWU）学科排名中处于领先地位。截至2020年10月，先后有97位诺贝尔奖得主曾在麻省理工学院学习或工作。麻省理工学院作为世界名校，无论是在师资方面还是在教学设备上都堪称世界一流，这自然吸引了来自世界各地的求学者。以培养精英人才为目标，以优秀人才培养优秀人才为宗旨，作为世界名校，其教学师资尤其是高层次人才是学院尤为重视的人力资源。

薪酬福利待遇。薪酬虽不能成为影响教师流动的决定性因素，但无疑是衡量人才价值的一把有力的标尺，其绝对水平和相对水平标志着自身价值的实现和社会对自己劳动的承认程度。麻省理工学院人事代理为合同制，平均薪酬约为公立大学的 1.2-1.3 倍，薪酬计划按年度依据职位、学历、教龄等因素予以调整，部分稀缺的教师薪酬可与学院进行协商。薪酬政策在基本薪酬基础上再确定年度绩效加薪。

福利保障除了类似于我国五险一金的直接福利外，还有学历进修学费资助、领导力培养、职业发展与职业发展规划等保障措施解决教师的职业发展困境与职业倦怠等问题而产生的焦虑，家庭护理、健康咨询、健身设施、生活福利等措施都让教师对学校产生强烈的情感认同。

开创了"大学——企业"合作研究的模式。麻省理工学院被誉为"世界上最好的理工大学"，在美国高等教育中开创了独树一帜的"大学——企业"合作研究的模式，以高校为主导的大学、政府、产业联合的创新创业模式，实现了在科学研究、实际应用、教学以及学校收益的最优组合。不仅增加了个人收入，激发了教师对科技成果转化的热情，还把一部分学生培养成具有企业家精神的创业者，让他们不仅能够实现自我价值，而且能够为社会创造就业岗位和价值，是大学服务社会的一种重要方式。推进学生创业教育，设立创业中心，设立技术许可办公室，为学生独立创业、合伙创业提供后勤保障。学校实行终身教职的"双轨制"，招聘在创业领域有重要影响的教授、专家学者来中心任教，与那些学术性的教授形成呼应，共同为创业者提供理论与实践方面的教育和帮助。除开设各类创新课程外，创业俱乐部也在传承 MIT 创新创业精神方面，发挥着重要的作用，它们将学生、校友和创业专家聚在一起，已经系统地融入 MIT 创业中心的创业教育活动之中，极大地激发了创业者的热情。

二、哈佛大学

哈佛大学作为一所私立研究型大学，在文学、医学、法学、商学等多个领域拥有崇高的学术地位及广泛的影响力，被公认为是当今世界最顶尖的高等教育及研究机构之一。2021-2022 年，大学位列 U.S. News 世界大学排名世界第一、软科世界大学学术排名世界第一、泰晤士高等教育世界大学排名世界第二、QS 世界大学排名世界第五。其教员拥有美国国家科学院（NAS）、美国国家工程院（NAE）、美国国家医学院（IOM）三院院士

400 余人，含有多名诺贝尔奖、普利策奖、普利兹克奖、菲尔兹奖获得者。哈佛拥有实力雄厚的师资队伍，其对高层次人才的引进与培养是值得我们学习借鉴的。

坚持学术自由、学术自治、学术中立的学术原则。哈佛大学教师在科研、教学、成果转化方面具有充分的自由，并把学术自由列入教师手册。在教学上可以选择灵活的教学方式以及灵活的考核方式，科研方面可根据个性兴趣爱好申报研究课题，并不受校方约束。

严谨、科学的选拔制度。哈佛大学在选拔标准上注重的是学术能力与创新力、后进发展力，排除国籍、年龄、性别等外在因素的制约，将学术价值作为选拔人才的重要标准。哈佛大学对副教授及以上人员的选拔比较严格，应聘人员不仅需要提供证明自身学术能力的材料，还需要同行人员的推荐信，评审方式采取校内外相结合的方式。校内专家与校外专家同时参评应聘者学术汇报质量，这种较透明的公平选拔制度使哈佛大学可以聘请到世界各国最优秀的人才，保证了教师引进的质量。

特色鲜明的资金筹措方式。作为一所老牌私立大学，哈佛大学资金来源主要有捐赠收入、学生收入、研究资助收入、其他收入，构成比例为 4 ∶ 2 ∶ 2 ∶ 2。捐赠收入是哈佛集资的主要来源，学校有专门的筹款委员会，捐赠主体主要为校友捐赠、民间团体、企业、基金会，捐款形式主要来自民间团体、基金会、企业等主体捐赠的现金、固定资产、无形资产以及哈佛管理公司的信托投资、非现金资产投资、发行债券、风险管理等投资业务，捐赠收入达到 40% 以上。学生收入属于基础性收入，占比重比较小，完全不靠收取学生学费来维持学校正常运行。科学研究资金主要由联邦、州以及地方政府提供。文化、体育等事业经营性收入也为哈佛大学提供了客观的资金支持。

三、普林斯顿大学

普林斯顿大学属于美国私立高校中整体规模较小的学校，自然科学、数学、经济学、社会学、历史学等学科较为有名，在 2022U.S. News 美国最佳大学排名全美第 1；2022U.S. News 世界大学排名世界第 16；2021 软科世界大学学术排名世界第 6；2022 泰晤士高等教育世界大学排名世界第 7；2022QS 世界大学排名世界第 20。

普林斯顿大学非常重视师资队伍建设，不仅注重教师的学术能力，而且要求教师有团队协作能力。专设晋升顾问委员会，晋升资格根据学校需要来确定，对待优秀人才坚持宁缺毋滥，以保证评价的公平性以及人才引进的高质量。

第二节　国外私立高校教师职业发展的经验借鉴

一、严格的人才选拔制度

一是招聘对象的广泛性。招聘对象遍布全球，挖掘全球精英，公开招聘领域的最佳者。二是严格的聘用条件。对申请者的学历背景、教学能力、科研能力都有比较高的要求。申请人通过学术报告来证明自身实力，学校成立学术委员会对申请者的学术能力以及教学经验进行评定，公开透明的招聘流程以及严格的选拔过程，保证了教师选拔的高质量以及招聘过程的公平性和客观性。三是采取"流动—稳定"相结合的聘任方式。对教师的聘任分为非终身聘任制与终身聘任制。对于一般教师采用非终身制，主要通过签订合同来保障教师权益，合格的继续聘任，不合格的被辞退。对于有杰出重大影响的教师实施终身聘任制，保证其稳定的工作与生活保障，不仅能吸引大量高层次人才，而且增强教师自身提高的驱动力。这是与中国民办高校具有明显的区别之一，在中国民办高校，教师的身份基本没有终身制这种说法，都是与民办高校签订的人事代理合同。

二、科学的人才绩效考核机制

绩效考核与薪酬福利待遇、职务晋升息息相关，科学的人才绩效考核不仅可以激发教师职业发展的动力，也成为留住高层次人才的重要依据。

国外私立高校对教师绩效考核主要分为年度考核、晋升考核以及终身职后考核。年度考核内容包括教学、科研与贡献服务情况。教学评价与科研评价内容与我国的比较类似，教学评价主要依据学生评教、院系评价、同行评价等，科研评价主要依据科研完成情况、经费使用情况、科研质量等方面进行衡量。与我国大学评价最大的一个区别是贡献服务意识，主要依据参加校内外的团体活动所作的贡献来量化。这是目前在我国年度考核中缺少的一项内容。在晋升考核中，美英贯彻的是"非升即走"的原则，是人才绩效考核中最重要的评价，是关系到能否继续留校任教的关键因素。终身职后考核主要针对终身聘任教授的高层次人才群体。晋升评价与终身职后评价都在不断激励教师群体不断进取，不断丰富自身学识，也是培养精英人才的重要举措。

三、高质量的科研团队

科研团队是科研精英人才的集合。在哈佛大学、斯坦福大学，科研团队成员真正的来源是学科交叉的成员，可以是教授、学生、企业人员、访问学者、行政人员，并且真正地参与到课题中去。科研团队实施首席专家负责制，负责团队资源的调配，团队成员的调整以及保证高质量科研成果的产出。而在我国民办高校，科研虽然也会量化，但更多时候是形同虚设，课题在申报时也会组建科研团队，但申请下来基本是单打独斗的场景，更多是个人奋斗的过程，因此研究的深度、广度、认知度以及科研质量都很难得到保障。

四、柔性化的管理体系

英美国家比较注重法治，将对教师的管理纳入法律范围，保证高层次人才管理的公平性与合理性。对高层次人才的评价体系采取过程评价与结果评价、自我评价、学生评价、同行评价、教学管理评价相结合的方式。这是与我国考核方式比较类似的一点。高校教师不仅注重物质生活，更注重精神的被尊重、被重视，西方私立高校对教师采取柔性化的管理方式，能够真正地考虑到教师的心理需求与精神需求，使其产生不断进取的内驱力，激发创新力。

第九章　民办高校教师职业发展提升路径研究

第一节　正确认识职业发展困境，合理缓解工作压力

　　民办教师要正确认识到职业发展困境是职业发展中常见的一种具有规律性的现象，出现这种现象的群体主要是那些进取心比较强的教师，原因主要是由于职业期望与现实不匹配。职业发展困境具有两面性，要合理地看待职业发展中暂时停滞不前的局面，民办中年教师身体机能日益滑坡，精力远不比之前，要合理地分配工作与生活的时间，避免工作负荷过重，无暇顾及家人的陪伴，兴趣爱好的追求，长时间又不出成果进而造成严重的精神压力，又把不良情绪转移到家人身上，导致家庭情感受到很大伤害。工作与生活是互为补充和相互推动的两部分，好好工作是为了更好地生活，生活幸福才能提高工作效率。客观地分析产生职业发展困境的原因，善于调节和管理自己的情绪，通过自我反思、向亲朋好友倾诉、旅游、爬山、跑步、养花、弹琴、看电影等措施来疏导与缓解压力，转移工作中的紧张焦虑不良等情绪，适当放慢脚步，以美好的眼光发现生活中更多的美，为自己单调的生活增加一些乐趣与情趣，愉悦自己，通过各种途径弱化不良情绪，进而转化为继续前进的动力，定会突围职业发展困境，获得新的方向与目标。

第二节　树立专业发展意识，增强专业技能

　　具有扎实的学识是"四有好老师"标准之一，教师的知识体系对学生发展起着重要的推动作用，也是当前教育发展的核心内驱力，因此，教师要具有丰富的知识素养，用知识武装头脑，才能做到德才兼备。对于民办教师来说，受到教育行业多年的熏陶，更要具有一种不断超越自我，实现人生价值的教育观。不少民办中年教师认为自己的教育生涯已经走过大半，往往安于现状，不思进取，没有了自己的奋斗目标，吃老本，等着退休日子的到来，忽视了教师职业终身学习的特点，这在无形中加剧了职业发展困境的程度。民办教师要具有转变教育观念、主动加强专业学习，提升专业能力，强化专业精神的意识，增强教育信息技术运用能力，促进信息技术与教育的深度融合。即使没有外部的动力、资源与平台，自身也有要不断学习的主动意识，主动创造机会，努力向前迈进。

第三节　重视教学反思

　　教学反思是促进教师专业发展的有效途径，既回味反思，又探索前进，是自我超越的源泉。一个优秀的教师必定会有意识地进行教学反思。Erickson 曾经说过，"成熟教师的重要特征之一，是有能力对自己的课堂实践进行批判性反思，并能与他人沟通反思成果"。民办教师要突破专业发展困境，途径之一就是要不断地从教育观念进行反思，要有与时俱进的教育观念指导教学行为；在教学实践上进行反思，从教学前的教学目标、教学设计、教学方法等，教学中的学生参与度、课堂把控度，教学后学生的体验度等方面进行教学实践反思。从教师承担的角色方面进行反思，通过观察课堂中学生的研究来审视自己，从同事的反馈中审视自己，从自我状

态中反思自我。只有不断地反思，发现教学中的不足，扬长避短，不断改进，实现新的突破，才能提升自己的教学境界，提高教学效能，实现专业成长。

第四节　提升教学领导力

一、更新教育教学理念

借助互联网、云计算等信息技术，教学组织由封闭转向开放共享，教学知识由静态转向动态，教学系统由线性关系转为复杂网络关系。传统教学活动中，学校与社会是两个不相关的系统。信息技术将学校与整个社会串联起来，实现了学校与社会的互联互通，使得教育以网络为中介，整合全社会的力量来支持学生的全面发展，教学组织由封闭转向开放共享、多元共治。教学知识由静态转向动态，传统教学活动中，教师在课堂传播的是文字教材。信息技术突破静态的限制，将知识的形态转变为动态，实现知识产生的同时就完成传播，这就需要教师在与学生的联通中具备选择、意会和创新的能力，以实现快速发展领域的知识转变成文字教材走进学校。传统教育活动中，无论是师生关系，还是学校同各级政府之间的关系，都是线性的。信息技术将教育领域各要素关联起来，使得各要素之间的关系由简单的线性关系转变成系统科学的复杂网络关系，这就需要教育管理者重新审视教育领域各要素之间的关系。信息技术在教育行业中的应用，教学组织、教学知识、教育系统都发生了改变，高校教师要及时更新教育教学理念，正确认识信息技术给教育带来的新变革，同时结合教学实践，精心设计课堂教学内容，有针对性地引入慕课、微课、翻转课堂等形式，提高课堂教学效率，为学生的可持续发展创造条件。

二、拓展教育网络空间

教育空间即教育场所，是教育活动发生的地方，教育活动的发生和开展是教育空间存在的前提。随着教学内容的扩展，高校教育空间由传统的"封闭式"向"开放式"转变。高校教育空间要突破物理空间、社会关系空间的限制，拓展网络空间。物理形态的教育空间由教学活动所涉及的场所、设施、参与者等各因素共同构成，包括教室、操场、图书馆、实验室、课堂等。物理形态的教育空间是动态发展的，可随着教育活动的延伸进行调整与转换，其根本目的在于推动教学活动有序、有效地开展。由于课程信息表现形式的不同，物理层面的教育空间因课程差异而呈现出不同的特点。社会关系形态的教育空间由学校空间及教室空间的外形、位置、格局等共同构成，其反映的不仅是物理关系，更是人与人之间的社会关系，如教室空间中功能空间的划分、讲台、学生座位的排列和分配。社会关系形态的教育空间由人建造，但建成后其将反过来塑造生活在该空间中的人，而生活在该空间中的人又反过来影响着教育空间的发展。网络形态的教育空间借助先进的教育观念、技术、信息等各类教育资源实现海量教育资源在不同教育区位之间的流动共享，是高校教育教学实践的重点。网络形态的教育空间打破了时空的限制，不仅将海量知识存入各类网络数据库，还将知识产生的过程同一时间在不同的空间呈现出来，实现个人知识接受者与创造者双重身份的统一。

高校应突破物理形态教育空间、社会关系形态教育空间的限制，积极拓展网络形态教育空间，通过建设绿色安全专网、升级已有校园网、发展平台服务模式、健全以互联网平台为支撑的公共服务体系，打破时空限制以实现教育资源的流动共享，最大化地促进教育知识、观念、文化的生产与再生产，为学习者提供最优的教育供给，实现共同发展。

三、挖掘教育数据价值

数据技术在教育领域广泛应用，应用场景与范围加速扩展，为教育决策提供了科学依据，为教学改革创新、教育高质量发展提供了强大动力。随着教育信息化建设的不断推进，教育数据作为教育战略资源的价值不断提升。教育数据产生于各种教育实践活动，涉及规模庞大的教育者与受教育者群体，涵盖个人、学校、课程、资源等方面。个体数据主要包括教育部 2012 年正式发布的《教育管理信息教育管理基础代码》等七个教育信息化相关标准中规定采集的教职工与学生的基础信息、用户的各种行为数据（如学生的学习行为记录、管理人员的操作行为记录、教师的教学行为记录等）以及用户状态描述数据（如学习兴趣、动机、健康状况等）。学校数据主要包括《教育管理信息教育管理基础代码》等七个教育信息化相关标准中规定的各种学校管理数据（如学校概况、学生管理、办公管理、科研管理、财务管理等）、课堂教学数据、教务数据、校园安全数据、设备使用与维护数据、教室实验室等使用数据、学校能耗数据以及校园生活数据等。课程数据是围绕课程教学产生的相关教育数据，主要包括课程基本信息、课程成员、课程资源、课程作业、师生交互行为、课程考核等数据，其中课程成员数据来自个人教育数据，用于描述与学生课程学习相关的个人信息。资源数据主要来自学校、社会培训与在线教育机构，包括《教育管理信息教育管理基础代码》等七个教育信息化相关标准中规定的教育行政管理数据、区域教育云平台产生的各种行为与结果数据、区域教研所需的各种教育资源、各种区域层面开展的教学教研与学生竞赛活动数据、各种社会培训与在线教育活动数据。

高校应在已有的教育数据的基础上，充分挖掘教育信息系统中各种数据的价值，整合现有及未来教育系统中的数据资源，利用教育预测、分组聚类、相关分析、机器学习、模型洞察等手段，促进教育数据在教育管理、教研活动、学生发展等方面的综合应用，实现教育数据共享，解决大规模教育"数据孤岛"。

四、创新教学实践模式

教学实践模式是在教学实践中形成的具有独特风格的教学范式或操作方式。慕课、微课、反转课堂等形式在高校课堂教学中广泛应用，高校教师依托理论课、实践课开展线上线下混合式教学。高校教师在混合式教学实践探索中，要实现教学空间、教学时间、教学方式和教学评价的混合，将学生的学习由浅度转向深度。

教学空间的混合是指"线上＋线下"的混合。混合式教学将学生的学习从传统课堂延伸到"线上"和"线下"，学生课下借助慕课、微课等网络平台进行深入学习，遇到不能理解的问题，通过网络平台及时与老师、同学探讨，打破了传统课堂空间的限制。教学时间的混合是指课前、课堂、课后的混合。混合式教学将学生的学习时间从传统课堂知识学习延伸到课前、课堂、课后三个阶段，将课前、课堂、课后三阶段融为一体，在学生课前学会知识不讲、课堂困惑不懂知识重点讲、课后核心知识巩固的基础上，实现课前、课堂、课后三个阶段的融合。教学方式的混合是指"传统面对面授课＋现代教学方式（如在线学习、翻转课堂等）"的融合。混合式教学注重发挥教师主导作用的同时兼顾学生主体地位，打破传统课堂"教师讲、学生听"的知识传授模式，在学生自主学习的基础上，实现学生"学习主人"地位的回归。教学评价的混合是指"总结性评价＋过程性评价"的混合。混合式教学将教学评价不仅包括传统的以纸笔测验为主的总结性评价还包括基于大数据的过程性评价，涵盖学生学习的各环节，充分体现教学评价的动态性，尽可能体现学生学习的真实情景。评价形式涉及测验、报告、交流、课堂表现、档案袋等多种形式。

高校教师要在传统课堂教学的基础上，依托理论课、实践课，从教学空间、教学时间、教学方式和教学评价等方面，积极探索"课前学生初步掌握并理解学习内容＋课堂师生互动，深度把握核心内容＋课后学生巩固拓展核心知识"的线上线下混合式教学实践模式。

第五节　制定个人职业发展规划

职业发展规划的作用在于明确的目标与管理，运用科学的方法，采取切实可行的措施，发挥个人的专长，开发自己的潜能，克服生涯发展困阻，避免人生陷阱，不断修正前进的方向，最后获得事业的成功。作为熟手型的教师，在教育教学方面都具有一定的沉淀，对自我与职业的认知都有质的提升。通过自我深刻剖析，准确评价自身的特点与特长，重新定位。有的民办教师会转向教师管理岗位，有的转向科研岗位，找到了职业新的突破口，在新的教育岗位充分发挥自身优势，又成就了职业生涯的高峰。个人职业发展规划要与学校发展大计相融合，因为教师个人的发展受制于学校组织的发展，又得益于学校的发展，教师个人的发展如果有学校的添砖加瓦，就会顺利很多。

第六节　提升自身的幸福感

选择一份从内心真正喜欢的职业，并把它作为一种事业来奋斗，才能从中体会出其中的乐趣与价值。首先，民办教师要具备良好的职业心态，教师职业不仅仅是我们谋生的手段，更是体验自我生命价值的过程。每一个职业在发展中都不可能一帆风顺，有高峰期也有低谷期，要以良好的心态正确看待职业发展所必经的阶段，切不可真正选择躺平，短时按下暂停键进行反思并非是止步不前，找出新的突破口是为了更好地再出发。其次，教师要多关注工作中的兴奋点，并利用兴奋点来刺激精神世界，唤醒对工作的热爱并从中体会到工作的价值与美好，提升职业的幸福感。

第七节　培养良好的职业道德和职业素养

教师作为太阳底下最光辉的职业，不仅仅是传道授业解惑者，更是知识的传递者、传承者。我们充分认识到自身存在的价值和职业美感，体会到教师职业的崇高与神圣，更要做到以身作则。

将社会主义核心价值观融入教学中，带头弘扬社会主义道德和中华传统美德，树立崇高的职业理想。在工作上要脚踏实地、勤勤恳恳、任劳任怨、乐于奉献、关爱学生，以人格魅力来影响和教育学生。用自己的爱去培育、激发和传播爱。老师要给予民办高校的学生更多的鼓励和关爱、理解，让他们体会到一时的差距并不是永久的差距，只要通过自身努力，就会获取更多成功的机会。

第十章　提升民办高校教师职业发展政策与建议

第一节　政府制定扶持配套政策

一、解决高层次人才编制问题

民办高校教师是高等教育不可或缺的力量，政府也越来越重视民办教育的健康发展。由于民办高校往往将注意力集中到资本、生源、规模等方面，学校内部的编制问题却没有得到应有的重视。随着教育规模的不断扩大，民办高校缺少编制所带来的一系列问题日益突出，河南省作为教育大省，民办高校的整体质量还有待提升，引进高层次人才难度更大，这已成为民办高校发展的瓶颈。政府为民办高校高层次人才提供编制政策保障，才能更好地吸引人才、留住人才，以期支持和帮助民办高校引进高层次人才，提升民办高等教育的教学质量，促进民办高等教育事业的优质发展。

二、民办高校的财政支持真正落地

经费投入是民办大学提升质量的坚实保障。办教育需要足够的经费支撑，民办学校高校经费来源渠道单一一直是制约民办高校发展的一大难题。随着政府财政扶持的加大，收费制度的放开，民办学校未来获取的资金会更丰富。

要根据学校事业发展实际情况，通过科研项目投入、财政专项支持、生均经费补贴等多种方式，对非营利性民办高校予以支持。省级层面设立民办高校发展专项资金，构建民办高校发展的差异化政策。加大政策和资金支持的差别化扶持力度，重点扶持非营利性、高质量、有特色的民办高校，创建一批高水平、优质特色民办学校。支持民办教育公共服务（资源）平台的建设，奖励和表彰为民办教育做出突出贡献的集体和个人。

三、进一步落实民办高校的办学自主权

落实民办高校的办学自主权，是民办高等教育提高教育质量、持续健康发展的重要保证。目前在落实民办高校办学自主权过程中，面临很多问题，导致高校缺乏办学活力，同时也削弱了民办高校市场竞争力和对社会需求的灵活适应能力。

建议着眼于建设高等教育强省战略，重点引导支持建设高水平非营利性民办高校。建议遴选确定一批基础扎实的非营利性民办高校，支持有条件的民办高等学校设立专业硕士点，开展研究生教育，向高水平迈进。

四、保障民办高校教师权益

从制度上改变非营利性民办高校教师"二等公民"的现状，在缴纳社会保险、职称晋升、落户等方面，切实做到与公办高校教师一视同仁。保证民办高校教师享有同等的人才引进政策及相关公办教师同等的政策待遇，为支持高水平的非营利性民办大学的建设，在重点高层次人才引进上给予经费支持或政策倾斜。

非营利性民办高校教师编制比例应与本省同类公办高校大体平衡，并建立民办高校教师社会保障机制，按公办高校教师标准参加社会保障，地方政府设立的民办教育专项基金，优先用于教师队伍建设，采用按比例分担或者政府补贴的方式承担部分教师的社保费用，让民办高校教师享受与公办高校教师同等的退休待遇。积极鼓励公办学校帮扶民办学校教师队伍建设。一方面希望政府部门要引导公办学校尽量不要到民办学校挖人才，合理的人才流动也应与民办学校作好前期沟通；另一方面，破除体制机制障碍，采取实际措施，支持鼓励公办学校与民办学校结对子，帮扶民办学

校教师队伍建设。

第二节 从社会层面给予理解与信任

一、正确认识民办高等教育，让民办高校享受国民待遇

民办高校与公办院校相比虽有不足，但同时具有很多共性。首先，二者性质相同，都承担了社会教育责任，促进了社会和谐发展。其次，两者目标相同，都是在为社会培养高层次应用型人才。再次，从社会角度来看，实现了教育资源共享，减少了国家财政压力，满足了社会多样化需求。有些民办高校不仅形成了自己的办学特色，教学质量和就业形势甚至超过部分公办院校。所以，无论是企业还是政府部门，在进行实训基地建设、招聘等环节上要逐步改变对民办学生歧视的不公平做法，逐渐消除民办高校的"民"和公办学校的"公"字所导致的社会待遇不同，正确认识民办高等教育，让民办高校享受国民待遇。

二、增强社会的信任度与认可度

目前，社会上多数人对民办高校及教师依旧戴着歧视性的眼镜来看待，对民办教师有更加严苛的衡量标准，因为缴纳了更高的学费，因为民办高校师资力量的薄弱，似乎对教师有更多的期待，社会的过高期望与不合理的社会评价是造成民办高校教师职业倦怠的重要原因。社会对教师职业的一贯印象是工作轻松、高工资、社会地位高、可以兼顾家庭和工作。这就需要社会对教师工作重新认知。高校教师背后有大量隐形的工作，加班熬夜更是家常便饭，信息技术在教学资源中的应用，网上大量教学资源的冲击，使教师感到前所未有的压力，要想讲出一节出色的课程，需要教师投入大量的心血，还要学习各种教学理念、尝试新的教学方法、网络课程资源的建立等等，还要熬夜做科研。活到老学到老，时时刻刻都在学习在教师身

上表现得淋漓尽致。大学教育注重的是素质教育，更多是在知识上对学生的引导而非全程陪护。因为对民办高校有偏见，遇到与学习有关的问题时第一时间会不由自主地认为是教师的问题，而忽视了学生基础薄弱、学习氛围不浓厚的现实。外在教育环境的变化给教师带来前所未有的压力以及不公平的社会评价导致民办高校教师比公办高校教师更容易滋生职业倦怠。社会要正视民办教师群体，给予更多的关注、尊重与理解，尊重其劳动成果与价值，增强社会认同感，公共的信任与认可、良好的社会氛围势必会增强教师的职业自豪感与自尊感。

三、加强宣传，为民办高校的发展营造良好的舆论氛围

多渠道加强对外宣传，在社会上努力营造民办高校发展的良好舆论氛围，不仅是改变人们对民办高校的不公平认识的方式，也是民办教育树立良好形象的现实需要。一是利用现代化的网络方式加强宣传，充分利用微信、微博、QQ、电视、网络媒体等社交网络和移动多媒体的优势，完善网络信息建设内容，在网上传播更多的主流舆论和正面信息，营造良好的社会舆论氛围。二是招生人员、学生、教师均可作为宣传员，宣传民办高校学生在校期间所取得的优良成绩、学校的文化氛围、学校专业的突出优势、就业率的提升、就业单位的高品质等，以获得社会的更多认可。三是民办高校在教育评估考核过程中，把学校的特色与成绩充分展示给评估专家，从而形成官方的评价。通过正确的舆论引导、大面积的宣传报道、有效的应对，为民办高校的发展创造良好的环境。此外，民办高校教师由于课时多、科研任务重等教学责任，全社会更应该给予关注与尊重。

第三节　民办高校改革内部行政管理体制

一、重视基层学术组织

民办高校的领导班子一般是家族式管理或者是花高薪聘请过来的，行政权力过分集中于某一群体，容易导致资源分配不合理，官本位思想盛行。民办高校在对人才管理中应明确各部门的职责范围，让人才参与到高校管理中，使教师享有学术自治权与相关领域的独立性。

二、提高民办高校管理者的综合素质

一个好校长和一个具有团队凝聚力、求真务实、开拓进取的领导班子直接影响到一所民办高校的发展，一个优秀、高素质的领导班子要有较好的文化素养、有强烈的事业心和责任心以及科学的管理能力与决策能力。好的领导者就像是吸引人才的磁石，吸引人才并让人才发挥最大能力，引进人才不能用唾手可得的利益"引诱"而来，而是用快乐文化和领导的个人魅力去吸引人才，领导班子直接对接教师，吸引更多的优秀人才甘心一起为理想而奋斗，才能成就一番事业。

三、加强高层次人才引进后的管理与培养工作

1. 及时兑现承诺

民办高校在高层次人才引进时都会抛出各种抓人眼球的优惠举措，在调研中我们发现，民办高校在招聘时会出现一边求贤若渴一边不兑现承诺的矛盾现象。从调查中得知，高层次人才对工资待遇的兑现还是比较满意的，但是在事业编制、科研经费以及住房补贴等方面学校却迟迟不肯兑现，这无形中造成人才的不满与不良情绪，也会让教师丧失对学校的信任。

2. 强化人才管理

人才强校战略是实现学校长远发展的根本保障，人才体制机制改革是人才强校战略实施的根本。明确"引进、培养、稳定、优化"的人才工作思路，一是成立高层次人才管理办公室，制定高层次人才引进计划、引进博士制度、高层次人才柔性引进办法、高层次人才培养办法等等，使高层次人才管理有章可循。

3. 搭建高层次人才发展平台

创新高层次人才培养模式，制定具有针对性的高层次人才培育措施，加大高层次人才的培育扶持，让高层次人才切实感受到学校的重视与诚意。一是基于国家和地方重大领域发展需求，整合科研方向，成立研究中心，充分发挥科研平台在高层次人才引进、青年人才培养中的"孵化器"作用，把科研平台建设成人才高地，吸引和造就一支水平突出、结构合理的人才团队。二是通过"平台＋环境"，营造良好的人才氛围。实施人才安居工程，将安家费、科研费等费用一次性支付给高层次人才，解决他们的后顾之忧，充分信任他们，让他们放手大干，充分调动其创新积极性。三是提供专业技术职务评审绿色通道。积极响应中央《关于深化职称制度改革的意见》，淡化高层次人才职称评审资格，强化聘任，深入探索建立分类评价、分类管理及自主评聘等制度，重视创新性人才培养的贡献与产业化成果，鼓励人才全面发展，为作出突出贡献、作出优秀成果的人才，提供专业技术职务上升通道；让高层次人才真正感受到"有目标、有平台、有团队、有权利、有待遇"，从制度层面营造有利于人才潜心研究、干事创业的良好环境。

西京学院作为高层次人才引进与培养的成功案例，以"钉钉子精神"服务高层次人才的举措谱写了西京学院发展的新篇章。通过"人才新政"抛出引智橄榄枝的引才方针，暖心留人的人才发展环境、留才政策，搭建人才成长平台，激发人才创新活力的用人方法，内培外引双驱动优化人才梯队的育才举措，人尽其才，潜心耕耘，结出累累硕果的成效，将民办高校高层次人才的引进与建设工作向前推进了一大步。

四、创新高层次人才激励措施

多元化的激励措施，不仅可以让高层次人才体会到个人价值的成就感，还可以增强他们对学校的安全感、认同感与归属感，更有热情和动力投入到工作中去。

1. 创建公平的竞争平台

一个公平的竞争平台不仅能保证竞争的合理性与有效性，也能提升教师工作的积极性。民办高校需要建立一套科学、完善、公正透明、程序规范的竞争制度。鼓励高层次人才之间既有合作又有竞争，在教学工作、科研工作、工作态度、政治素养等方面展开竞争，为高层次人才在科研奖励、职称评审、学术考核等方面有一定的政策倾斜。

2. 保护学术的探究精神

宽松自由的学术环境与学术土壤才能培养出优秀的人才。对于民办高校而言，要充分尊重高层次人才的研究领域，不能为了短期见效快以及可量化的科研标准用行政命令强迫高层次人才从事不感兴趣、不擅长领域的科学研究。高层次人才具备较高的知识水平以及较为宽广的眼界，有着活跃的思维与超强的思想观念。在工作中，他们更倾向做一些有吸引力、有创造性、有挑战性的工作任务，以彰显个体价值，学校要对于他们的选择给予一定的尊重，正确看待科研过程中的失败，不可过分苛求，以宽容理解之心给予时间与鼓励，支持其进行学术研究，加强对于失败承受力的疏导工作，尊重他们付出的努力与劳动。鼓励在学术界发出不同的声音，尤其要重视学术界的反对意见与观点，从而逐步引导精神文化氛围和价值观，朝着尊重人才、尊重知识的方向发展。

五、强化教师教学领导力制度建设

1. 学校要营造共享的校园文化

高校要鼓励任课教师以教研室为单位组建学科教学团队，学科教学团队每2周开展一次教研分享活动，团队成员结合讲授课程，积极分享提升课堂教学领导力的措施，营造平等、共享的工作氛围，在教师之间构建积极的、相互信任的合作关系，让所有教师在追求共同目标的过程中共担责任，在课堂教学和教学领导力研究等领域中共同合作、共享成果。

2. 学校要积极构建课堂教学领导共同体

课堂教学领导共同体中的教师要在尊重差异、自由表达、对话合作、良性竞争的基础上，结合学校定位及课程性质，因地制宜地设计符合学校定位、满足学生学习诉求的课堂教学方案；课堂教学领导共同体每学期要举办1次教师课堂教学领导力分享会，共享课堂教学目标、教学方法、教学模式，供共同体其他成员学习、参考，课堂教学领导共同体依托团体组织成员的智慧，共同提升课堂教学领导力。

3. 学校要定期开展教师教学领导力在职培训

学校于每一学期每月的集体学习时间，邀请高素质、高领导力的专家通过线上或线下的形式进行2-4次总时长为8小时的培训，要求教师积极参与相关培训，并通过小组讨论等形式找到提升课堂教学领导力的途径。为提高教师参与教学领导力培训的积极性，高校可将教师教学领导力培训与教师每年进行的继续教育相结合，建立教师教学领导力培训与继续教育学时转换机制，通过1：1的比例抵扣继续教育中公需课的学习时长，在减轻教师培训压力的同时，提高教师参与教学领导力培训活动的积极性。

4. 学校要建立教师课堂教学领导力激励机制

学校要将教师课堂教学领导力的高低纳入教师业绩考核体系中，并将其权重加大，引导教师重视课堂教学领导力，并依托慕课、微课、翻转课堂等形式积极开展"线上＋线下"混合式教学实践，提升教师课堂教学领导力。此外，学校还要出台职称优先、薪资奖励等配套政策和激励措施，以专家型教师为榜样，从课堂教学领导力的内容、影响因素、生成策略、评价体系等层面赋权教师，提升其参与教学实践模式创新及课堂教学领导力研究的积极性，进而形成示范效应。

5. 学校要完善教师课堂教学领导力评价体系

学校要取消以学生考试成绩为单一指标衡量教师教学效果的评价体系，通过测验、报告、互动交流、课堂表现、档案袋等多种形式评价学生的学习效果和教师的教学效果。教师拥有评价学生的权力，才能更好地考量学生的个体特点，根据学生的喜好设计课堂教学活动。高校要制定详细的教师课堂教学领导力评价计划，在学校、督导、教师、同事、学生综合评价的基础上，得出评价结果，帮助教师正确认识自身的课堂教学领导力，有针对性地提升自身的教学领导力，进而有效推动高校课堂教学。此外，学校还要按时公示教师的课堂教学领导力评价结果，展示优秀教师的课堂教学成果，供其他教师学习。

第四节　教师方面：转变教学认知，努力提升教学素养

一、转变对民办高校的传统认识

公办高校在国家财政支持、办学历史、师资力量、生源质量、后续保障、硬件设施等方面占据优势，但民办高校在办学自主权、自身办学特色、设置专业、学校的动态性、关注学生就业等方面占据优势地位。教师要以发展变化的眼光看待民办高校的成长，多关注民办高校的发展劲头与发展优势。

1. 民办高校的整体实力不断提升

西交利物浦大学、西湖大学、吉林外国语大学、西京大学、西安翻译学院、宁波诺丁汉大学、广东科技学院、河南的黄河科技学院等民办高校的整体实力是比较强的，这些学校有着比较鲜明的特色专业、全新的教育模式、过硬的教学质量、雄厚的科研成果与科研基地、较高的社会声誉与国际影响力等。这些学校不仅由学院升格为大学，还是硕士学位授予单位，西湖大学从开始创办之初就招收博士研究生，开创了民办高校培养博士生的先河。这些民办高校里有相当一部分教师已具有事业编制。

2. 民办高校内部竞争性较小

民办高校虽然有整体师资水平不高与稳定性不强的缺点，但竞争性也远远低于公办高校，一些想有所作为的教师稍加努力就可以脱颖而出，职

业成就感随之而来。虽然在各种比赛与申报项目中给予民办高校的名额数量远远低于公办院校，但因为民办高校教师教学任务比较繁重、科研能力普遍较弱，名额数量虽少但竞争力不强，学校内部基本没有淘汰的可能，高层次人才可以轻松地占据名额。

3. 教育质量的保障性

因为民办高校与公办高校体制上的不同，民办高校要在教育领域站稳脚跟，必须凭借自身实力保证教育质量。整体来讲，民办高校教师将大部分精力用在教学上，承担多种课程并且身兼数职，其奉献精神、进取心与忍耐性都是比较强的，一旦有较高层次人才牵头组建教学团队与科研团队，其成果也是比较明显的。

4. 民办高校有更多的自主权

民办高校不像公办高校那样有太多条条框框的限制与禁锢，在一定程度上约束了高层次人才的发展。民办高校无论是在对高层次人才的重视、重用、话语权、给予的自由度等方面做得还是比较让教师满意的。

二、努力提升教学素养

1. 教师要树立"数据驱动"的育人意识

任课教师要根据课程性质，主动依托慕课、微课、翻转课堂等教学方式开展混合式教学，通过慕课、雨课堂、学习通等平台搜集学生学习全过程数据；任课教师要在课堂教学过程中及时查阅学生学习过程的数据，了解学生参与课前预习、课堂互动、课中测试情况及学习效果，在精准把握学生学情及课堂参与情况的基础上，及时调整课堂教学目标、内容、方法，提升教学方案设计能力；课堂教学后，任课教师要认真分析课堂教学相关数据，追根溯源，了解相关数据呈现的原因，提升课堂诊断能力，同时基于学生基础及学习能力，预测下次课堂教学可能会出现的问题，并制定相应的应对措施，提升课堂预测能力。

2. 教师要提升专业素养和教学能力

任课教师每学期要参加1次学术讲座，了解学科关联知识，完善知识结构，帮助学生解决课前、课堂、课后学习中遇到的各种问题，进而提升自身的学科综合能力；任课教师每年要参加 1 次专业学术交流会，了解学科前沿知识，加强学科认识，及时更新学科理念，在吃透教材的基础上，根据学生基础提炼课程知识点，并将课程知识点、逻辑分析能力、学科认知能力等传授给学生，启发学生的智慧潜能；任课教师每年要参加 1 次教学研讨会，学习先进的教学理念及方法，结合所授课程性质，尝试将其运用于自己的课堂教学中，不断丰富课堂教学经验，进而提升课堂教学领导力。

3. 教师要加强职业道德修养

教师职业道德修养在提高教育教学质量、塑造学生道德品质方面具有至关重要的作用。首先，高校教师每学期要温习一次教师职业道德，将职业道德牢记于心，并将其内化为自己的行为准则；此外，高校教师要修身养性，诚实做人，认真做事，言行一致，通过自己的一言一行影响学生；最后，高校教师要坚守课堂，认真备课，上好每一节课，通过日复一日的课堂教学树立起专业权威，塑造兼具专业知识、教学能力和个人魅力的良好形象，让学生自愿接受教师的领导和管理。

4. 教师要深度掌握学生学习状况

首先，任课教师要养成与学生交流的习惯，利用课间休息主动与学生交流，了解学生的基本情况，通过关爱学生拉近与学生之间的距离，提升师生互通能力，为强化课堂教学领导力奠定基础；此外，任课教师要在每次课堂教学中设定小组任务，以 OBE 为导向，通过观察学生完成任务的情况，在深入了解学生专业知识掌握情况的同时，帮助学生更好地融入班级，进而开发学生的人际智慧潜能。

5. 教师要与学生共建课程学习资源

任课教师要结合层次化教学思想，鼓励不同层次的学生根据自身基础和学习情况，参与课程学习资源建设，通过视频、文档等形式丰富课程教学资源，并鼓励引导学生在课堂上分享自己的作品，在培养学生的分享精神、增强其学习成就感的同时，开发学生的语言智慧潜能和空间智慧潜能。

6. 教师要创新混合式教学实践模式

一方面，任课教师要充分利用信息技术，对于教材上已有的容易理解的知识点，采用慕课、微课、翻转课堂等形式进行混合式教学，提升教材把握能力和教学内容设计能力；同时，利用微信、QQ 等社交平台，对学生自主学习情况进行监督、指导，引导学生充分利用碎片化时间进行学习，打破传统课堂教学的时空限制，提升课堂控制能力。另一方面，任课教师要在超星、雨课堂、蓝墨云班课等网络教学平台上自主发布学习任务，要求学生以个人或团队形式自主开展实践教学活动，通过收集资料，形成学术报告或活动总结并上传到教学平台；教师在课堂教学中可以用文档分享、PPT 展示的形式进行体现，以此提升教师的教学活动设计能力。

三、努力建立新型师生关系

新型的师生关系应该是民主平等、尊师爱生、和谐相融、教学相长、共创共乐的，现在的大学生基本进入 00 后，与 90 后甚至 95 后发生了较大的学情变化。虽然民办高校学生质量总体不高，但他们个性化十足，即使成绩不理想也很自信，具有较强的自尊心，有时过于敏感，渴望被重视但又不喜欢被约束。这就需要教师随时掌握班级学情的变化，加强与学生的沟通交流，掌握学生心理的波动，建立起良好的师生关系。教师不仅仅是在传授知识，其说话做事方式、行为举止、德育教育、价值观的引导等行为都在潜移默化地影响着学生。学生看重教师对自己的态度，教师也应该重视学生对自己的评价，能够得到学生的接纳与认可，感受到职业带来的愉悦心情、成就感与尊重感，职业倦怠自然而然就会被弱化。

第五节　学生积极配合"合作对话"课堂教学

一、学生要积极配合任课教师完成课前学习工作

任课教师在第 1 次课堂教学中将本学期的教学进度安排及相关知识点以文档的形式发送给学生，要求学生于每节课上课前借助任课教师推荐的慕课、微课等网络平台学习相关知识点，遇到不能理解的知识点，通过网

络平台及时与老师、同学探讨，实在理解不了的知识点标记出来，课堂上主动与任课教师沟通交流。学生要按照任课教师的要求，认真完成课前学习工作，任课教师要通过学生课前反馈情况了解学生的学习基础并灵活调整课堂教学内容，提升自身的教学内容把握能力及课堂讲解能力。

二、学生要配合任课教师完成课堂教学任务

任课教师根据课程性质在第一次课堂教学中将本学期每节课需要学生配合完成的任务以文档的形式发送给学生，要求学生根据教师设定的教学情境，在充分理解相关知识的基础上，运用所学知识完成教师布置的教学任务。学生要根据任课教师布置的课堂教学任务，积极参与课堂教学，配合教师完成教学任务。任课教师要在课堂教学中及时洞察学生表现，结合学生参与课堂互动及完成课堂任务情况，循序渐进，开发学生的智慧潜能，同时提升自身的课堂系统把握能力及察言观色能力。

三、学生要配合任课教师完成课程学习效果监测工作

任课教师要于每次课前通过雨课堂、学习通等平台设置好课堂教学测试内容，要求学生在深入学习纸质教材、微视频、电子教材、其他参考材料、课件、学科教学平台、专题网站等课程资源包的基础上，配合任课教师在课堂教学前完成课前小测；课堂教学中完成课堂中测，为任课教师课堂教学效果监测提供参考。学生要根据任课教师的要求及时完成课程学习效果监测，任课教师在课堂教学中则要将学生参与课前小测及课堂中测的相关数据当堂共享给学生，为学生课下巩固知识点提供依据，从而提升自身的课堂教学及时反馈能力。

参考文献

1. 政策条文

[1] 中华人民共和国民办教育促进法. 第二条、第五条、第二十七条.2016—11.

[2] 教育部. 国务院关于鼓励社会力量兴办教育促进民办教育健康发展的若干意见 [EB/OL]

[3]《国家中长期教育改革和发展规划纲要（2010—2020 年）》

[4] 中共中央，国务院. 关于全面深化新时代教师队伍建设改革的意见.2018.

[5] 中华人民共和国教育部. 教育部关于印发《教育信息化 2.0 行动计划》的通知 [R].2018-04-18.

[6] 中华人民共和国教育部. 中共教育部党组关于加强高校课堂教学建设提高教学质量的指导意见 [R].2017-10-20.

2. 报纸

[1] 齐军. 解析"教育空间"概念的变迁 [N]. 中国社会科学报 .2022-07-22.

[2] 方海光. 教育数据的共享价值如何实现 [N]. 中国教育报 .2022-06-29.

[3] 龙豪. 助力教师职业的规模化发展 [N]. 中国社会科学报，2022-10-20

[4] 谢红星. 教师职业生涯发展的三重境界 [N]. 学习时报，2020-01-10

[5] 尼珍. 教师应遵循职业发展规律 [N]. 西藏日报（汉），2017-11-08

[6] 华政. 教师"职业倦怠"不只因为待遇 [N]. 中国教育报，2016-02-26.

[7] 石中英. 提高质量是教育改革发展的核心任务 [N].2012-11-08.

[8] 李军斌. 中小学教师职业发展如何突破"天花板" [N]. 中国教师报，2011-11-09

[9] 赵金贵.培育教师职业精神 促进教育跨越发展 [N]. 潍坊日报，2011-06-30.

[10] 赵中华.教师职业发展过程中"高原现象"的成因调查及对策分析[N].天津教育报，2010-10-27.

3. 专著

[1] 杨维忠，张甜，王国平.SPSS 统计分析与行业应用案例详解 [M].清华大学出版社，2018.

[2] 刘春华.高校教师职业倦怠干预研究 [M].天津大学出版社，2017.

[3] 金本能.优秀教师的专业成长之路 [M].芜湖：安徽师范大学出版社.2015.

[4] 张寿松.特级教师的发展研究 [M].杭州：浙江大学出版社.2014.

[5] 苏红.教师专业发展中的关键事件 [M].北京：北京师范大学出版社.2014.

[6] 胡慧闵，王建军.教师专业发展 [M].上海：华东师范大学.2014.

[7] 冯卫东.高校教师工作不安全感与敬业度和工作绩效关系研究 [M].西南财经大学出版社，2014 年

[8] 安波，徐会吉.民办高校师资队伍建设现状与对策研究 [M].山东人民出版社，2013 年

[9] 荀渊，唐玉光.教师专业发展制度研究 [M].北京：教育科学出版社.2011.

[10] 刘素梅.教师专业发展新视界 [M].长春：东北师范大学出版社.2010.

[11] 于璟，宋凤宁，宋书文.教育组织行为学 [M].北京师范大学出版社，2009.

[12] 连榕.教师职业生涯发展 [M].北京：中国轻工业出版社，2008.

[13] 潘孝富.学校组织气氛研究 [M].重庆：西南师范大学出版社，2014.

[14] 程振响.教师职业生涯规划与发展设计 [M].南京：南京师范大学出版社.2006.

[15] 傅道春.教师的成长与发展 [M].北京：教育科学出版社，2001.

[16] 周德潘，王定华.骨干教师队伍建设研究 [M].沈阳：沈阳出版社，

2000.

4. 期刊

[1] 王光强, 李翔宇, 杨量杰. 我国教师职业认同研究热点、前沿和趋势——基于 CiteSpace 的可视化分析 [J]. 继续教育研究, 2023(3):61–66

[2] 张伶俐, 成一川, 叶长胜, 等. 以银龄教师优化高校教师队伍建设: 时代使命、关键任务及发展策略 [J]. 中国高教研究, 2023(2):24–30.

[3] 盛密, 马晓玲. 智能时代教师职业发展政策述评 [J]. 继续教育研究, 2023(3):97–102.

[4] 傅婕妤, 方晓田. 民办高校中年教师心理危机探究 [J]. 太原城市职业技术学院学报, 2021(2):81–84.

[5] 曹建君. 民办高校人才缘何流失 [J]. 人力资源, 2021(4):90–91.

[6] 侯荣华. 民办高校中青年教师职业获得感探析 [J]. 教育与职业, 2020(16):75–79.

[7] 周敏, 彭文波, 易新瑶. 基于人口学特征的高校教师职业倦怠元分析 [J]. 教师教育学报, 2019,6(5):20–28.

[8] 闫丽雯, 周海涛. 民办高校教师职业倦怠水平及影响因素分析 [J]. 国家教育行政学院学报, 2018(2):76–82.

[9] 孙玉, 郭福. 民办高校教师职业倦怠归因分析及对策 [J]. 中国成人教育, 2018(18):58–62.

[10] 杨娟, 金帷. 高校教师学术工作的满意度与压力——国际比较与个案分析 [J]. 教育学术月刊, 2018(6):17–25.

[11] 黄先政, 张朋. 高校教师职业倦怠问题研究 [J]. 黑龙江高教研究, 2018,36(07):130–133.

[12] 李吉. 多理论视角下的应用型院校教师队伍建设困境与出路 [J]. 教育与职业, 2018(21):87–90.

[13] 麻艳如. 高等学校教师多任务激励的最优契约安排 [J]. 首都经济贸易大学学报, 2018,20(3):70–77.

[14] 李悦池, 姚小玲. 高校女教师职业倦怠的归因分析——基于 NVivo10 的质性研究 [J]. 高教探索, 2017(12):114–118.

[15] 穆妮娜, 杜志强. 社会保障视域下民办高校教师职业认同研究 [J].

教师教育学报 ,2016(3):30–34.

[16] 李勋华 , 张志勇 . 中等职业学校教师职业发展困境与对策——来自对全国 70 位校长访谈调查 [J]. 中国职业技术教育 ,2016,(05):28–32.

[17] 杨瑞 , 杨旭华 , 仇勇 . 高校教师职业成功感知的现状、特点与差异 [J]. 教育评论 ,2016,(09):126–129.

[18] 滑红霞 . 教师职业 "高原现象" 及其突破策略 [J]. 教育理论与实践 ,2016,36(10):48–50.

[19] 杨跃 , 夏雪 .20 世纪 80 年代以来国内教师激励研究的回顾与展望——基于 CNKI 文献的内容分析 [J]. 现代教育管理 ,2015,(08):64–69.

[20] 李默冉 . 中年女教师职业倦怠的预防策略研究 [J]. 重庆科技学院学报 (社会科学版),2015,(11):35–37.

[21] 齐丽莉 . 高校中年教师专业发展 "瓶颈期" 的困境及对策 [J]. 当代教师教育 ,2014,7(02):45–50.

[22] 杨姝 , 王祖亮 . 教师专业发展研究述评 [J]. 教育科学论坛 ,2014(5):74–76.

[23] 蔡淑兰 . 教师职业发展核心动力的演变与发展 [J]. 教育理论与实践 ,2012,32(17):30–32.

[24] 郭娜 . 校本化教师专业发展 : 一种提升教师教学领导力的有效途径 [J]. 当代教育论坛 (教学研究),2011,(10):54–55.

5. 学位论文

[1] 叶延禹 . 高校教师职业发展的性别差异研究——基于文化、制度和组织特征的分析 [D]. 浙江大学 , 2021 年

[2] 王丹 . 中职学校教师职业发展困境与对策研究 [D]. 广东技术师范大学 , 2020 年

[3] 李程 . 高校中年骨干教师激励机制完善研究——以 Z 高校为例 [D]. 中南财经政法大学 , 2020 年

[4] 王巧玲 . 独立学院青年教师职业发展影响因素研究——基于福建省 J 学院的调查分析 [D]. 福建农林大学 , 2019 年

[5] 宋娜 . 民办高职高专教师职业发展的组织支持研究 [D]. 云南大学 , 2017 年

[6] 褚莉莉 . 中年教师职业生涯发展的高原现象研究—以合肥市 Y 学校教师为研究对象 [D]. 南京师范大学，2017 年

[7] 赵倩 . 高校教师教学领导力模型研究 [D]. 广州：华南理工大学 .2016.

[8] 易忠琴 .J 民办高校教师职业培训体系构建研究 [D]. 湖北工业大学，2016 年

[9] 何玉婷 . 基于教师职业倦怠的民办高校师资队伍稳定研究 [D]. 湖北工业大学，2015 年

[10] 刘小翠 . 教师信息化教学领导力研究 [D]. 金华：浙江师范大学 .2015.

[11] 王丹 . 江西民办高校教师职业发展问题研究 [D]. 江西农业大学，2015 年

[12] 廖晶 . 中西部数学骨干教师培训评价指标体系研究 [D]. 天津师范大学，2014

[13] 苏美 . 教师教学领导探微 [D]. 呼和浩特：内蒙古师范大学 .2014.

[14] 上官丹丹 . 高校教师领导力有效实现的影响因素研究 [D]. 昆明：云南师范大学 .2014.

[15] 雷福英 . 骨干教师专业发展影响因素的个案研究 [D]. 华东师范大学，2012.

[16] 马书剑 . 石家庄市民办高校教师职业发展研究 [D]. 天津商业大学，2013.

[17] 申瑞红 . 课堂领导研究 [D]. 郑州：河南大学 .2010.

[18] 陈姗姗 . 教师教学领导力的调查研究 [D]. 南京：南京师范大学 .2014.

附　件

附件一　河南省民办高校师资队伍现状调查问卷

尊敬的老师：您好！

　　首先感谢您参与本问卷的填答，本调查问卷旨在全面了解河南省民办高校师资队伍的现实情况，为制定科学有效的师资队伍建设提供可靠依据。这是一份纯学术性问卷，仅供本课题研究使用，问卷采用不记名方式，答案无对错之分，请按照您的真实情况和真实想法如实作答，我们对您填写的信息予以严格保密。

　　感谢您抽出宝贵的时间给予支持与配合，再次对您的参与表示谢意！

　　一、基本情况

　　1.性别　　　　　　　　　　　　　　　　　　　　　　（　　）

　　A.男　B.女

　　2.您的年龄是　　　　　　　　　　　　　　　　　　　（　　）

　　A.25岁以下　B.26-35岁　C.36-45岁　D.46-55　E.56岁以上

　　3.您的学历是　　　　　　　　　　　　　　　　　　　（　　）

　　A.专科　B.本科　C.硕士研究生　D.博士研究生

　　4.您目前的职称是　　　　　　　　　　　　　　　　　（　　）

　　A.未评级　B.助教　C.讲师　D.副教授　E.教授

　　5.您的工龄是　　　　　　　　　　　　　　　　　　　（　　）

　　A.3年以下　B.4-9年　C.10-15年　D.16-20年　E.20年以上

6. 您来学校之前，在何种单位工作 （ ）

A. 应届毕业生 B. 其他民办高校教师 C. 企业职工 D. 公办高校退休人员 E. 公办学校教师 F. 其他

二、教学和科研情况

7. 您每学期授课门数多集中在 （ ）

A. 一门 B. 两门 C. 三门 D. 四门 E. 五门以上

8. 您的周学时数为 （ ）

A.10 学时以下 B.11-14 学时 C.15-18 学时 D.19-22 学时 E.23 学时以上

9. 您的教学工作任务负荷感 （ ）

A. 不饱满 B. 标准工作量 C. 饱满 D. 超负荷

10. 您的教学工作胜任度 （ ）

A. 适应中，感觉吃力 B. 基本称职，勉强应付

C. 能胜任，表现自如 D. 完全胜任，表现优秀

11. 近五年来您主持过以下哪些级别课题？（可多选） （ ）

A. 没主持过 B. 校级 C. 厅级 D. 省级 E. 国家级

12. 近五年您发表过几篇文章？ （ ）

A.0 B.1-3 篇 C.4-6 篇 D.7-10 篇 E.10 篇以上

13. 近五年您出版过的教材和著作是 （ ）

A.0 B.1-2 本 C.3-4 本 D.5 本以上

14. 您认为影响做科研的短板有（可多选） （ ）

A. 没时间，教学工作重 B. 科研能力不足，理论知识薄弱 C. 没有人脉，省级以上课题申请难 D. 不感兴趣 E. 学校不重视，科研经费少 F. 无团队支持

三、收入情况

15. 您的税前月收入约为 （ ）

A.4000 元以下 B.4001-5500 元 C.5501-7000 元 D.7001-8500 元 F.8501 元以上

16. 您对工资的满意程度 （ ）

A. 很不满意 B. 不满意 C. 一般 D. 满意 E. 很满意

17. 您的工资收入与同行相比 （ ）

A. 偏低 B. 持平 C. 较高

四、教师稳定性情况

18.您认为民办高校的师资队伍稳定吗？　　　　　　　　　　　（　　）

A.不稳定，流动性比较大　B.一般，流动不大　　C.比较稳定

19.您认为贵校师资队伍培训制度如何？　　　　　　　　　　　（　　）

A.很健全 B.比较健全　C.一般 D.不太健全 E.很不健全

20.您最想参加的培训方式是　　　　　　　　　　　　　　　　（　　）

A.全脱产 B.半脱产　C.不脱产

21.您认为贵校教师参加培训的机会与实际需要相比如何？　　　（　　）

A.过多 B.略多　C.合适 D.偏少 E.严重不足

22.您认为贵校师资队伍培训水平质量如何？　　　　　　　　　（　　）

A.很高 B.较高　C.一般 D.较低 E.很低

23.您希望到什么机构参加培训？　　　　　　　　　　　　　　（　　）

A.本校 B.国内著名高校　C.国内相关企业 D.国外高校

24.您认为影响民办高校师资队伍稳定性的主要原因有（限选三项）（　　）

A.个人职业发展前景　B.工作强度和压力大　C.工资、社保、福利待遇不满意　D.对学校的管理机制不认可　E.工作环境和条件不好　F.所在组织氛围、人际关系　G.其他

25.您目前在职业发展中面临的主要困难有（限选三项）　　　（　　）

A.教学工作量大，没时间做科研

B.学校缺乏完善的支持发展政策　C.自身能力有限 D.平衡工作和家庭的压力 E.工资低，没动力 F.其他

26.您是否有教学疲倦感？　　　　　　　　　　　　　　　　　（　　）

A.从未出现 B.很少出现　C.有时出现 D.经常出现 E.一直出现

27.为稳定师资您认为所在学校急需改进的措施有哪些（限三项）（　　）

A.与同行相比，提高薪酬、保险、福利待遇

B.提供进修机会，更新本学科的专业知识

C.规范学校的人性化科学管理

D.建立合理的教师考核评价制度

E.教师选拔、聘用与解聘的相关制度

F.为开展教学和科研提供必要的条件

G. 提供便利的住房、交通等生活条件

28. 谈谈您对学校在关心教师发展方面的建议和意见。

附件二　河南省民办高校师资队伍现状访谈问卷（访谈对象为教师）

尊敬的各位老师：您好！

首先感谢您参与本问卷的访谈，民办高校教师的质量是影响民办高校整体质量的关键因素，本次访谈旨在深入了解河南省民办高校师资队伍的真实情况，为制定科学有效的师资队伍建设提供更科学与更客观的依据。这是一份纯学术性问卷，仅供本课题研究使用，问卷采用不记名方式，请按照您的真实情况和真实想法如实作答，我们对您的信息予以严格保密。

感谢您抽出宝贵的时间给予支持与配合，再次对您的参与表示谢意！

问题1：您认为民办高校师资队伍中整体教师的状态如何？

问题2：据您了解，您身边的教师对未来的选择是如何打算的？

问题3：在您看来，民办教师师资队伍不稳定的关键因素是什么？

问题4：对比而言，公办院校哪些地方最让您羡慕？

问题5：您平时是通过哪些方式提升自己的？

问题6：如果有机会，您是否会考虑跳槽到其他单位？

附件三　河南省民办高校师资队伍现状访谈问卷（访谈对象为校领导）

尊敬的各位校领导：您好！

首先感谢您参与本问卷的访谈。教师作为教育发展的生命线，民办高校面临师资队伍流失率偏高，高层次人才难引进的困境。本次访谈旨在深入了解河南省民办高校师资队伍真实情况，为建立一支高水平师资队伍提供政策建议。这是一份纯学术性问卷，仅供本课题研究使用，问卷采用不记名方式，请按照您的真实情况和真实想法如实作答，我们对您的信息予以严格保密。

感谢您抽出宝贵的时间给予支持与配合，再次对您的参与表示谢意！

问题 1：您认为民办高校师资队伍中整体教师的综合素质如何？

问题 2：在您看来，民办教师师资队伍不稳定的关键因素是什么？

问题 3：民办高校发展的最大困境是什么？

问题 4：为留住和引进高层次人才，您如何看待给予部分教师事业编制的做法？

问题 5：为稳定师资队伍，贵校的做法有哪些？

问题 6：与同性质院校对比，您觉得贵校的竞争优势如何？

附件四 河南省民办高校专职教师工作满意度调查问卷

尊敬的老师：

您好！首先感谢您在百忙之中抽空填写本问卷。本问卷旨在了解您的工作现状以及工作满意度，本次问卷调查采用匿名形式，调查结果仅供学术研究，不针对个人或学校。您的答案没有是非、对错之分，但您的认真作答对本研究至关重要。占用您 5-10 分钟的宝贵时间，衷心感谢您的合作！请您在括号里填写答案序号。

一、您的基本信息。

1. 您的性别是　　　　　　　　　　　　　　　　　　　　（　　）

A. 男　B. 女

2. 您的年龄　　　　　　　　　　　　　　　　　　　　　（　　）

A.30 岁及以下 B. 31—35 岁 C. 36—45 岁 D.46 岁以上

3. 您的职称　　　　　　　　　　　　　　　　　　　　　（　　）

A. 助教　B. 讲师　C. 副教授　D. 教授　E. 没有职称

4. 您的最高学历　　　　　　　　　　　　　　　　　　　（　　）

A. 本科 B. 硕士 C. 博士及以上

5. 您的现居住情况 （　）

A. 学校宿舍　B. 自购房　C. 租房　D. 其他

6. 在本学校工作时间 （　）

A.1—3 年　B.4—6 年　C.7—9 年　D.10 年以上

7. 您的月平均工资是 （　）

A.2000 元—3500 元　B.3500 元—4500 元　C.4500 元—5500 元　D.5500 元—7000 元　E.7000 元以上

8. 您理想的月收入水平是 （　）

A.5000 元以上　B.6000 元以上　C.7000 元以上　D.8000 元以上

二、工作满意度调查表

（一）薪酬待遇满意度

1. 您对自己的工资水平是否满意? （　）

A. 非常满意　B. 比较满意　C. 中立　D. 不太满意　E. 不满意

2. 与同等条件人员相比，您对工作收入满意度是 （　）

A. 很不满意　B. 不满意　C. 一般　D. 满意　E. 很满意

3. 您对目前学校的住房条件满意度 （　）

A. 很不满意　B. 不满意　C. 一般　D. 满意　E. 很满意

4. 您对学校的养老、医疗等保障制度满意度 （　）

A. 很不满意　B. 不满意　C. 一般　D. 满意　E. 很满意

5. 您对工作付出与报酬期望值符合满意度 （　）

A. 很不满意　B. 不满意　C. 一般　D. 满意　E. 很满意

6. 您对学校激励与奖惩机制满意度 （　）

A. 很不满意　B. 不满意　C. 一般　D. 满意　E. 很满意

7. 您对学校的坐班制与打卡制满意度 （　）

A. 很不满意　B. 不满意　C. 一般　D. 满意　E. 很满意

8. 您对在民办学校归属感和幸福感满意度 （　）

A. 很不满意　B. 不满意　C. 一般　D. 满意　E. 很满意

（二）工作环境满意度

1. 您对目前学院配备的办公条件满意度 （　）

A. 很不满意　B. 不满意　C. 一般　D. 满意　E. 很满意

2. 您对教学设备满意度　　　　　　　　　　　　　　　（　　）

A. 很不满意　B. 不满意　C. 一般　D. 满意 E. 很满意

3. 您对科研氛围、设备以及经费支持情况满意度　　　　（　　）

A. 很不满意　B. 不满意　C. 一般　D. 满意 E. 很满意

4. 您对学校对您的工作安全、身心健康关注度是否满意　（　　）

A. 很不满意　B. 不满意　C. 一般　D. 满意 E. 很满意

5. 您对辅助性工作环境（图书馆、餐厅灯）满意度　　　（　　）

A. 很不满意　B. 不满意　C. 一般　D. 满意 E. 很满意

（三）领导管理满意度

1. 您对学校的各项管理规章制度满意度　　　　　　　（　　）

A. 很不满意　B. 不满意　C. 一般　D. 满意 E. 很满意

2. 您对学校领导能力的满意度　　　　　　　　　　　（　　）

A. 很不满意　B. 不满意　C. 一般　D. 满意 E. 很满意

3. 您对领导听取下属意见情况的满意度　　　　　　　（　　）

A. 很不满意　B. 不满意　C. 一般　D. 满意 E. 很满意

4. 您对上下级间沟通渠道畅通情况满意度　　　　　　（　　）

A. 很不满意　B. 不满意　C. 一般　D. 满意 E. 很满意

5. 您对学校的工作效率满意度　　　　　　　　　　　（　　）

A. 很不满意　B. 不满意　C. 一般　D. 满意 E. 很满意

6. 您对领导给予您工作生活上的支持与帮助的满意度　（　　）

A. 很不满意　B. 不满意　C. 一般　D. 满意 E. 很满意

（四）工作定位满意度

1. 您对于民办高校未来发展前景充满信心　　　　　　（　　）

A. 很不满意　B. 不满意　C. 一般　D. 满意 E. 很满意

2. 您对于工作中所取得的成就感满意度　　　　　　　（　　）

A. 很不满意　B. 不满意　C. 一般　D. 满意 E. 很满意

3. 您对于目前工作稳定性满意度　　　　　　　　　　（　　）

A. 很不满意　B. 不满意　C. 一般　D. 满意 E. 很满意

4. 您对于目前这个工作对您未来的发展程度满意度　　（　　）

A. 很不满意　B. 不满意　C. 一般　D. 满意 E. 很满意

（五）进修提升满意度

1. 您对个人进修、学习机会的满意度　　　　　　　　（　）

A. 很不满意　B. 不满意　C. 一般　D. 满意　E. 很满意

2. 您对学校对教师进修资助制度满意度　　　　　　　（　）

A. 很不满意　B. 不满意　C. 一般　D. 满意　E. 很满意

3. 您对学校提供的教育培训机会满意度　　　　　　　（　）

A. 很不满意　B. 不满意　C. 一般　D. 满意　E. 很满意

4. 您对学校考核机制的满意度　　　　　　　　　　　（　）

A. 很不满意　B. 不满意　C. 一般　D. 满意　E. 很满意

5. 您对职称评聘工作满意度　　　　　　　　　　　　（　）

A. 很不满意　B. 不满意　C. 一般　D. 满意　E. 很满意

（六）民办教师工作本身满意度

1. 对"工作压力大"这一说法是否满意　　　　　　　（　）

A. 很不满意　B. 不满意　C. 一般　D. 满意　E. 很满意

2. 社会地位、工作稳定性较弱　　　　　　　　　　　（　）

A. 很不满意　B. 不满意　C. 一般　D. 满意　E. 很满意

3. 在教学上投入过多时间，科研时间较少　　　　　　（　）

A. 很不满意　B. 不满意　C. 一般　D. 满意　E. 很满意

4. 教学工作具有趣味性和挑战性　　　　　　　　　　（　）

A. 很不满意　B. 不满意　C. 一般　D. 满意　E. 很满意

（七）人际关系满意度模块

1. 对学校团队凝聚力满意度　　　　　　　　　　　　（　）

A. 很不满意　B. 不满意　C. 一般　D. 满意　E. 很满意

2. 您对所在院系同事间合作满意度　　　　　　　　　（　）

A. 很不满意　B. 不满意　C. 一般　D. 满意　E. 很满意

3. 领导对教师尊重和认可满意度　　　　　　　　　　（　）

A. 很不满意　B. 不满意　C. 一般　D. 满意　E. 很满意

4. 行政管理人员服务情况满意度　　　　　　　　　　（　）

A. 很不满意　B. 不满意　C. 一般　D. 满意　E. 很满意

5. 师生关系融洽　　　　　　　　　　　　　　　　　（　）

A. 很不满意　B. 不满意　　C. 一般　D. 满意 E. 很满意

附件五　民办高校教师职业倦怠调查量表

敬爱的老师：您好！

首先，感谢您参与此次问卷的填写。本问卷主要是为了全面了解民办高校教师职业倦怠情况，从而找出既能为教师减负，又能推动民办高校教学质量提升的办法。您的回答直接影响到本问卷的有效性，请您参照自身的真实感受将您认为符合的答案填写在选题后面。本次调查纯属学术行为，采取匿名填写，请不必有任何顾虑，关于您的个人信息我们将会严格保密，请您放心填写。再次感谢您的参与，谢谢！祝您万事顺心、工作顺利。

所谓职业倦怠即在重压工作下，产生于个体身上的一种疲惫状态。一般认为，职业倦怠是个体由于长时间的压力而产生的一种态度、情感以及行为的衰竭状态，是个体无法适应工作压力时所形成的一种极端反应。

第一部分：基本信息

1. 您的性别是　　　　　　　　　　　　　　　　　　　　（　　）

A. 男　B. 女

2. 您的年龄是　　　　　　　　　　　　　　　　　　　　（　　）

A.26 岁及以下　B.27-35 岁　C.36-45 岁　D.46 岁 -55 岁　E.56 岁及以上

3. 您的婚姻状况是　　　　　　　　　　　　　　　　　　（　　）

A. 未婚　B. 已婚有孩　C. 已婚无孩

4. 您的教龄是　　　　　　　　　　　　　　　　　　　　（　　）

A.1-5 年　B.6-10 年　C.11-15 年　D.16-20 年　E.20 年以上

5. 您的职称是　　　　　　　　　　　　　　　　　　　　（　　）

A. 助教　B. 讲师　C. 副教授　D. 教授

6. 您的学历是　　　　　　　　　　　　　　　　　　　　（　　）

A. 本科　B. 硕士　C. 博士

7. 您任教课程性质是　　　　　　　　　　　　　　　　　（　　）

A. 公共基础课 B. 专业基础课 C. 专业核心课

8. 您每周授课时数为   （   ）

A. ≤ 8 课时 B.9-12 节 C.13-16 节 D.17-20 节 D.20 节以上

9. 您目前是否担任行政职务   （   ）

A. 是 B. 否

10. 您的月收入是   （   ）

A.4500 元以下   B.4500-6000 元   C.6001-7500 元   D.7501-8500 元

E.8500 元以上

第二部分 教师职业倦怠量表

维度	序号	调查内容	选项				
			从未如此	偶尔如此	有时如此	经常如此	总是如此
情绪衰竭	1	我现在没有刚工作时那么喜欢当老师					
	2	我对现在任教工作感到负荷沉重、耗尽心神					
	3	我很难忍受外界不当的教育指责					
	4	我觉得现在工作一天后很疲倦					
	5	觉得自己的努力不被理解与认可					
	6	努力工作程度与收入不成比例					
	7	想暂时休息一阵子或另调他校					
	8	现在的工作让我感觉有挫折感					
	9	与以前相比，身体状况有所下降					
	10	很多时候感觉被不公平对待					
低个人成就感	11	我有自己的工作目标和理想					
	12	我的工作会积极影响学生或同事的生活					
	13	我在学校教育教学工作中完成了许多有价值的事情					
	14	我常对学生班级管理感到很有成效					
	15	我能帮助学生或同事解决问题					
	16	每次完成任务后，我都没有感到心情愉悦					
	17	上完课后我感到很充实					
	18	感觉现在的师生情越来越冷漠了					

维度	序号	调查内容	选项				
			从未 如此	偶尔 如此	有时 如此	经常 如此	总是 如此
去个性化	19	对某些同事所发生的事我并不关心					
	20	感觉同事之间竞争多于合作					
	21	我担心这份工作会使自己逐步失去耐心					
	22	我觉得这份工作使我对人逐渐产生冷漠的感觉					
	23	学情的变化，让我感觉做一位负责任的老师很难					
知识枯竭	24	感觉在职称与科研方面获得进一步发展异常困难					
	25	希望自己有合适的深造、进修机会					
	26	我更愿意采用传统教学方法，因为我对那些更有把握					
	27	很难适应教学改革对教师提出的新要求					
	28	在学习新知识和新教法过程中，感觉力不从心，困难重重					
	29	我花的时间和精力越来越多，完成的事情却比原来少					
	30	面对学生，我常常觉得自己的知识不够用					
	31	我始终保持一颗爱学习的心，一直在学习的路上					

第三部分　职业倦怠因素调查因子量表

因子	序号	内容	选项			
			不同意	基本同意	同意	非常同意
社会因素	1	当前的各项教育方针、政策对民办高校的扶持作用不明显				
	2	社会对民办高校的认可度普遍较低				
	3	民办高校发展前景不明朗，担忧工作的稳定性与基本保障				
	4	认为在民办高校当老师有一定的自卑感				
学校因素	5	学校提供的工作条件、工作环境让我不满意				
	6	所在学校的工作强度和工作压力感觉过大				
	7	学校规章制度及工作要求有很多不够科学、合理之处				
	8	教师没有制度的参与权与发言权，只能被动接受				
	9	重视外部高层次人才的引进，并重视、重用、善待校内骨干教师的培养				
	10	缺乏教师精神需求与事业需求，长效机制乏力				
	11	教学评价机制不合理给我带来较大的压力与困惑				
	12	过于重视学生感受，很少考虑教师的体会				
教师因素	13	通过工作我能感受到自身的成长				
	14	缺乏外界提供的培训与自我提升平台				
	15	缺乏与其他学校同行业教师的沟通交流和学习机会				
	16	承担过多的义务性工作让我身心疲惫				
	17	长久时间不出成果让我焦虑不安				
	18	兼顾家庭与工作让我力不从心				
学生因素	19	生源品质不高，授课困难，管理起来费劲				
	20	学生学习问题（动机不强，学习态度差、摆烂现象严重）带给我压力				
	21	学生不合理的评价方式让我难以接受				
	22	学生学习不理想让我缺少成就感				

附件六 民办高校教师职业倦怠访谈提纲

一、受访者基本信息

性别：　　年龄：　　职务：　　岗位：　　教龄：

二、访谈内容

1. 您及亲朋好友对在民办高校工作的看法？

2. 您是从什么时候开始感觉精疲力竭的？

3. 您认为民办高校里同事之间相处的关系如何？

4. 您认为教育改革给您带来工作压力了吗？

5. 您认为教师是否应该参与学校管理？

6. 您认为民办高校师资流动性强的原因有哪些？

7. 您认为学校应该从哪些方面来缓解教师的职业倦怠现象？

8. 您认为学校的组织氛围和领导的工作方式、处理问题方式、规章制度、管理方式对职业倦怠是否会产生影响？

9. 您认为学校应该为教师提供哪些发展平台？

10. 您是如何看待民办高校学生的？

附件七 河南省民办高校高层次人才状况调查问卷

尊敬的老师：您好！

　　首先感谢您参与本问卷的问答，为更好地了解我省民办高校高层次人才状况，请按照您的真实情况和真实想法如实作答，我们对您填写的信息予以严格保密。您的回答将对完善和提高我省民办高校高层次人才管理质量具有重要的参考价值。这是一份纯学术性问卷，仅供本课题研究使用，问卷采用不记名方式，答案无对错之分。感谢您抽出宝贵的时间给予支持与配合，再次对您的参与表示谢意！

一、基本信息

1.您的职称：

教授　　副教授　　讲师

2.您的最高学历学位

博士／研究生　硕士／研究生　在职研究生／博士　在职研究生／硕士

本科及以下

3.您在民办高校工作时间为

1-3 年　4-7 年　8-12 年　13-15 年　16 年及以上

二、职业取向性　请在 5 项中勾选出与您实际情况相符的选项。（完全不同意 比较不同意 中立意见 比较同意 完全同意）

1.我非常看重学校的工资待遇

2.我对学校目前的工资待遇很满意

3.学校对我的人文关怀做得很好

4.我更愿意选择在我学的方向上有硕士授予权的公办学校发展

5.我不会考虑去同类民办高校发展

6.我有强烈的学历进修愿望

三、职业发展　请在 5 项中勾选出与您实际情况相符的选项。（完全不同意 比较不同意 中立意见 比较同意 完全同意）

1.我对自己的职业发展很满意

2.我在科研上没有科研团队，全靠我自己

3.如果感到没有发展空间我会调离现在的学校

4.学校给的科研启动经费太少

5.我在学校有很好的发展空间

6.学校非常重视我

7.学校非常关心和支持我的职业发展

8.学校完全兑现了引进我时的承诺

9.我打算 5 年内继续在本单位工作

四、高层次人才引进工作情况

1.您认为引进高层次人才是否能够激励学校现有师资？

2. 您认为高层次人才是否能够带动本校的发展？

3. 您认为高层次人才的流失是否对本校造成一定的影响？

4. 您认为是否有必要制定一套高层次人才考核与绩效体系？

5. 您认为目前高层次人才有哪些方面的需求？

事业发展　薪酬待遇　情感认同　文化发展　团队建设　其他

6. 您所在学校吸引人才的主要优势

学科优势明显　地域优势　待遇优势　发展环境好　其他特殊政策

7. 您所在学校吸引人才的劣势包括

学校层次不高　学科优势不明显　地域优势不明显　待遇不高　无法解决编制问题　无法解决配偶问题、子女教育等问题

8. 您所在学校人才流失的主要原因有

待遇低　没有发展空间　学校所在地区经济文化环境差　受到排挤，人际关系不好

9. 您认为学校缺少什么类型的高层次人才？

科研型　学术性　管理类　教学经验丰富类　实践理论相结合类 多证书类

10. 您认为本校在人才引进方面还存在哪些问题？

人才引进政策具有缺陷

人才引进程序不够完善

学校自身条件缺乏吸引力

缺乏对人才引进的后劲培养

对人才考察的制度标准不清晰

11. 开放题：请您列出三项留住高层次人才的措施。

附件八　关于河南省民办高校高层次人才引进现状的访谈提纲

访谈对象：部分民办高校人事处主管负责人

访谈内容：

1. 贵校的高层次人才引进是针对哪些群体的？是根据哪些标准来判断的？

2. 贵校的高层次人才引进工作曾经有过什么问题和困难？是怎样解决的（制定了哪些策略）？现在又面临什么样的问题和困难？针对这些问题要开展怎样的后续工作？

3. 您认为贵校的高层次人才引进存在哪些内部的优势？贵校在制定高层次人才引进策略时是怎样利用这些优势的？

4. 您认为贵校的高层次人才引进存在哪些内部的劣势？贵校在制定高层次人才引进策略时是怎样克服这些劣势的？

5. 您怎么看待高层次人才重物质待遇轻事业激励的问题？

6. 贵校对高层次人才后续培养上有什么计划？

7. 您对贵校高层次人才引进工作的效果满意吗？您认为还应改进哪些方面？

8. 贵校在校内部培养高级职称教师有哪些具体措施？

附件九 民办高校教师职业发展问卷调查

尊敬的老师们：

您好。教师职业发展是教师为实现职业目标、体现职业生命价值而进行的一系列与其职业期望相关的活动。本次调研的目的，是为聆听教师的心声，了解教师在职业发展中所需要的帮助。本问卷采用匿名方式，请您不必有任何顾虑，我们将对您的回答严格保密，衷心感谢老师们的帮忙与支持。

一、民办高校教师职业发展现状

1. 您是否有明确的职业发展规划？ （ ）

A. 有 B. 无

2. 您个人职业发展目标是什么？ （ ）

A. 能胜任本职工作的普通教师 B. 能力较强的学科带头人 C. 专业学术过硬的骨干教师 D. 经验丰富的教师行政管理人员 E. 无目标，得过且过

3. 你对教师这个职业的态度和认识是 （ ）

A. 十分热爱，作为一种事业来追求 B. 比较喜欢，是适合自己的职业

C.不太喜欢，只不过是谋生的一种方式　D.不喜欢，想改行

4.学校是否为您做过职业生涯规划　　　　　　　　　　　　　（　）

A.是　B.否

5.学校提供的教师学习环境和基础设施情况　　　　　　　　　（　）

A.非常好　B.好　C.一般　D.差　E.非常差

6.您曾经参加过哪个级别的师资培训？　　　　　　　　　　　（　）

A.国家级师资培训　　　　　　B.省级师资培训

C.未参加过省级或以上师资培训　D.只参加过本校培训

7.您大约多久进行一次学习进修？　　　　　　　　　　　　　（　）

A.每月都有　　　B.2-3个月　　　C.每学期一次　　D.每学年一次　E.几乎
没有机会

8.您觉得现在处于什么心理状态？　　　　　　　　　　　　　（　）

A.激情澎湃，觉得每天都很有动力

B.焦虑不安，很多工作要做却迟迟不落地

C.单调乏味，觉得每天都是浑浑噩噩

D.安稳度日，每天机械地重复工作

9.您觉得自己的实践教学能否满足专业发展的需要？　　　　　（　）

A.基本满足　B.无法满足　C.有待提高

二、民办高校教师职业发展困境

1.您认为您存在职业发展困境吗？　　　　　　　　　　　　　（　）

A.是　B.否

2.您常有学习进修的想法吗？　　　　　　　　　　　　　　　（　）

A.经常有　B.偶尔有　C.没有

3.您获得高质量的培训机会　　　　　　　　　　　　　　　　（　）

A.很多　B.一般　C.很少

4.您在教师职业发展中最缺乏的学习内容是　　　　　　　　　（　）

A.专业技能　B.行业企业实践经历　C.教育教学的能力　D.科研能力的
提升 E.其他

5.如果你感到工作有压力，那么压力主要来源于　　　　　　　（　）

A.学生学习态度不佳，学习动机不高 缺少成就感

B. 渴望深造，但缺乏必要的教学资料和进修机会

C. 教学任务繁重　　D. 教学或科研难以突破瓶颈，令人焦虑　E. 付出与收入不成比例 F. 职称、职务晋升困难 G. 工作与家庭难以平衡 H. 其他

6. 您认为造成自身职业发展困境的自身原因是　　　　　　　　　（　　）

A. 家庭负担较重，无暇分身　　B. 自身不重视，自我职业发展意识不强

C. 自身专业学术能力较弱　　　D. 个人身体素质和心理承受能力弱

E. 职业期望高，现实落差大　　F. 其他

7. 您认为造成自身职业发展困境的客观原因有　　　　　　　　（　　）

A. 学校领导不重视，缺少职业发展的平台　　B. 工作太忙，没时间参加

C. 高质量培训与进修分配下来的名额太有限，没有机会参加　　D. 受周围环境影响，有躺平心理

E. 教师间缺乏合作、交流的氛围 F. 缺乏专家指点

G. 社会舆论导向不正，对民办高校教师职业有误解　　H. 家庭成员不支持、不理解 I. 其他

8. 当前您面临职业发展最大的困境有

第一位（　　）　第二位（　　）　第三位（　　）

A. 家庭压力（子女教育占用时间太多，无暇顾及自身）B. 经济压力（教师收入过低）C. 社会压力（社会对教师职业期望过高）D. 自身身体素质和心理健康水平较低，抗压能力差 E. 教师职业发展晋升渠道狭窄 F. 职业成就感低 G. 教师职称评定要求限制诸多 H. 教师工资收入普遍较低 I. 教师职业本身要求高、压力大 J. 其他

9. 您认为影响教师参加师资培训的原因有哪些？（可多选）　　（　　）

A. 参加对口培训机会少　B. 学校经费紧张　C. 工作太忙　D. 没有平台与资源 E. 没提出申请 F. 其他

三、职业发展困境解决措施

1. 您在面对自身职业发展的困境时主要是通过什么方式解决？　（　　）

A. 自己摸索，通过不断学习再努力来破解　B. 与同行交流，向同事倾诉

C. 学校领导给予帮助指导　D. 暂时放慢工作节奏，进行精神解压 E. 其他

2. 您希望学校在哪些方面提供机会或条件？　　　　　　　　　（　　）

A. 学历与专业的进修与深造　B. 必要的专业实践　　C. 学校重视教师

职业发展与人才的内培　D.教师组织管理、福利待遇的提升　E.学校硬件设施的改进

3.您认为，促进教师专业成长的最有利形式是（选择两项）

A.教师间的及时交流 B.专家指导 C.外出培训与深造 D.专题研讨 E.组建有力的教学团队 F.自我反思

4.结合自身情况，您认为现如今有效解决自身职业发展困境的最有效的措施有（多选）　　　　　　　　　　　　　　　　　（　）

A.学校各基层领导给予指导与帮助

B.教师主人翁意识的树立，福利待遇的改善与提升

C.自身的努力与提高进取意识

D.必要的职业实践指导

E.良好的平台与资源帮助自己在学历与专业能力上不断提升

F.教师家庭成员的分担与支持

G.改进硬件设施与提升教师职业发展的文化氛围

H.社会对民办高校的正确认知

I.其他

5.你希望多久进行一次学习进修？

A.每月都有　B.2-3 个月　C.每学期一次　D.每学年一次　E.几乎没有机会

附件十　民办高校教师职业发展困境访谈纲要

一、访谈说明

1.访谈内容会主要围绕所列示的提纲进行提问，但不局限于提纲上的问题。

2.为使受访者保持放松状态，不再采用录音笔，主要通过记笔记做好记录。

3.在受访者回答过程中，根据受访者的表情、迟疑点进行随机应变追问，

以便掌握更真实的信息。

二、访谈内容

1. 您选择教师这一行业的初衷是什么?

2. 您认为教师职业发展中最容易出现的问题是什么?导致这一问题产生的原因有哪些?

3. 您是如何看待在民办高校发展的?

4. 您是如何看待民办高校高层次人才难引进现象的?

5. 如果让您重新选择职业,您还会选择在民办高校工作吗?

6. 您认为教师职业发展的瓶颈是什么?

7. 您现在在职业发展中遇到的最大困惑及压力是什么?

8. 您是如何探索破解职业发展困境的?

9. 您对自己今后的职业生涯发展有什么规划?

10. 您认为在促进教师职业发展方面有哪些方法?

附件十一 民办高校教师课堂教学领导力问卷调查

尊敬的老师:

您好!为了解民办高校教师课堂教学领导力的现状、存在的问题和问题产生的原因,特制作本次问卷。本次问卷调查面向本科院校及专科院校的专职教师,调查结果仅用于科学研究,请放心填写。感谢您的合作!

一、基本信息

1. 您的职称是 ( )

A. 教授 B. 副教授 C. 讲师 D. 助教及以下

2. 您的教龄是 ( )

A.10 年以上 B.5-10 年 C.3-5 年 D.3 年以下

3. 您教授的课程主要有 ( )

A. 理论课 B. 实践课 C. 理论课与实践课都有

4. 您是否听说过慕课、微课、反转课堂等教学方式?

A. 是　B. 否

5. 您是否尝试将慕课、微课、翻转课堂等教学方式应用于您的课堂教学中?

A. 是　　B. 否

二、在将慕课、微课、翻转课堂等教学方式应用于课堂教学过程中,请您从教学方案设计能力、课堂教学过程驾驭能力、课堂教学情境调控能力、课堂教学引导能力、学生智慧潜能开发能力六个方面对您的课堂教学领导力进行评价。

(一)教学方案设计能力方面:

6. 您认为您的教学目标设计能力如何?

A. 非常不强　B. 不强　C. 一般　D. 很强　D. 非常强

7. 您认为您的教学内容设计能力如何?

A. 非常不强　B. 不强　C. 一般　D. 很强　D. 非常强

8. 您认为您的教学方法设计能力如何?

A. 非常不强　B. 不强　C. 一般　D. 很强　D. 非常强

9. 您认为您的教学模式设计能力如何?

A. 非常不强　B. 不强　C. 一般　D. 很强　D. 非常强

(二)课堂教学过程驾驭能力方面:

10. 您认为您的教学内容把握能力如何?

A. 非常不强　B. 不强　C. 一般　D. 很强　D. 非常强

11. 您认为您的课堂问题预见能力如何?

A. 非常不强　B. 不强　C. 一般　D. 很强　D. 非常强

12. 您认为您的教学活动设计能力如何?

A. 非常不强　B. 不强　C. 一般　D. 很强　D. 非常强

13. 您认为您的师生互通能力如何?

A. 非常不强　B. 不强　C. 一般　D. 很强　D. 非常强

14. 您认为您的学生引导能力如何?

A. 非常不强　B. 不强　C. 一般　D. 很强　D. 非常强

15. 您认为您的学科综合能力如何?

A. 非常不强　B. 不强　C. 一般　D. 很强　D. 非常强

（三）课堂教学情境调控能力方面：

16. 您认为您的课堂组织管理能力如何？

A. 非常不强　B. 不强　C. 一般　D. 很强　D. 非常强

17. 您认为您的课堂察言观色能力如何？

A. 非常不强　B. 不强　C. 一般　D. 很强　D. 非常强

18. 您认为您的课堂及时反馈能力如何？

A. 非常不强　B. 不强　C. 一般　D. 很强　D. 非常强

19. 您认为您的课堂系统把握能力如何？

A. 非常不强　B. 不强　C. 一般　D. 很强　D. 非常强

（四）课堂教学引导能力方面：

20. 您认为您的课堂预测能力如何？

A. 非常不强　B. 不强　C. 一般　D. 很强　D. 非常强

21. 您认为您的课堂讲解能力如何？

A. 非常不强　B. 不强　C. 一般　D. 很强　D. 非常强

22. 您认为您的课堂示范能力如何？

A. 非常不强　B. 不强　C. 一般　D. 很强　D. 非常强

23. 您认为您的课堂检测能力如何？

A. 非常不强　B. 不强　C. 一般　D. 很强　D. 非常强

24. 您认为您的课堂诊断能力如何？

A. 非常不强　B. 不强　C. 一般　D. 很强　D. 非常强

25. 您认为您的课堂矫正能力如何？

A. 非常不强　B. 不强　C. 一般　D. 很强　D. 非常强

26. 您认为您的课堂控制能力如何？

A. 非常不强　B. 不强　C. 一般　D. 很强　D. 非常强

27. 您认为您的教材把握能力如何？

A. 非常不强　B. 不强　C. 一般　D. 很强　D. 非常强

（五）学生智慧潜能开发能力方面：

28. 您认为您的学生语言智慧潜能开发能力如何？

A. 非常不强　B. 不强　C. 一般　D. 很强　D. 非常强

29. 您认为您的学生空间智慧潜能开发能力如何？

A. 非常不强　B. 不强　C. 一般　D. 很强　D. 非常强

30. 您认为您的学生逻辑智慧潜能开发能力如何？

A. 非常不强　B. 不强　C. 一般　D. 很强　D. 非常强

31. 您认为您的学生人际智慧潜能开发能力如何？

A. 非常不强　B. 不强　C. 一般　D. 很强　D. 非常强

32. 结合您将慕课、微课、翻转课堂等教学方式应用于课堂教学过程中的经历，您认为提高课堂教学领导力的路径有哪些？（多项选择）

A. 更新教育教学理念

B. 拓展教育网络空间

C. 挖掘教育数据价值

D. 创新教学实践模式

E. 其他

33. 您认为如何从学生层面提高民办高校教师课堂教学领导力？（多项选择）

A. 培养良好的学习习惯

B. 提高自身知识水平

C. 加强课前学习准备

D. 其他

34. 您认为如何从教师层面提高课堂教学领导力？（多项选择）

A. 树立"数据驱动"的育人意识

B. 提升专业素养和教学能力

C. 深度掌握学生学习状况

D. 师生共建课程学习资源

E. 创新混合式教学实践模式

F. 其他

35. 您认为如何从学校层面提高教师课堂教学领导力？

A. 营造共享的校园文化

B. 构建教师课堂教学领导共同体

C. 开展教师教学领导力在职培训

D. 建立教师课堂教学领导力激励机制

E. 完善教师课堂教学领导力评价体系

F. 其他